企业雇佣策略研究

陈玉明　崔　勋　著

南開大學出版社
天　津

图书在版编目(CIP)数据

企业雇佣策略研究 / 陈玉明，崔勋著. — 天津：南开大学出版社，2020.12
ISBN 978-7-310-06071-9

Ⅰ. ①企… Ⅱ. ①陈… ②崔… Ⅲ. ①企业—雇佣劳动—劳动关系—研究 Ⅳ. ①F272.92

中国版本图书馆 CIP 数据核字(2020)第 266053 号

企业雇佣策略研究
QIYE GUYONG CELÜE YANJIU

南开大学出版社出版发行
出版人：陈　敬
地址：天津市南开区卫津路 94 号　　邮政编码：300071
营销部电话：(022)23508339　营销部传真：(022)23508542
http://www.nkup.com.cn

唐山鼎瑞印刷有限公司印刷　全国各地新华书店经销
2020 年 12 月第 1 版　　2020 年 12 月第 1 次印刷
230×170 毫米　16 开本　14.75 印张　236 千字
定价：55.00 元

如遇图书印装质量问题，请与本社营销部联系调换，电话：(022)23508339

国家自然科学基金资助项目（批准号 71272182）

引　言

在近几十年里，中国进行了深刻的经济体制改革，不仅出现了大量的私营企业，而且国有企业也与之前有了很大的不同。在这一过程中，被认为是“铁饭碗”的长期雇佣减少了，很多新型的短期雇佣方式开始大量出现，如劳务派遣等。但如果认为这些变化是中国独有的，完全是由于中国的经济体制改革所造成的，那就显得偏颇了。

实际上，在近几十年中，世界上很多国家都发生了巨大的变化，中国的这些变化虽然具有自身的特点，但是在变化的整体方向和时间节点上与其他国家存在着相似性，应该说中国的变化是时代整体变化中的一部分。与中国类似的是，在 20 世纪 70 年代之前的一段时间里，中国与包括美国和日本在内的很多发达国家一样，都是以长期的正式雇佣作为雇佣体系的主要构成方式，即长期雇佣为主的雇佣格局；同样与中国类似的是，从 70 年代中期之后，美国、日本等国家以短期雇佣为主要特征的非典型雇佣方式开始大量出现，雇佣格局呈现出多元化的发展趋势。这样类似的同时性变化是很难用偶然来解释的，并且雇佣格局的这种变化无论是对企业组织还是对劳动者都具有十分深远的影响。

那么，处于这一变化中的我们需要思考这样几个问题，第一个问题是，这种同时性的相似变化在不同国家中是如何发生的，尤其是在制度转型时期的中国？这种变化的趋势会持续吗？

推动这一变化的力量来自两个方面：一方面，来自大环境的整体变化，经济全球化和新技术革命的发展使这些国家中的企业面临着更加频繁的外部环境变化和更加激烈的成本竞争压力，在这些环境因素的影响下企业需要调整自身的人力资源管理措施来提高对环境的适应性，而企业雇佣策略的调整正是其中的一个重要部分；另一方面，环境因素对非典型雇佣方式的各种制度性的约束力量在降低，所以企业选择雇佣方式的权利和范围都增加了，这种限制的减少与新自由主义经济思想的流行有着重要的关系。

这两方面的共同作用使企业具有了调整雇佣策略的权限和动力，各种新型的雇佣方式开始被大量使用，最终形成了雇佣方式多元化的整体格局。所以，雇佣方式多元化的发生是由外部整体的大环境推动的，这是雇佣方式多元化在各个国家几乎同时发生的重要原因。但具体到各个国家时，则需要考虑这些国家内部的环境因素的影响，内部环境使雇佣方式多元化在各个国家内的具体形态存在着差异，比较明显的就是中国，它的雇佣方式多元化是以制度转型的国内因素为主要特点的，具有明显的特殊性。

这些内部与外部环境因素是决定未来趋势的主要力量，并且这些环境因素的影响难以在短期内发生逆转，所以它是一种长期持续的趋势。此外，我们当前还处于雇佣方式多元化的发展过程中，未来还有可能出现进一步影响雇佣方式多元化的新的环境因素。

第二个问题是，企业与劳动者是雇佣方式的选择者，雇佣方式多元化的发展对企业和劳动者究竟意味着什么？

这个问题比第一个问题更加难以回答，因为雇佣方式的多元化涉及很多方面的问题，它不仅仅是一个环境变化和企业重新适应的问题。事实上，雇佣方式的多元化既是整体大环境变化的一部分，也是这些变化在社会各层面的外在表征，通过它能够知晓更多的深层次的环境演变和社会与企业的变化。

首先，对于企业组织而言，雇佣方式的多元化意味着雇佣策略的调整和人力资源管理模式的修正。企业根据环境的变化重新选择了雇佣策略，但关键在于雇佣策略是人力资源管理模式的基础，也是企业发展内部效率的根基。在二战之后，美国和日本等国家的企业都以长期雇佣为基础建立了内部劳动力市场，并培养出了具有高素质和高工作投入的员工队伍，学者们根据这些企业实践发展出了承诺型人力资源管理、高绩效工作系统和年功序列制等相关的人力资源管理理论。当这些企业实践和人力资源管理理论的基石——长期雇佣策略发生改变时，这些既有的理论与实践也必然需要发生调整与修正。

从当前的研究情况来看，学者们已经认识到了这一变化的必然性，但依然还没有有效地阐明究竟发生了什么样的变化以及企业应该如何应对这些变化。对这些问题的探讨非常重要，因为既有的理论认为竞争优势应该来自对重要员工的长期雇佣，它更加适用于传统的工业产业，如汽车产业，而难以解释高科技行业中与人员频繁流动相伴随的快速创新的现象，也难以解释日本企业与美国企业在制造行业和高科技行业上发展的不对等。当前我们需要发展新的理论，使其既能够解释既有理论中的现象，也能够说明在新的环境中如何进行雇佣策略的选择，并能够阐明与雇佣策略相对应的人力资源管理模式和企业内生的竞争优势的来源。

其次，对于劳动者群体而言，雇佣方式的多元化具有非常重要的影响。从社会的层面来说，雇佣方式的多元化对劳动者整体意味着低质量和缺乏稳定性的雇佣，因为与长期雇佣相比，大部分的非典型雇佣都具有短期雇佣的特征，并且其工作条件与工资待遇都比较低。如果考察美国近几十年的变化可以发现，非典型雇佣方式的大量使用与美国的去工业化和中产阶级的萎缩是同时发生的，即在雇佣方式多元化的发展中，美国劳动者的雇佣质量和劳动收入都呈现了下降的趋势。

而更重要的变化发生在企业组织内部的员工群体身上，对他们而言，企业雇佣策略的调整意味着员工与企业的关系和员工群体内部的关系都发生了调整，这进一步带来了员工工作态度与行为的变化。当正式的典型员工转变为临时性的非典型员工之后，员工与企业之间的关系会变得更加脆弱和疏远，员工对企业的忠诚与投入也会因此而受到影响。在组织行为领域较早的一些研究中，已经开始探讨员工承诺的焦点从企业转移到了职业或绩效，员工的心理契约从关系型转变为交易型，这些变化都说明了在雇佣策略调整的过程中员工态度与行为在企业中发生的变化，这是从员工个体层次考察到的变化。

同时，员工群体内部关系的变化带来了员工基于雇佣身份的差异和对立，这是之前的企业中没有的现象。在雇佣方式多元化的情况下，企业是可以同时选择多种雇佣方式的，即多元雇佣策略，此时不同雇佣类型的员工在行为上存在着差异，因为它们与企业之间存在着不同的关系，而这两类员工之间的互动行为是怎样的呢？这是组织行为领域中没有完成的研究问题。总体而言，员工与企业和员工群体之间的这种关系的变化意味着企业内部的运行方式已经发生了潜在的变化，这些变化的机制是什么，通过什么样的管理方式能够有效地解决这些问题，这些都是当今企业实践和人力资源管理理论需要解决的问题，也是雇佣方式多元化时代的研究内容，我们需要研究在新的雇佣策略中员工行为机制的理论，只有明确这些问题才能知道当前员工在企业中是如何行动的，以及这些行为所能产生的潜在影响。

雇佣方式多元化的过程对企业和劳动者都意味着重大变化的发生，双方的行为动因和行为机理都出现了新的变化，而我们需要新的理论来解释现实中发生的这些重要变化。那么第三个问题就是，当前我们需要进行哪些方面的研究来应对这一转变的需要？本书计划从组织层面来研究雇佣方式多元化下企业组织的雇佣策略选择，因为企业是雇佣策略的主要选择者，员工的行为变化与内部效率的重新构建发生在企业中，它是问题来源的核心。

在对与雇佣策略有关的既有研究进行梳理后发现，我们当前的研究是零散和不完善的。中国与世界上大多数发达国家一样，雇佣方式多元化的进程都已经有了几十年的历史，在这个过程中学者们已经从多个方面对雇佣管理的有关问题进行了探索，这些研究跨越了人力资源管理、组织行为和雇佣关系等不同的学科，并且已有的研究所关心的常常是其中的某一部分的问题，所以既有的研究是零散的和不平衡的，在研究视角上也存在着不完善的问题。

对企业雇佣策略的研究需要结合环境变化的影响，研究雇佣策略的整个过程，即从雇佣策略的选择、雇佣策略的制定到雇佣策略的实施这一链条进行整体性的研究和思考，以此为基础探讨雇佣策略的选择机制及其对企业的影响机理，探讨不同的雇佣策略在企业建构内部效率上的不同路径，探讨基于特定雇佣策略的人力资源管理模式。这些都是当前研究中需要考察的问题，而本书主要是对雇佣策略从选择到实施进行整合研究，构建连接这一过程的基本链条，完善雇佣策略研究的核心，为后期的拓展性研究奠定基础。

最后，我们需要想到的是，当前的雇佣方式多元化依然处于发展之中，在对它进行研究的过程中又出现了新的环境变化，即“共享经济”与“互联网+”，这种情况先出现在中国，但我们认为它的影响不会仅仅局限在中国。共享经济的出现产生了基于互联网平台的新型的员工与组织关系，这种关系不属于法律意义上的雇佣关系，而这种难以界定的关系可以视为比劳务派遣更加彻底的对现有雇佣方式的替代与补充，可以视为雇佣外部化的进一步发展；“互联网+”带来的则是对传统产业的改造，虽然其依然在探索中，但我们可以想象在这种改造的过程中可能发生的员工工作方式的变化和与企业关系的变化。这种环境变化拓展了我们的视角和思考的方向，因为我们的雇佣策略是建立在“组织”这一中心的，而这种变化是去组织化的以“平台”作为中心的变化。这些环境变化的因素有可能为我们带来未来雇佣策略研究的新变化，所以对雇佣策略问题的研究也是未来的重要议题。

目 录

图目录

表目录

第一章　雇佣方式的多元化

第一节　雇佣方式多元化的概述

一、环境变迁中的雇佣方式多元化

在国内一些研究中，常常将多元雇佣与雇佣方式的多元化视为等同的概念（王兴化、张立富，2010），本书在这里作了区别性的界定：多元雇佣指的是企业层面的雇佣策略中长期雇佣方式与短期雇佣方式的混合使用；而雇佣方式的多元化指的是在社会层面的整体雇佣格局中各种长短期雇佣方式并存，并且都占据着一定的比重。如本书在引言中所提到的，在近几十年中我们的社会发生了很多重大的变革，而雇佣格局的演变就是其中之一。雇佣格局是社会层面的整体雇佣方式的使用状况，从二战至 20 世纪 70 年代，很多国家的雇佣格局是以长期雇佣为主，这些国家既包括美国和日本在内的大多数发达国家，也包括中国这样的处于转型中的发展中国家。在当时的中国，存在着“铁饭碗”的概念，它其实就是中国的长期雇佣制度的体现，在日本的企业中存在着终身雇佣制的长期雇佣体制，而在当时的美国一个员工为企业工作几十年也是比较常见的情况。

而到了 20 世纪 70 年代之后，这一情况发生了很大的改变，中国与上述这些国家的整体雇佣格局都发生了变化，很多具有非正式、临时性或非全日制特征的不稳定雇佣形式，即非典型雇佣方式开始出现并被大量的使用，最终形成了各种长短期雇佣方式并存，且都占据着一定比重的状态，即在社会层面的整体雇佣格局的多元化。据国际劳工组织统计，美国各种形式的非正规就业约占就业总量的 30%，日本非正规就业形式占所有工作的 25%。就中国而言，城镇的非正规就业总人数约为 1.36 亿，基本占到城镇部门总就业人数的 51%①。

虽然各国国情存在差异，但它们的雇佣方式的多元化都需要两方面的条件：一方面，企业对雇佣方式需求的变化，即企业对雇佣方式的主要需求从长期雇佣转变为非典型雇佣，这不是少数企业的变化，是相当数量的企业都发生对雇佣方式要求的变化，这是雇佣格局演变的内在条件；另一方面，这些国家都存在着支撑长期雇佣体制的各种制度性因素，包括政府的法律、工会的抵制和已有的企业管理惯例等，这些因素限制了企业对非典型雇佣方式的选择，只有当这些制度性限制因素的减少，使企业拥有更多选择雇佣方式的权力时，才能带来企业雇佣策略的调整和社会雇佣格局的演变，这是雇佣格局变化的必要条件。

正是由于满足了这两个条件，20 世纪 70 年代之后中国与美日等发达国家才出现了雇佣方式多元化的情况，而推动这一变化发生的是当时世界整体环境的重大转变。根据本书的分析，我们认为在 70 年代之后至少有三个主要环境因素对各个国家的雇佣方式多元化进程产生了影响，它们分别是经济全球化、以信息技术为代表的新技术革命的出现和新自由主义经济思想的兴起。

经济全球化和以信息技术为代表的新技术革命的影响不能单纯地看成市场范围的扩大和技术的变革，它们所带来的综合影响更加深远。经济全球化意味着国家之间的经营壁垒在降低，资本和商品可以在更广阔的范围内自由流动，这也意味着企业竞争范围的扩大，企业所面临的竞争压力和环境动态变化程度也因此有了很大的提高，即原来处于相对稳定的国内环境的企业开始面临更加复杂多变的全球环境。同时，经济全球化也改变了企业与劳动者之间的权利平衡，因为全球化使资本能够在全球范围自由流动，但是劳动者的流动性远小于资本，这使企业获得了更大的权利。新技术革命的兴起则是从信息沟通方面推动了全球化，更多的、更加丰富的信息可以高效地在世界各地即时传播，这种信息传输上的变革缩短了沟通上的距离。总体而言，这两个因素的作用实际上是相互补充的，从不同方面扩大了企业的市场范围和竞争边界，也使企业面临着更大的环境动态变化和成本竞争的压力，它们使企业产生了转变雇佣方式以重新适应环境的

---

① 任远，彭希哲. 2006 中国非正规就业发展报告：劳动力市场的再观察[M]. 重庆：重庆出版社，2007.

内在需求。

新自由主义经济思想改变了各国政府对雇佣方式选择的制度性限制。在 20 世纪 70 年代之前包括主要发达国家在内的很多国家都是以长期雇佣作为主要的雇佣方式，并且存在着支撑长期雇佣存在的各种制度性因素，只是在不同的国家这些制度因素存在差别，如欧美国家主要是通过产业关系系统来保证对劳动者的稳定雇佣，日本则是来自二战后的企业与员工之间的高度合作关系，中国则是由国家的公有制经济体制来保证的。但是在 70 年代之后，这些国家开始了更加市场化的变革，上述的各种制度都出现了弱化。在这一变化过程中，新自由主义经济思想的影响使美英两国政府降低了对劳动者的保护和对产业关系的平衡，使企业获得了更大的权力；日本降低了对各种非典型雇佣方式使用的法律限制，以应对企业所面临的由外部经济环境引起的成本竞争压力；中国则在 80 年代开始了经济体制的转型，公有制企业与私营企业的比例在不断发生变化①。可以发现，当时的一些政策变化与新自由主义经济思想的影响有着直接的联系，如果说前两项因素拓展了企业所面临的市场边界，新自由主义经济思想则降低了其中的制度性限制。

这三项环境因素是对大多数国家都有影响的，它们的出现使中国与其他的发达国家几乎同时开始了雇佣方式多元化的演变历程，这是我们在研究中发现的三项环境因素，至于是否还存在着其他的具有共性的环境因素还需要进一步考察。

二、雇佣格局的历史变迁

需要说明的是，雇佣格局的变化其实并不是全新的事物，在历史上这种情况已经发生过，并且也曾经产生了很大的影响。卡勒贝里（Kalleberg，2009）认为雇佣的变化是一个历史钟摆，来回摆动（double movement），美国在 20 世纪 40 年代从短期雇佣转向了长期雇佣，而 70 年代中期之后又开始向相反方向的摆动，这种摆动代表了雇佣在灵活性和安全性（或稳定性）之间的转变。卡勒贝里的研究描述了两次美国雇佣格局的转型，而实

---

① 如果进一步来看，其他社会主义国家也发生了剧烈的变化，俄罗斯等东欧国家都受到了西方经济学中的新自由主义思想的影响，开始从公有制经济体制向私有制经济体制的转变，其原有的雇佣体制也在这一过程中迅速瓦解。不过这些国家不是本研究主要的比较对象，因而不予以分析。

际上考察其他国家同时期的变化可以发现，这种变化不仅仅是美国的情况，在这两个时期很多差别很大的国家都发生着类似的变化，这其中也包括中国在内。

1. 第一次变迁：长期雇佣主导的格局

第一次雇佣格局的演变主要发生于 20 世纪的二战前后，在这一时期很多国家都从短期雇佣转为长期雇佣，并且伴随长期雇佣体制出现了一些新型的管理制度。例如，管理领域的很多学者对日本的终身雇佣制津津乐道，并视之为日本企业崛起的根本原因之一，而通过深入的研究则可以发现，这种体制实际上建立于二战结束之后，并且在 20 世纪 70 年代已经开始出现了萎缩；美国依靠集体谈判制度建立了稳固的劳动关系和长期雇佣制度，并在企业内部建立了长期的员工培训体制，美国的经济学家和管理学者也就此提出了内部劳动力市场和人力资源管理的相关理论；中国的长期雇佣制度建立于中华人民共和国成立后的社会主义改造，主要来自政府、事业单位和公有制企业，并由此产生了单位制的管理方式，这种雇佣体制由于高度的稳定性而出现了“铁饭碗”的说法，它的出现、发展与萎缩虽然主要源自国内的经济体制变革，但其发展与萎缩的时间和这些国家相似。除此之外，很多欧洲国家也在接近的时间存在类似的变化。

虽然中国长期雇佣制度“铁饭碗”受到了很多的批评，但实际上在同时期的很多国家长期雇佣制度都是占据主要地位的，并且长期雇佣制度的有效性也是非常明显的，员工队伍的稳定性、企业对员工的长期培养以及高素质和高度投入的员工队伍的形成都是以此作为基础的，这些都是长期雇佣制度内在效率的表现①。可以认为，尽管中国、日本和美国等国家的长期雇佣存在着制度性的差异，但都以特定的方式形成了内在的效率。长期的雇佣制度解决了之前存在的雇佣不稳定性的问题，并且由于建立了长期的雇佣关系，企业与员工之间以此作为信任的基础进行长期深入的相互投入：员工可以获得稳定工作和职业发展机会，也可以得到全面的技能培训和与资历相关的工资上涨，而企业得到了具有高忠诚度和高素质的员工

① 对于当时中国国有企业的效率评价应该注意到，过于均等化的工资待遇与管理激励不足的情况是在一定程度上存在的，但中国的国有企业在一开始就不是单纯的企业，承担着很多社会性的职能，如保障就业；而与此同时国有企业也培养了大量的技术人员，很多民营企业的技术人员都是从这里走出来的。

队伍，使企业生产效率得到了很大提高，这又进一步强化了企业的长期雇佣制度。梳理管理学的相关理论可以发现，二战之后管理学与人力资源管理等学科有了很大的发展，而其中的很多理论实际上都是来自实施了长期雇佣的企业之中，这些理论很大程度上带有对员工进行长期雇佣的隐含假设。

2. 第二次变迁：雇佣方式的多元化

第二次雇佣格局的变迁就是近几十年出现的雇佣方式多元化。这次雇佣格局的变化是环境变迁的结果，经济全球化、新技术革命和新自由主义经济思想的兴起是世界环境的影响，这些影响间接带来了各国内部环境的变化，促进了各国雇佣方式多元化的发展。从各国雇佣方式多元化发展的特点来看，我们可以发现：第一，变迁的时间接近，本次雇佣格局的变迁虽然各国起始时间不尽相同，但都集中在了 20 世纪 70—80 年代；第二，雇佣格局变迁面临的国际环境是相似的，这些因素在不同方面促进了各国内部环境的变化和雇佣方式多元化的进程；第三，虽然各国所面临的内部环境不同，但在变化方向上存在着共性，即原有的支持长期雇佣体制的各项制度性力量逐渐被削弱或取消，各种以短期雇佣为特征的非典型雇佣方式的制度限制则减少了。

本书的观点与卡勒贝里存在差异，他认为雇佣格局的这种变化是一种类似于钟摆的来回摆动的现象，而我们认为，虽然雇佣格局的变化使整体的雇佣状况偏离稳定性而转向灵活性，并且短期雇佣方式再次被广泛使用，但这不一定意味着雇佣格局的再次变迁是一种单纯机械式的回摆，它是一种相似但不相同的变化，对新变化的准确认识是非常重要的。

关于中国雇佣方式多元化的情况需要有两个注意的地方：第一，中国的雇佣方式多元化具有更多的特殊性，与美日等主要发达国家不同，中国的雇佣方式多元化具有更加深刻的制度变迁背景，它是发生在中国经济体制改革过程中的；第二，雇佣方式的多元化大多意味着雇佣的短期性与不稳定性，这对于劳动者常常是不利的，这在许多国家已有体现，但中国当前的依托于网络平台的各种共享经济为劳动者提供了更多的新形态的工作机会。事实上很多新型的雇佣方式及其替代形式在中国都有促进就业这一对劳动者有利的一面。这两方面的环境变化是研究中国当前的雇佣管理问题所必须注意的关键点。

从雇佣格局的历史变迁来看，雇佣方式的多元化是基于大环境的变化而产生的，它也是大环境变化的一部分，雇佣格局的这两次变化都符合这样的特点，所以要分析未来的雇佣格局，需要从对环境的整体分析开始。

三、雇佣方式多元化产生的综合影响

雇佣方式的多元化是很多国家都出现的一个变化趋势，它是近几十年来经济与社会变化的一个重要标志，它的产生与发展是各国内外部环境变化所推动的结果，而它又成了环境变迁的一部分。我们可以把雇佣方式格局的变化视为一个多层面的综合性变化，它在不同层面代表着不同的现象与问题，同时这些层面的问题之间又存在着密切的内部联系。这一点如表1-1所示。

表1-1　雇佣方式多元化及其产生的多层面影响

层面	趋势	关注点
社会层面（宏观）	雇佣方式的多元化	就业质量、社会保障、收入增长等
组织层面（中观）	雇佣策略的调整	人力资源管理系统的调整、人力资源多元化的发展
员工层面（群体）	雇佣身份的分化	员工群体内的分化与冲突、组织公平
员工层面（个体）	雇佣方式的选择意向、雇佣质量与稳定性	个体与组织的关系、雇佣安全感

在社会层面，关注这一领域的学者认识到的问题是在雇佣格局从长期雇佣主导变为多种形式并存的过程中，随着大量的非典型雇佣方式被采用，它对原有的长期正式雇佣起到了替代的作用，越来越多的劳动者将面对就业质量的下降和就业的不稳定，这不仅对劳动者的收入造成了影响，也使他们需要政府提供更多的社会保障来予以保护。在原来的长期雇佣体制中，劳动者的工资会随着工作年限的增加而上涨，无论是美国企业的产业集体谈判还是日本企业的年功序列制，实际上都将工资的上涨机制与雇佣的期限连接在一起。虽然机制不同，但劳动者有着获得更高收入的保障，同时员工的各种社会保障也与雇佣的年限相关联，而在雇佣格局变化的过程中这些都发生了改变。所以，从整个社会的角度而言，雇佣格局的这种变化

对劳动者意味着收入和劳动者保障的降低。

在组织层面，对企业而言，雇佣方式的多元化意味着外部约束的降低，企业有更多的雇佣方式可以选择，根据自己的需要来调整现有的雇佣管理制度。我们认为，近几十年环境的整体变化，对企业雇佣方式使用的限制降低了，企业所面临的环境动态性和成本竞争的压力却在不断提高，这些压力需要企业能够具有更高的人力资源柔性、知识整合能力和成本竞争的优势，这些内在的要求使企业会更多地使用非典型雇佣方式，通过调整原有的雇佣策略与人力资源管理来提高自身的竞争优势和对环境的适应能力。同时，企业在雇佣方式多元化的过程中，有了更多的雇佣方式可以选择，也获得了更多的选择权，但这并不是企业面临的全部变化。在这种情况下，企业面临很多新的问题，如员工群体中非典型员工的低忠诚度和低工作投入的问题、员工群体内部的人力资源多元化及其衍生问题等，这些成了困扰企业管理者的新的管理困境。

在员工群体层面，企业员工群体的内部关系发生了很多变化，主要表现就是人力资源多元化的问题。随着越来越多的企业使用多元雇佣策略，企业中长期雇佣的员工和非典型雇佣的员工之间的差别日益扩大，从而产生了两类群体之间的基于雇佣身份的差别。这种身份的分化常常会使非典型雇佣的员工产生企业存在制度性不公平的感知，并且不同雇佣身份的群体之间的潜在冲突水平也提高了，而群体之间的信任与合作水平在降低，这为企业的雇佣管理工作带来了新的挑战。虽然在不同的国家或地区，这种雇佣身份的差别会与其他类型的身份差别相重合，但在问题的内涵上具有一致性①。员工群体层面改变的是员工之间的关系，但这种关系最终的影响结果将会落在企业上。

在员工个体层面，雇佣方式的多元化使企业在雇佣方式上有更多选择的同时，也使员工有了更多的选择，只是这种选择在权利上常常是不对等的。有时员工会被迫接受自己不愿选择的雇佣方式，接受雇佣质量较低的工作，并且这些雇佣很可能是临时的或短期的，员工会缺乏雇佣的稳定性与安全感。同时，这些变化也改变了员工与组织之间的关系，在企业减少

---

① 这里主要是指非典型员工的身份与一些特定的社会身份的重合，如在美国非典型员工中非白人的少数民族占据着更高的比例，而在中国大多数的农民工都是以非典型雇佣的方式工作的，而具体情况和影响需要通过进一步的分析来验明。

对员工投入的同时，员工也在降低自身对企业的忠诚与工作投入。

上述几个方面是在已有的研究中发现的，从整体来看，在雇佣方式多元化的过程中，原来与长期雇佣相嵌套的各种制度都在发生调整，而我们可以在这种调整之中发现很多负面的影响。那么应该如何对待雇佣方式多元化呢？本书认为，这是一个需要辩证理解的问题：一方面，雇佣方式多元化是基于当前经济社会环境所发生的变化，其中起到影响作用的环境因素既包括各国的制度因素，也有全球化和新技术革命等超越国家范围的世界性因素，就整体而言，雇佣格局的这种变化趋势是难以逆转的，我们在一段时期内已经难以回到原来的以长期雇佣为主的雇佣格局了；另一方面，需要注意避免非典型雇佣方式滥用所造成的负面影响，以美国为例，非典型雇佣方式对典型雇佣的替代是和产业的空心化、中产阶级的萎缩和劳动者实际收入降低等重要现象有着密切联系的。

综合这两点，我们需要知道企业怎样在顺应这一趋势的时候做出正确的选择，希望本书对这一问题的探究能够为此做出贡献。需要进一步说明的是，随着共享经济（本书认为将其称为平台经济更为准确）的出现和快速发展，出现了很多基于平台的劳动者群体，可以认为这一情况是雇佣的进一步外部化，虽然其在形式上表现出了极大的特殊性，但所面临的问题实际上是雇佣多元化的一种延伸。

第二节　本书关注的问题与思路

一、本书关注与探讨的主要问题

1. 本书选择的切入点

由上一节的分析可以发现，雇佣方式多元化的影响涉及多个层面，那么如何更好地选择切入点来完成对这一问题的分析呢？本书选择组织层面的雇佣策略作为研究的重点，一方面基于作者的学术背景与思考的角度，另一方面在于从企业角度的研究具有重要作用。

第一，在雇佣方式多元化的过程中，企业是雇佣方式的主要选择者。虽然雇佣方式的选择是由雇佣双方在政府或其他组织的制度约束下进行的选择，但在雇佣方式多元化的过程中，这些制度性的约束一般都呈现出弱化的趋势，而且在双方的选择中企业一般都会处于强势的地位，具有更多的决定权。本书对于员工的选择也进行了论述，但在研究的重心上更加关注企业雇佣策略的选择机制和实施影响，这种选择与雇佣策略选择的权利分配有着直接的关系。

第二，企业能够根据特定的雇佣方式来产生内在的效率，所以组织层面的研究可以探讨在新的雇佣格局下企业如何提高自身的内部效率。当前的一些经济学理论，尤其是新自由主义的经济学理论认为效率来自市场。从这种观点来看，雇佣方式的变化没有改变劳动力市场的结构，所以也不会有效率上的变化。本书与很多管理学领域的学者一样，认为效率来自企业内部。当长期雇佣出现之后，企业通过深化劳动力市场培养出了高素质和高投入的员工队伍，这些员工就是企业内在效率和竞争优势的主要组成部分。但在雇佣方式多元化的今天，这种企业组织的内部效率构建方式的普适性在降低，企业需要知道在新型的雇佣策略中如何提高内部效率，这是本研究选择组织层面为研究切入点的关键原因。

2. 探讨的主要问题

这一次雇佣格局的变迁还处于发展之中，对它有两个问题是必须要进行探究的：

第一个问题是当前的雇佣方式多元化发展的趋势和极限在哪里？对这个问题的分析使我们了解雇佣格局本次变迁产生影响的时空范围和作用方向。在对这个问题的探索中我们可以分析影响雇佣方式多元化的背后力量是什么，通过对这些因素的分析来探讨雇佣格局变迁的历程，了解它是否为一个长期的过程，并知晓雇佣格局变化的整体趋势。雇佣格局的整体变化趋势决定了与之相关的各类问题的长期性和重要性，这个问题是探讨后续问题的基础。在对这个问题的分析中，不仅要考察各国的共有变化，也需要进行比较分析来专门探讨中国的雇佣方式多元化的特殊性，为研究中国的企业雇佣管理问题提供参考。

第二个问题是雇佣方式多元化使企业产生了哪些方面的变化？这是本书的核心问题。在表 1-1 中列出了雇佣方式多元化在四个层面的具体表现，虽然本研究以组织层面作为主要的切入点，但思考视角也包括员工的群体和个体两个层面。实际上，对雇佣策略的研究是一个十分复杂的问题，它既涉及企业的人力资源管理政策和雇佣管理措施的直接变化，也包括组织与员工关系变化带来的间接影响，并且这两方面的变化之间也存在着深刻的内在交互影响。

在人力资源管理与雇佣管理方面，从之前雇佣格局的演变可以发现，雇佣格局的调整会带来新的管理挑战。长期雇佣制度的广泛存在与当时稳定的经济社会环境有着直接的关系[①]，而当前随着经济全球化和新技术革命的出现，企业所面临的环境动态性和竞争压力都在不断提高，并且在制度规制上对非典型雇佣方式的使用限制在不断减少，这就使企业具有了选择新型的短期雇佣方式来调整雇佣策略的权限和内在动力。因此，探讨企业作为雇佣策略的主导者如何选择和制定具体的雇佣策略具有十分重要的意义。

在员工与组织的关系方面，雇佣方式的变化是影响这种关系性质的基础。美国的雇佣方式多元化始于 20 世纪 70 年代，在这之后组织行为领域的美国学者发现员工对雇佣关系的感知和相关行为都发生了重大变化，如发现组织承诺对预测员工组织忠诚度的效力开始减弱，员工与企业的雇佣性质发生了整体性的变化，这些变化是雇佣策略调整所带来的负面效应，并且这些效应很可能会在其他方面影响企业的运行效能。

在两个层面的互动关系上，由于雇佣策略是从两个方面同时产生作用的，所以企业实施雇佣策略的实际效果是两种效应的互动结果，像人力资源管理领域的研究关注直接效应、组织行为领域关注行为变化的间接效应等，这种单方视角难以有效考察雇佣策略的实际效果。企业选择雇佣策略是为了达到实际的效果，只有准确分析雇佣策略的真实效果，才能保证雇佣策略选择的有效性，这是本书将“雇佣的动因—雇佣策略的选择—雇佣策略的实施”作为整体考察的出发点。

企业组织中发生的这些变化意味着雇佣策略的调整在很多方面改变了企业的运行方式和员工的行为机制。学者们在早期的研究中认为这种变化带来的影响是负面的，是需要回避的，但大环境的变化告诉我们理解这一变化的内涵，适应这一变化，并在这一变化中获得重新的发展才是可行

---

① 这种稳定的雇佣体制是嵌入在特定的生产体制中的，如美国的大规模生产体制有效运行对员工的稳定性有着非常直接的要求，而日本的柔性制造体系对人员稳定的影响没有非常直接的要求，但其对员工素质和技能柔性的高要求需要以稳定的雇佣作为基础。

的。社会层面的雇佣方式多元化并不意味着所有的企业一定都使用日益流行的多元雇佣策略，事实上它意味着企业有了更多的策略可以选择，如何选择还需要根据企业的具体情况来确定。

二、本书的结构

本书将根据前面提到的相关问题的探析来设定具体内容与结构：

第一部分，对中国和其他国家的雇佣方式多元化的发展历程进行阐述，探讨雇佣方式多元化发展的动力与趋势，并通过比较分析来研究不同国家在这一历程中的共性与区别，这部分内容在第一章和第二章进行介绍。从整体来看，各国雇佣格局都是朝向多元化的方向发展，但由于国情不同，雇佣方式多元化发展的特点与形态存在很大差异。基于此，本书选择美国和日本这两个具有代表性的国家，分别代表两种不同的雇佣方式多元化类型，并且都对中国有着重要的借鉴意义。

第二部分，探讨雇佣方式多元化为企业的雇佣管理工作带来的挑战，并对雇佣策略的含义和类型进行重新界定，以此作为企业雇佣策略研究的基础。这一部分主要在第三和第四章进行阐述。第三章主要起承上启下的作用，将本研究从社会层面的雇佣方式多元化的分析转向企业层面的雇佣策略研究，归纳这两方面的联系，确定了组织层面的整体研究思路；第四章主要是对雇佣策略的内涵与类型进行界定，尤其是对逐渐被广泛使用的多元雇佣策略进行界定和归类，这是之前研究中缺少的内容。

第三部分，本研究的核心问题，主要是第五章到第八章，通过“雇佣动因—雇佣策略—策略效果”的思路来研究雇佣策略的选择机制和实施效果。

在选择机制方面，将视角从既有研究的雇佣策略本身转为从企业发展的需要出发，建立以雇佣动因为导向的雇佣策略选择机制。其中，第五章主要阐述了从雇佣策略转移到雇佣动因的思考，并对雇佣动因进行了类型的归纳和层次的划分，区分出了核心层、制度层和边缘层三种类型的雇佣动因；第六章和第七章分别探讨了基于核心层和非核心层雇佣动因的雇佣策略选择机制。

在雇佣策略的实施效果方面，本书提出雇佣策略实施效果具有多重性，既有对企业运行的直接影响，也有对员工群体的潜在影响，雇佣策略的实施效果实际上是两种影响互动的结果。这一部分内容在第八章做了集中阐述，通过构建员工基于雇佣身份的行为模型和多元雇佣中的知识分享模式来探讨雇佣策略实施的多重影响。

第四部分，结语。这一部分主要是第九章和第十章，对本书的研究进行总结和反思，并思考今后需要进一步研究的内容。

第二章　中国雇佣方式多元化的发展历程与国别比较

第一节　雇佣方式与雇佣格局的比较

中国与很多国家都处于雇佣方式多元化的变化之中，在对中国的雇佣方式多元化的演变轨迹和演变动力进行分析之前，本章先对雇佣方式的类型展开介绍，对与雇佣方式相关的概念进行辨析说明，以避免问题分析中出现歧义。

一、雇佣方式的主要类型

雇佣方式按照类型可以分为传统的雇佣方式和非传统的雇佣方式，其中传统的雇佣方式也称为典型雇佣方式、正式雇佣方式和标准雇佣方式，这类雇佣方式主要包括全日制和无固定期限合同的用工方式，主要指的是具有长期雇佣特点的雇佣方式；而与之相对应的非传统雇佣方式也称为新型雇佣方式，或非典型雇佣方式、非正式雇佣和非标准雇佣方式等，它是具有非正式、临时性或非全日制特点的不稳定雇佣形式的总称，主要包括非全日制用工、临时用工、劳务派遣、员工租赁及各种固定期限合同用工等非永久性雇佣方式。本书主要使用非典型雇佣方式指代后者，同时出于语言情境的习惯，使用典型雇佣指代前者。当前提到的雇佣方式多元化主要表现就在于各种以短期雇佣为标志的非典型雇佣方式的不断出现，并且非典型雇佣方式的整体使用比例也在不断增加。

学者们在对雇佣方式及其产生的管理问题进行研究时常常会面临的一个障碍就是如何对各种不同的雇佣方式进行准确区分。典型雇佣方式的特征较为明显，易于识别。各种非典型雇佣方式的区分是问题的重点：原因不仅在于非典型雇佣具有多种形式，还在于这些雇佣方式之间存在着交叉重叠的情况，并且其中一些形式仍处在不断的发展和演化之中（时博、李新建，2008）。主要雇佣方式及其替代方式包括以下 6 种：

1. 典型雇佣方式，全日制、无固定期限合同的用工方式，典型雇佣方式常常代表了雇佣的稳定性与长期性。

2. 非全时工作，工作时间短于所属企业的正常工时，如每周工作少于 30 小时（加拿大和英国）或 35 小时（美国、法国和中国台湾等）。在这种雇佣方式中员工与企业具有长期稳定的雇佣关系，不同于临时性任务的小时工，与典型雇佣方式最为接近。

3. 短期合同，主要是指短期的非继续性的雇佣方式，这类雇佣方式基本属于短期合同工，在西方的研究中这种短期合同一般是与无固定期限相对应的。

4. 劳务派遣，劳务派遣的特殊之处在于劳动者的雇主企业和用工企业是相互分离的，即劳动力的所有权与使用权分属于不同的企业，这种特殊的雇佣方式也被称为共同雇主模式，即雇主企业和用工企业之间分享了劳动者的使用权利，并分担了对劳动者的义务。

5. 自我雇佣者，国际劳动组织与联合国将就业状态分为被雇佣者、无酬家庭帮工、雇主（雇佣一个或多个员工）和个体经营者（不雇佣任何员工），并将后两类群体归为自我雇佣者。

6. 外包与分包，严格来说，外包与分包不算是雇佣方式，它们是将企业内的一部分工作外包给外部的企业来完成，而外包商与分包商的不同在于其员工是否在用人企业内工作。在现实的企业实践活动中，这两种方式常常是企业引入外部员工来完成任务的一种替代选择，企业可以通过这两种方式来避免雇佣的限制，所以一些学者也将这两种方式作为间接雇佣的方式与其他类型的雇佣形式进行比较。

这里列出的是一些比较常见的雇佣方式及其替代方式，鉴于非典型雇佣方式的类型较多，所以没有全部列出。其中，前三种属于直接雇佣，企业与员工之间有直接的劳动合同与劳动关系；劳务派遣属于派遣公司和用工单位作为联合雇主来分担责任，但劳动者与用工单位不存在劳动关系；而最后两种则基本上属于劳务关系，完全不存在劳动关系。虽然后面三种在法律上是难以将企业作为雇主来认定的，但这些方式常常能够对直接的非典型雇佣起到替代作用，成为企业雇佣方式的补充选择，所以在对现实企业中的问题进行研究时，也需要对它们进行考察。尤其是考虑到中国目前劳务派遣的数量和占劳动者群体的比例，这种考察的必要性是不言而喻的。此外，在当前出现的共享经济中，劳动者可以通过互联网平台发布的信息获得相应的工作，这种工作方式是否属于雇佣关系还存在争论，本书认为根据法律二者之间不是雇佣关系，但是这种新型的关系很有可能成为一种替代雇佣方式的新形式。

二、与非典型雇佣相关概念的辨析

在对非典型雇佣的描述中，存在着相似的词语，主要有非正规就业、灵活就业、非标准雇佣与非固定就业等。这几个概念具有较大的相似性，但在使用的情境上存在区别。

1. 非典型雇佣，也称新型雇佣方式，主要包括非全日制用工方式、临时用工方式、劳务派遣方式、员工租赁方式及各种固定期限合同用工方式等，它强调的是雇佣方式上的差异，是与长期的雇佣方式相对比做出的类别划分，这一概念在研究中使用得非常普遍，其他的如非标准雇佣、非正式雇佣和非传统雇佣在含义上基本是相同的。

2. 非正规就业，这一概念来自国际劳工组织，起初是指在非正规部门工作的劳动者，后来又囊括了在正规部门工作的非正规劳动者。这些劳动者所从事的是待遇较低、稳定性较差的劣质工作（bad job）。这一概念的使用情境主要是指低质量的工作岗位，但从目前来看包括知识型企业和高端服务业在内的很多正规部门存在着高质量的非典型雇佣的工作，这一部分雇佣则难以归入国际劳工组织对非正规就业的内涵之中。

3. 灵活就业，这一概念的含义与非典型雇佣方式比较接近，二者都表示在工作的时间、地点、方式以及报酬等方面较为灵活的雇佣方式，虽然在欧美的文献中其含义与非典型雇佣比较接近，但在我国使用的情境上更接近非正规就业①，并且主要使用在宏观的社会就业问题上。

此外，需要注意的是，非典型雇佣的含义在不同的国家存在不同的含义。1985 年，美国学者费尔德曼（Feldman）最早提出了“临时工作”

---

① 中国劳动和社会保障部劳动科学研究所. 中国劳动科学研究报告集（2000—2001）[M]. 北京：中国劳动社会保障出版社，2002.

(Contingent Work)的概念,当时他主要是针对劳务派遣这一方式而提出的,后来的学者在研究中使用了更为广义的概念——非标准雇佣。波利维嘉(Polivka,1996)认为,美国非标准雇佣方式包括 7 种,即劳务派遣、呼出服务员工、承包企业的员工、短期直接雇佣、独立合同工、自营业者和正规的非全日制工。

而日本和欧洲的一些国家通常使用非典型雇佣一词来描述与典型雇佣不同的雇佣形式。法国的劳动法典规定,无固定期限的劳动合同称为典型,而把固定期限的劳动合同和劳务派遣称为非典型的劳动合同。欧洲的一些国家所界定的非典型雇佣形式一般包括如下几种:非全日制、有期雇佣、劳务派遣、交替制和深夜节假日工作、呼出工作、职业训练生、在家工作、独立自营业主等。日本的非典型雇佣模式主要包括原有的非正规员工(季节工、日工等)、非全日制工、短工、劳务派遣员工(登记型和常雇型)、在家就业、自由职业者、自营业和家族员工以及外包工作等。

尽管美国、日本及欧洲的一些国家所采用的说法不同,两者的含义并没有很大不同。比较而言,日本特有的非典型雇佣方式是近似短工和常雇型劳务派遣,欧洲一些国家特有的非典型雇佣方式是职业训练生和雇佣政策上的雇佣,而日本的非典型雇佣方式中没有呼出工作。这些国家的共同点在于对企业采用非典型雇佣方式实行严格的限制,以防止出现损害劳动者利益的情况发生,但随着环境的变化,这种保护不断被削弱。

对比上述三个概念,我们可以发现:非正规就业是从工作的质量来做出的判断,一些不具有灵活性但质量较低的工作也被包含在其中①。在具体含义上,灵活就业与非典型雇佣是比较接近的,差别主要在于灵活就业强调雇佣方式、时间和地点等方面的灵活性,那些工作质量较高且具有灵活性的工作也可以包含在内,所以一些国内学者也将非典型雇佣翻译为灵活雇佣。而在使用情境上,国内早期的研究更多地使用灵活雇佣而不是非典型雇佣,主要是将其与非正规就业一样使用在宏观的社会层面来探讨就业问题,而非典型雇佣方式目前也在企业层面使用,这种使用情况与中国政府解决就业问题的努力有关,在解决国企员工下岗和大学生就业方面,发展灵活就业是政府解决就业问题的一项重要措施。

---

① 中国劳动和社会保障部劳动科学研究所课题组. 中国灵活就业基本问题研究[J]. 经济研究参考,2005(45):2—16.

通过对这些概念的含义和使用情境的分析，本书认为在这些概念中非典型雇佣是最合适的表述。这是因为，首先，在概念的含义上，非典型雇佣是本书所要表达的概念之一，非标准雇佣和非正式雇佣虽然在含义上接近，但在已有研究资料中的使用频率不如这一概念；其次，在使用情境上，非正规就业是从宏观层面探讨如何解决劳动者的就业与就业质量问题，灵活就业在国内也同样使用在宏观层面，所以使用非典型雇佣更加适合进行组织层面的问题分析，也更加适合从不同主体的角度来分析其具体雇佣方式与雇佣策略的选择。

与非典型雇佣方式相对应的概念则是代表了长期雇佣的典型雇佣方式，本书选择使用典型雇佣这一词汇，以这种方式雇佣的员工也被称为典型雇佣的员工。

三、雇佣方式多元化国别比较的分析思路

中国从20世纪70年代开始了雇佣方式多元化的历程，而同一时期美国等发达国家也处于相似的雇佣格局演变的过程中。在这一过程中，中国和这些国家一样，雇佣方式的整体格局从长期雇佣为主转变为多种雇佣方式并存，并且在雇佣格局中新增加的都是以短期雇佣为主要特征的非典型雇佣方式。这些相似的变化使我们需要探讨雇佣方式多元化是如何发展起来的，有什么共性和差异的因素在起作用？为了能够确定这一点，我们需要选择比较的对象，并确定分析的框架。

（一）国别比较对象的选择

本书主要选择了美国和日本来进行分析，这两个国家代表了两种不同类型的雇佣方式多元化。我们认为，雇佣方式的多元化是在国际环境与国内环境共同作用下，政府、企业与劳动者之间的互动所形成的，其中政府是劳动雇佣的规制者，企业和劳动者是雇佣方式的选择者，三者的相互作用决定了企业的雇佣策略和社会的雇佣格局。美国与日本所面临的国际环境及其影响是相似的，但其国内环境与行动者的行动方式存在较大的区别：影响美国雇佣方式多元化的内部因素主要是产业关系系统的弱化，企业和劳动者之间是通过集体谈判来支撑长期雇佣方式的，这一点欧洲的一些国家与之有更大的相似性，所以可以以美国作为代表来进行分析；日本的劳动关系与美国有较大的区别，日本的企业与劳动者在组织层面具有很高的

合作性，终身雇佣制正是以此作为基础的，因而日本企业在面对经济形势恶化和环境动态性提高时，对雇佣管理方式的调整与美国存在明显的区别。

中国的雇佣方式多元化具有更深的制度转型的背景，与美日两国有明显的差别，不过这两种雇佣方式转型代表了主要发达国家的情况，并且其中也存在着与中国相似的影响因素，所以本书选择这两个国家作为主要的分析和比较的对象。通过分析它们的内部变化机制与变化情况，探讨中国在这一过程中的特性。

中国雇佣方式的多元化是在经济体制改革过程中发生的，为什么不选择具有同样转型特点的东欧国家作为比较对象？原因在于，中国与这些国家的转型方式和转型结果是不一样的，并且我们在比较雇佣方式多元化的过程中也希望能够发现俄罗斯等国家的企业雇佣管理方式和内部效率的变化，进而发现在新的雇佣格局中企业的雇佣策略和内部效率，而这些方面可以从日本和美国找到更多的借鉴。

（二）国别比较框架的设计

在对雇佣方式多元化发展的分析中，我们认为影响因素主要来自两部分，即国际环境的变化和国内环境中决定雇佣方式的相关主体带来的变化。

1. 国际环境的分析

国际环境对这些国家的影响是相似的，这些变化主要包括经济全球化、新技术革命和新自由主义经济思想的广泛影响，从二战到 20 世纪 70 年代，在各国形成的长期雇佣体制，是当时的环境与各国内部的行动主体互相选择的结果，美国、日本和德国等国家都找到了企业内部效率提升的路径。但在 70 年代之后，国际环境的变化促使国内环境和相关主体发生变化：首先，经济全球化增加了企业外部环境的动态性和成本竞争的压力，使企业组织必须提高自身的灵活性与降低成本，企业对非典型雇佣方式的需求开始增加；其次，新技术革命带来了技术的变革和产业结构的调整，并进一步从技术上提高了全球化的程度，企业组织开始寻求新的雇佣政策来应对这些变化，这是企业面临的新的经济合理性的要求；最后，新自由主义经济思想影响了政府的决策观，很多限制非典型雇佣方式的政策与法规被弱化，这些变化减少了非典型雇佣方式的使用限制，也减少了企业选择非典型雇佣方式时所面临的各种制度性压力。但需要注意的是，这些环境因素对不同的国家所产生的具体影响是有差别的。

2. 国内环境的分析

在国内的环境中，需要考察的是影响雇佣变化的制度性因素和与之相关的行为主体。长期雇佣在整个雇佣格局中占据的主要地位是由许多制度性因素来支撑的，所以雇佣格局的多元化变迁中必然会受到这些因素的影响，但具体的制度性因素有哪些？如何产生影响？这些都会因为国家的不同而有差异，需要根据国家情境的差别进行具体分析。

3. 环境中的行为主体的分析

决定雇佣格局的主要行为主体包括政府、以企业为代表的各类组织和劳动者群体及其代表，这三方的互动构成了雇佣格局变化的基础：政府可以通过直接的行政控制和间接的立法等方式来规制雇佣方式的选择；企业作为雇佣政策的制定者，它通过选择适配的雇佣方式在经济合理性和社会合法性之间寻求平衡，它是雇佣方式直接的和主要的决定者；劳动者群体也是雇佣方式的选择者，只是其相对弱势的地位决定了大多数的劳动者都只能被动接受雇佣方式。在分析行为主体时，需要将国际环境与国内环境的外在影响及各行为主体行为的内在逻辑结合起来，以此来说明各个行为主体的选择对雇佣方式多元化的影响。

需要注意的是，相同的环境对不同国家的行为主体的影响会存在差别，如在经济全球化的影响下，日本与美国在产业转移的目的与方式方面存在显著的差别。因此，只有深入行为主体的内部才能准确把握其行为的逻辑，理解各国雇佣方式多元化发展的差异，我们将根据这一框架来分析这些国家内外部环境的差别以及各行为主体在特定环境中的行为方式，以此来对各国的雇佣方式多元化进行比较和分析。

第二节　中国雇佣方式多元化的发展历程

一、分析框架的说明

20 世纪 80 年代前后，中国开始进行了经济体制改革，在这一过程中企业所有制形式发生了许多变化，城乡二元体制被逐步打破，市场在资源配置上起到了日益重要的作用。制度环境的变化带来了劳动者群体、用人单位和政府三方的内部结构与价值观念的变化，雇佣方式的多元化正是制度变迁过程中三方共同作用的结果。在这一过程中，劳动者与企业作为雇佣方式的选择者在构成与价值观念方面都发生了很大的变化，这些变化影响他们对雇佣方式选择的权利与意愿，政府的角色也开始从计划经济中的企业所有者向市场经济中的规则制定者转变。所以，对中国雇佣方式多元化的演进历程的分析应结合制度变迁以及三方在制度变迁中的构成、作用和地位的演变来进行分析，如图 2-1 所示。

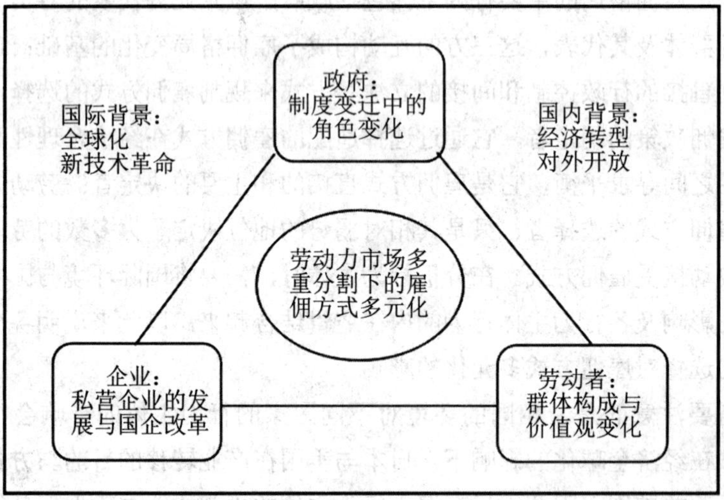

图 2-1　中国雇佣方式多元化的分析框架

二、企业主体的构成与管理目标的变化

经济体制改革是我国经济转型中的重要内容，它打破了公有制“一统天下”的局面，民营企业和三资企业等非公有制企业开始大量出现，这些非公有制企业常常会采用非典型雇佣方式来雇佣员工；与此同时，国企改制等改革措施也促进了雇佣方式多元化的进程。

（一）非公有制企业大量出现对雇佣方式多元化的影响

非公有制企业的大量出现直接带来了雇佣方式格局的改变。在经济体制改革之前，公有制企业作为一种独特的社会实体，在肩负经济活动的同时也承担了很多的社会责任，如员工就业稳定和社会保障等，公有制企业的这种特殊性质要求其采用以长期雇佣为主的雇佣策略。

在经济体制转型和对外开放的过程中，民营企业和三资企业等大量出现，这些非公有制企业更多是从经济效率的角度来选择用工方式，它们更愿意选择非典型雇佣方式以达到节约成本和快速适应市场变化的目的。在20世纪90年代对外资企业的研究发现，这些以追求低成本为主要目的外资企业常常和员工签订短期雇佣合同。虽然雇佣方式的选择是由劳动者和用人单位相互协商来形成的，但由于劳动力市场供大于求的格局使企业处于更为强势有利的地位。由于当时中国劳动立法的滞后，难以完成对劳动者权益的保护，这就导致了私营企业在雇佣方式的选择上拥有更多的决定权。所以，倾向于使用非典型雇佣方式的非公有制企业的大量出现推动了原有的长期雇佣为主的雇佣格局向雇佣方式多元化的方向发展。

（二）国有企业改革对雇佣方式多元化的影响

在国企改革过程中，很多企业改变了原有的以长期雇佣方式为主的雇佣策略，开始使用各种短期雇佣方式，尤其是劳务派遣这一形式。国企改革使国有企业的管理体制与雇佣策略发生了变化（Cooke，2002），但这一变化的趋势是双向的：

一方面，大量中小国有企业和绝大多数集体企业在市场经济的冲击下纷纷转制、倒闭、拍卖、重组，从1996年到2004年国有工业企业的数量减少了78%，国有企业的大量减少意味着实施传统的长期雇佣方式的经济实体也在减少。而成功完成市场转型的国有企业在竞争的压力下，为了提高效率开始选择与私营企业相似的管理措施和雇佣方式，非典型雇佣方式开始被越来越广泛的使用。

另一方面，其他一些国有企业由于所处行业的特殊性而获得了垄断的地位，这些企业内部的雇佣体系出现了分化。这些企业垄断的基础主要体现在两个方面，一类是占有自然性资源，如特殊的矿产资源；另一类是占有制度资源，如铁路、电信、电力、邮政等部门（刘平、王汉生等，2008）。这些企业虽然占有资源的形式不同，但都是通过国家的特殊政策来实现其垄断的地位。

随着环境的变化，这类国有企业内部出现了雇佣体制的分化：一方面，企业在较大程度上保留了原有的以长期雇佣为基础的管理体制；另一方面，它们也开始使用非典型雇佣方式来规避典型员工编制所产生的制度限制，

2008 年《中华人民共和国劳动合同法》(全书简称《劳动合同法》)颁布之后劳务派遣成为其使用非典型雇佣方式的主要形式，这就形成了以编制为标准的员工身份分化。在 2011 年中华全国总工会对劳务派遣的调查中发现国有垄断行业大量使用劳务派遣员工，有些国有企业的使用比例甚至高达 70%。在这类国有企业里形成了具有不同雇佣身份的员工群体，他们在经济与社会地位上存在明显区别：有编制的典型员工在管理上依然具有一些单位制的特点，即长期雇佣与享有较多的员工福利；而没有编制的员工基本是通过非典型雇佣方式招收的，他们的薪资水平和管理方式更加市场化。

从国有企业的分化中我们可以发现，改革方向的不同造成了不同国有企业所处环境的差异，而这又影响了其内部管理方式的变革：第一类国有企业走向市场，开始承受市场竞争的冲击，这种压力促进了其内部管理方式的变革，在雇佣管理政策上逐渐与非公有制企业趋同；第二类国有企业处于不同于前者的制度环境之中，政策上的先天优势使其在一定程度上免受市场竞争的压力，在管理方式上依然具有单位制的部分特点，但为了解决其所面临的政府在人员编制等方面的限制和劳动法规的规制，也开始使用非典型雇佣方式。所以，虽然政府对不同类型的国有企业采取了不同的改革方案，但从整体而言国有企业的改革扩大了非典型雇佣方式的使用范围与数量，促进了雇佣方式多元化的发展。

三、劳动者群体的构成与价值观的变化

在改革开放的过程中，劳动者群体构成与价值观发生了很大的变化，这主要表现在农民工群体的出现和新生代员工独特的工作价值观。

(一)农民工群体的大量出现

改革开放之后，中国的城乡二元体制开始逐渐松动，处于第一产业中的农民逐渐获得了自由流动的权利，农民工开始大量出现并成为劳动者群体的重要组成部分。根据国家统计局的相关数据，2009 年全国农民工总量为 2.3 亿人，外出务工人数为 1.5 亿人。万向东与刘林平(2007)认为农民工总体上处于被分割、被隔离的低水平的就业市场之中，并显示出高度的水平性流动，即在不同的地区之间自由变换工作，并且农民工常常是通过非典型雇佣的形式就业，就业层次相对较低。

造成这种情况的原因是多方面的：首先，大部分农民工的人力资本和

社会资本较低，在城市基本上只能获得以非典型方式雇佣的低质量的工作，主要表现在工资收入、工作条件和发展机会等方面。清华大学社会学系沈原教授《农民工"短工化"就业趋势研究报告》发现，中国农民工就业存在着"短工化"的问题，并且这种趋势在不断加大，农民工每份工作的平均持续时间越来越短。2000 年农民工平均每份工作持续 3.8 年，而 2008 年农民工每份工作只持续 1.4 年，这项调查发现造成农民工离职的最主要原因是"在用工单位提升有限，对公司条件不满意"[①]。

其次，农民工对非典型雇佣方式的接受和选择与其高流动性有很大的关系。由于受二元体制的影响，农民工难以获得城市户口的身份，享受城市居民的福利。宁光杰（2012）的研究表明，农民工在雇佣方式的选择上受到很多制度性的限制，在长期雇佣、自我雇佣和短期雇佣之间存在多重分割与进入障碍，这些因素限制了农民工对雇佣方式的选择。这使农民工难以在城市中长期扎根，他们更多的时候是根据工资水平在地区间流动以选择略好的工作机会，并根据工作机会的优劣来选择留在城市或返回农村。在不同地区间的快速流动使农民工群体对非典型的短期雇佣方式具有较高的接受度，这与 20 世纪初美国底特律的汽车工人的流动方式有着相似的特点。

（二）新生代劳动者及其价值观

随着社会的发展，中国的劳动力群体在工作价值观上呈现出明显的多样化趋势，这与新生代劳动者队伍的不断壮大有很大的关系。

首先，新生代劳动者已成为劳动力群体中的重要组成部分。一般将 20 世纪 80 年代之后出生的人称为新生代，根据《中国人口和就业统计年鉴 2010》的数据，2009 年中国适龄劳动力人口的总量约为 8.7 亿人，其中新生代劳动者的总量约为 2.8 亿人，占适龄劳动力人口的 32%。根据国家人口计生委统计，2011 年我国流动人口总量已接近 2.3 亿。流动人口的平均年龄只有 28 岁，"80 后"新生代农民工占劳动年龄流动人口的近一半。

其次，新生代劳动者的价值观。新生代劳动者成长于我国的社会转型时期，独特的成长环境使他们在个性、需求，特别是工作价值观等方面表现出与老一代劳动者较为明显的代际差异。与之前的劳动者相比，新生代

---

① 清华大学社会学系课题组."短工化"：农民工就业趋势研究[J].清华社会学评论,2013(00):1-45.

劳动者更加追求工作的意义，在工作中寻求个人的发展，崇尚工作中的自主性。在类似的情况下，新生代劳动者更加愿意选择在工作时间、地点或方式上具有灵活性的工作岗位。

这些情况表明新生代劳动者已经成为劳动力群体的主要组成部分，伴随新生代而来的是劳动者群体价值观的改变。这种工作价值观上的代际差异使新生代劳动者对非典型雇佣方式有更强的接受倾向，并且当已有工作无法满足其内在需要时更容易产生离职行为。

四、政府对雇佣方式的直接管理与间接规制

政府对雇佣方式多元化的影响是多方面的，作为中国经济体制改革的制定者与执行者，由政府主导的国企改革、打破城乡二元体制等方面的制度变迁间接促进了雇佣方式多元化的发展。

（一）政府是雇佣方式多元化的直接推动者

实现充分就业是各国政府的宏观经济管理目标之一，是社会稳定的重要保障。在经济体制改革之前，政府为城镇职工提供的基本都是长期稳定的工作岗位，并通过城乡二元体制将农村人口基本限制在第一产业就业。这些情况被打破之后中国开始面临严峻的就业问题，在20世纪90年代末之后的较长一段时间里农民工、下岗工人和新毕业大学生是政府解决就业的主要对象，而发展和促进非典型雇佣方式是解决这些群体就业问题的一个重要方式，灵活就业就是在当时的情境中针对这类问题开始广泛使用的。例如，中国政府在2000年的《中共中央关于制定国民经济和社会发展第十个五年计划的建议》提出，要大力推广包括劳务派遣在内的多种灵活就业方式，以此来解决国有企业下岗职工的再就业问题。这些政策的出台促进了就业中介机构的发展和非典型雇佣方式的推广，虽然最初这些机构主要是针对国有下岗职工而设立的，但在后来的发展中其服务对象的范围也逐渐囊括了其他有就业需要的群体。

（二）中国政府对企业雇佣方式的间接规制

非公有制企业的大量出现改变了企业主体的构成，同时也改变了政府在市场经济中的角色与地位，逐渐从公有制企业的直接管理者转变为市场规则的制定者。在计划经济体制下，国家对企业单位采用的是直接管理的方式，而在市场经济中政府需要通过制定相关的法律法规来规范企业的运

行。政府不再像计划经济时代那样通过行政命令的方式来直接决定企业所选择的雇佣方式，在市场经济的背景下政府需要通过制定法律法规间接引导和规范企业与劳动者对各种雇佣方式的选择与使用。

在近几十年里，政府通过制定和修订相关的劳动法律法规来完成这一角色的转变。但需要指出的是，由于我国法制建设的时间还比较短，并且经济转型过程中常常面临着层出不穷的新的现象与问题，这两点加大了法律在解决现实问题中的滞后性，降低了劳动法律法规在制定与执行过程中的效果，从而导致了政府在角色转变过程中出现了规制的缺失，在这种缺失下企业对非典型雇佣方式的恶性使用成为一个难以避免的现象。

从目前来看，中国在立法与执法监督方面还存在着很多问题，但通过立法对非典型雇佣方式使用进行规范化管理的趋势是可见的，在 2006 年十六届六中全会上通过的《中共中央关于构建社会主义和谐社会若干重大问题的决定》提出，将“讲求效率，注重公平”作为指导中国未来发展的新原则，改变了 1993 年十四届三中全会确立的“效率优先，兼顾公平”的原则，这与改革开放后社会公平问题变得日益突出有很大的关系，在未来的发展中政府将更加关注社会公平问题。非典型雇佣方式的滥用和其中存在的不公平问题受到了政府的关注和规制，这一点从劳动法律法规的变化，尤其是在《劳动合同法》的制定中得到了体现，今后政府会通过进一步完善立法和执法监督的方式对非典型雇佣方式的使用进行规制，促进其良性发展，这是未来发展的总体趋势。

（三）劳动立法活动对雇佣方式使用的规制历程

《中华人民共和国劳动法》（全书简称《劳动法》）与《中华人民共和国劳动合同法》是中国目前对雇佣方式起到约束与规范作用的主要法律。1995 年实施的《劳动法》，是中国第一部综合性的劳动法律，是规范劳动者与用人单位之间雇佣关系的基础性法律，是通过法律手段调整劳动力市场运行的一个标志性法律，也是中国政府实现角色转型的起点。

2008 年开始实施的《劳动合同法》主要是为了弥补《劳动法》关于劳动合同规定不足而颁布的，这部法律更加倾向于保护劳动者，并具有稳定劳资双方雇佣关系的立法理念，所以在一些规定中体现出了防止非典型雇佣方式过度使用的特点以维护劳动者的权益。但该项法律在规范企业使用非典型雇佣方式上并没有达到预期的效果，很多企业和单位使用劳务派遣方式替代原有的临时工和短期合同的雇佣方式来规避该法中对无固定期限合同的规定。

对于中国劳务派遣员工的具体数量，各方的统计数字一直存在着争议。在2011年年初网易、搜狐等主要网站的报道表明：根据官方数字，在2008年《劳动合同法》实施之前的劳务派遣人数是2000万人，而在2009年就达到2700万人，2010年底全国总工会调查的国内劳务派遣职工已经达到6000万，达到职工总人数的20%；这个数字比此前人社部公布的2700万多出逾一倍，但人社部并不认同这一统计结果。[①]而全总正式发表的数据则与此不同，全总劳务派遣问题课题组在2012年发表的研究论文中显示：2006年前后，全总粗略估算全国的劳务派遣工大概是2500万人，2011年全总研究室测算的全国企业劳务派遣工约3700万人，占企业职工总数13.1%。此外，研究论文中指出大部分的企业没有完全执行《劳动合同法》中关于"同工同酬"和"三性"（临时性、辅助性和替代性）的规定。[②]

虽然这些数据存在着不一致，但都表明了在2008年之后中国劳务派遣的数量和在劳动者群体中的整体比例在迅速上升，对劳务派遣员工的过度使用问题开始日益凸显。

针对劳务派遣的这一新情况，政府专门进行了讨论，并于2013年12月由人力资源和社会保障部审议通过《劳务派遣暂行规定》，这一规定进一步明确了"同工同酬"的原则，对"三性"的内涵进行了更为明确的界定，并明确指定了劳务派遣员工不能超过典型员工10%的红线。从这一发展历程来看，中国政府在不断完善和加强对非典型雇佣方式使用的规制，这主要是出于保护劳动者和维护社会公平的目的，并且这些法律法规已经逐渐形成对企业用工的制度性规制。

总之，中国政府对雇佣方式多元化发展的作用是双向的，既有推动各种非典型雇佣方式发展以促进就业的一面，也有通过法律进行约束以防止其被滥用的一面。但当前的就业压力和政府在劳动立法中存在的滞后性在一定程度上抵消了政府对非典型雇佣方式的约束作用，所以从总体的情况来看，中国政府在近几十年的雇佣方式多元化的进程中起到的推动作用是大于约束作用的，中国当前雇佣格局中的过度柔性化问题还会在一定的时

---

① http://finance.sina.com.cn/roll/20110303/07199463233.shtml

② 全总劳务派遣问题课题组. 当前我国劳务派遣用工现状调查[J]. 中国劳动，2012(05):23-25.

期内继续存在。

五、中国雇佣方式多元化的特点

与西方发达国家的雇佣方式多元化相比，中国的雇佣格局演变进程与其相似，也是向着多样化的方向发展，但中国的这一变化又与这些国家有着根本性的制度差别，使中国雇佣格局的变化具有强烈的特殊性和复杂性。

（一）雇佣方式多元化的制度转型特征

相比较而言，西方发达国家雇佣方式多元化的趋势一般是外因导向的，是随着全球化、新技术革命等因素导致的内部雇佣格局的调整，并由此向着多元化的格局迈进。而中国雇佣方式多元化的发展轨迹与西方国家不同，它更多地表现出了经济体制转型的特点，具有更强的内在变革起主要作用的特殊性。

在转型过程中，企业、劳动者和政府的构成与角色都发生了很大的变化，对这些变化的分析是了解中国雇佣方式多元化演进趋势的重要依据。本书在对这三个主体进行分析之后发现，它们的变化从不同的方面促进了中国雇佣方式多元化的发展。同时，与西方国家不同的是，中国雇佣方式的多元化并不是一个整体渐进的过程。中国的经济体制转型属于循序渐进式的改革，在这一过程中新老制度不是简单的替代关系，而是一个相互交织、缓慢变更的过程，这些制度因素的影响形成了中国雇佣方式发展中的复杂性与独特性，使其呈现出基于劳动力市场的多种制度分割的特点，不同的劳动力子市场的雇佣方式多元化发展情况具有显著的制度性差异。这是中国雇佣方式多元化最大的特点，也是与其他国家的根本性差异。

（二）雇佣方式基于劳动力市场的多重分割

劳动力市场的分割理论认为，由于政治、经济等外在制度因素或者经济内生因素的制约，劳动力市场被分为工作质量和发展机会较多的一级劳动力市场和相对较差的二级劳动力市场，并且不同的劳动力市场在薪酬的决定机制、雇佣稳定性、劳动者的晋升机会等方面存在着明显的差别（武中哲，2007）。

中国的劳动力市场受制度变迁的影响呈现多重分割的特点，细分的劳动力市场在雇佣方式上有着明显的差异：一级劳动力市场较多采用长期的典型雇佣方式，而二级的劳动力市场更多采用非典型雇佣方式。这种分割主要表现在以下 3 个方面。

1. 基于城乡二元体制的劳动力市场分割

这种分割将劳动者分为城市劳动者与非城市劳动者两类。由于受城乡二元体制的影响，城市的外来务工人员，尤其是农民工群体常常处于二级劳动力市场，大都通过非典型雇佣方式从事工作条件和待遇较差的岗位。而当地政府会优先将拥有当地户籍的城市就业人口放在一级劳动力市场，这种情况在改革开放的早期表现得十分明显。魏下海和余玲铮（2012）的研究发现，在正规就业和非正规就业中户籍因素对工资差异有显著影响。刘林平和张春泥（2008）认为，人力资本和企业制度是决定农民工工资水平的基本因素，社会资本变量和社会环境变量对农民工工资水平没有显著影响，这说明农民工的工资在不同所有制企业和不同地区中没有明显的差异（Peng，1992），中国农民工群体基本上处于二元分割的劳动力市场的低端，这个劳动力子市场的地区性差异很低，具有高度市场化、缺乏内部劳动力市场或晋升机制的特征。

在实证研究中我们发现，有城市户籍的劳动者大多是通过长期和稳定的雇佣方式被雇佣，而农村户籍劳动者的雇佣方式多是通过非典型雇佣方式被雇佣的；同时，在劳动者对非典型雇佣方式的态度上，农村户籍的劳动者对非典型雇佣方式的接受程度也明显高于城市户籍的劳动者。此外，非典型方式雇佣的农民工收入水平要低于正式雇佣的城市员工，但这些农民工在组织公平的感知上却要高于城市户籍的员工，造成这一情况的原因究竟是城市员工具有不同的绩效，还是两类员工选择了彼此之外的其他人作为比较对象尚待考察。

2. 基于产业或所有制的劳动力市场分割

二者虽然使用的名称不一样，但都是指国有企业与非国有企业在雇佣方式上的差别。存在差别的原因主要与企业所有制的变化和发展国有企业的战略有很大的关系。改革开放之初，国有企业占据主体地位，依然保留着以长期雇佣为特点的单位管理体制，而新加入的民营企业与三资企业则大量使用非典型的雇佣方式，这表现出了明显的基于所有制形式的劳动力市场的分割和雇佣管理方式的差异。而在国企改革之后，一方面，大量的国有企业进行了破产与转制，在雇佣策略上也使用了非典型雇佣方式，不断与私营企业趋同；另一方面，中国政府在对国计民生有重要作用的行业中设置了企业进入的限制条件，使这些国有企业能够在一定程度上减少了市场竞争的影响，依然保留着相对于其他企业更多的具有传统雇佣特点的岗位，此时基于所有制的劳动力市场分割就转变为基于某些垄断产业或是基于垄断性国有企业的劳动力市场的分割。这种基于所有制的劳动力市场分割的特征在工资水平和雇佣关系上都表现出了明显的差别。

首先，在工资水平方面，陈弋等（2005）采用 Oaxaca-Blinder 分解法的扩展形式，分析了 1995 年城市不同所有制企业间工资差异的决定因素，发现央企可以从特惠的制度因素中获利，享有高于市场水平的工资，“纯所有制差异效应”在工资差异中起中心作用。这说明在垄断或政府管制行业，国有部门的劳动力普遍享有更多的工资溢价。

其次，在人力资源管理与雇佣关系方面，程德俊、赵曙明（2006）发现所有制特征对企业人力资源战略选择具有显著影响；张一驰（2004）通过徐淑英（Tsui）的心理契约模型分析了中国企业的所有制类型对雇佣关系的影响，发现国有企业与非国有企业之间存在着很大的差别，而外资企业和民营企业之间的差别则相对较小；孙瑞（2006）对不同所有制企业员工心理契约的内容与类型的研究也得出了相似的结论；凌云（2010）的研究表明，国有企业的内部劳动力市场强度要明显高于私营企业和外资企业，尤其是在长期雇佣方面与后两种企业的差距最为明显。

3. 在正规部门中基于雇佣身份或雇佣方式的劳动力市场分割

这种劳动力市场的分割既有制度变迁的原因，也有企业管理目标不同的原因。在正规部门中不同的雇佣方式常常代表了不同的雇佣身份，通过长期的雇佣方式招收的员工与非典型员工在工作待遇和管理方式上会存在明显差异。这一情况不只存在于国有企业，很多私营企业也存在这种情况，国外对雇佣方式多元化带来的管理问题的研究大多是基于这一视角来进行的。

总之，从长期的趋势来看，中国的雇佣格局同其他国家一样正向着多元化的方向发展，但雇佣方式多元化进程并非像其他国家那样均匀，而是随着劳动力市场的不同而存在着制度性的分割。不同类型的劳动力子市场中的多元化程度存在着显著的差别，这些由体制转型造成的制度性的分割情况将会长期存在。但随着制度的变迁与交替，其中起主导作用的制度分割类型的影响程度正在发生变化：在已有的这些制度性分割中，基于城乡二元体制的劳动力市场分割随着改革的逐步进行在不断减弱，而基于产业与雇佣身份的劳动力市场分割在当前以及今后的一段时间内都会产生重要的影响，这是由中国制度转型的进程所决定的，它实际上是制度变迁的外在表现。这些特点体现了中国雇佣方式多元化发展的独特性，也构成了中国企业雇佣管理策略研究的特殊情境。

第三节　欧美国家的雇佣方式多元化

一、美国长期雇佣格局的形成

美国在二战后的很长一段时期内（1945—1975 年）都是长期雇佣方式占据主导地位，通常劳动者只为一位雇主长期效力，其劳动关系具有较高的稳定性（卡利伯格与新馨，2001）。美国以长期雇佣为主的格局的形成与罗斯福新政时期的政策有很大的关系，罗斯福通过推动劳动关系的相关法案确立了工会的合法地位和对员工的代表权，同时也确立了工会与企业的集体谈判制度。在这一体系中，工会通过与企业谈判来帮助劳动者获得了稳定的工作和长期的工资上升，而企业的管理者则获得了稳定的员工队伍和员工的忠诚与工作投入，并且在长期的雇佣中企业与员工都增加了相互的投入。

罗斯福新政是在经济危机的背景下开展的制度革新，他通过劳动立法促进了工会与企业之间形成的正式谈判机制，构建了美国产业关系的形态，而长期雇佣体系的形成也恰恰是以此为背景的。此外，这种长期雇佣体系的建立除了产业关系协商机制的作用外，也与当时的产业格局与生产方式有着很大的关系。当时美国的产业格局中工业生产占据主要部分，而大规模的工业生产方式需要稳定且具有一定技能的劳动者。长期雇佣非常适合这一生产体系的要求，它既能保证员工队伍的稳定性，也能实现对员工技能的长期培养，保证大规模生产方式对员工的需求，因而成为当时企业构建内部效率的基础。

在罗斯福新政之前，福特公司于 1914 年提出的“五美元工资”已经体现了大规模生产体制对雇佣的稳定性和高素质的员工队伍的需要。当时美国的整个汽车行业存在着员工流动率过高的问题，福特公司的员工流动率更是高达 380%[①]，针对这一情况将员工的日工资从 2.5 美元提高到了 5 美元，每天的工作时间从 9 小时降低到 8 小时。福特公司的薪酬成本大幅度上升，但通过高工资不仅吸引了大量的员工来应聘，而且还可以根据技能与熟练程度对员工进行筛选，并能够对员工进行科学的管理和长期的培养。这些因素使福特汽车生产效率大幅提高，生产成本下降使利润得到了极大提高。福特的个案实际上可以认为是当时的生产体系对员工的需求，即长期的雇佣制度可以提高生产效率，但这一尝试主要来自福特本人的管理意愿，而罗斯福新政的推动则使长期雇佣制度有了可实现的制度基础，长期雇佣方式也逐步成为雇佣格局的主要部分。

二、美国雇佣方式多元化演变的影响因素

在罗斯福新政时期形成了以长期雇佣为主的雇佣格局，但这种格局随着整体环境的变迁而发生了变化。在 20 世纪 70 年代之后，美国经济、社会和政治上的一系列变化促进了雇佣方式多元化的发展，非典型雇佣的比例开始日益增加。数据表明，美国的临时雇佣占比从 1972 年开始每年增长约 11%，非全日制雇佣在 1970 年之后的 20 年间占劳动力的总体比例从 16.4%上升至 18%（Kalleberg，2000）。当前美国的劳动力群体中非典型雇佣的整体比例已经上升到了 31%（U.S. Bureau of Labor Statistics，2005；U.S. Government Accountability Office，2006）。从数据上看，各种非典型雇佣方式的使用比例都在不断提高，美国雇佣方式多元化的格局在这一过程中逐渐形成，而这既有外部的环境影响，也是内部变化的结果。

（一）国际背景：经济全球化与新技术革命

美国与其他国家一样，雇佣方式多元化的进程受到了经济全球化和新技术革命的影响。

全球化的兴起是美国雇佣方式多元化发展的重要影响因素（Kalleberg，2009）。经济全球化扩大了劳动力市场范围，资本的流动性得到了进一步增强，使其可以在全球范围内寻找低成本的劳动者，这降低了劳动对资本的

---

① 盖瑞·J 米勒. 管理困境——科层的政治经济学. 王勇，赵莹，高笑梅，等译. 上海：上海三联书店，上海人民出版社，2002.

谈判能力，即经济全球化使企业变得更加强势，改变了劳动者与企业之间的力量平衡，使劳动者不得不接受企业设定的缺乏稳定性的非典型雇佣方式。非典型雇佣方式受到企业青睐的原因在于，长期雇佣制度会使企业在人员的雇佣上缺乏灵活性，担负较多的责任和工资上涨的压力。所以，当经济全球化提高了企业所面临的环境动态性和成本竞争压力时，企业更倾向于选择非典型雇佣方式来雇佣员工。

新技术革命的出现，尤其是信息技术对雇佣方式的多元化产生了重大影响。这种影响表现在两个方面：在直接影响方面，新技术革命带来了产业格局的变化，占新技术革命主要部分的信息产业在员工的使用上更加强调灵活性和员工知识的新颖性，愿意使用比较灵活的雇佣方式，而该行业中的员工具有较高的主动离职倾向，这一产业的特征决定了使用长期雇佣的倾向低于其他行业；在间接影响方面，新技术革命的出现进一步促进了经济全球化的发展，新技术革命降低了信息传播的时空限制，使企业所面临的环境动态性和竞争的时空范围都扩大了。这两方面的压力促进了企业通过非典型雇佣方式来提高自己的人力资源柔性（Kalleberg，2000）。

（二）国内背景：产业关系系统与行为主体的变化

美国雇佣方式多元化的国内背景主要是产业关系的弱化，产业关系即产业层面的劳动关系，产业层面的集体谈判是欧美国家处理劳动关系问题的主要手段：工会代表劳动者，它与雇主组织进行谈判以获得工作待遇的提高和工作安全的保障；而企业则可以获得员工队伍的稳定性和员工的企业内合作，提高企业的运行效率；在这一体系中，政府通过制定规则和其他方面的协调措施来对产业关系进行协调和治理。这种形成于二战时期的产业关系强调劳资双方要在协商的基础上进行长期的合作，战后美国长期稳定的雇佣体系也恰恰是以此为基础的。美国的这种产业关系系统形成于罗斯福新政时期，这种产业关系对于保障劳动者工作的稳定性具有积极意义，它的形成与发展也是三方共同努力的结果。

但在20世纪70年代之后，在内外部环境的影响下，这三方各自都发生了变化，导致了集体谈判中劳资双方的力量不均衡开始加大，而产业关系系统的作用也因此被弱化，并导致了以此为基础的长期雇佣制度的减少和整体雇佣方式格局的多元化。这些变化表现为：

1. 政府调节产业关系方式的变化

美国的产业关系理论认为，政府在劳资双方的集体谈判中应起到平衡双方力量的作用。但在 20 世纪 70 年代之后美国政府新自由主义的倾向日益增强，认为应该更多依靠市场而非政府规制来发展经济和解决劳动关系问题，此后美国政府在应对产业关系的过程中采取了对劳资力量失衡的不干涉政策，同时也没有对非典型雇佣方式的使用进行有效的法律规制。美国政府的这一政策措施在一定程度上导致了产业关系中劳资权利的失衡，弱化了产业关系系统的作用，间接促进了非典型雇佣方式的使用，加大了雇佣关系的不稳定性和整体工作质量的下降。

2. 美国产业格局变化与产业的空心化

美国企业主体的变化主要来自产业格局的变革，这是大量使用非典型雇佣方式的重要原因，产业格局的变化直接影响了职位的分布与比例。美国在 20 世纪 70 年代之后，服务业和新兴的高科技产业处于日益重要的地位，这些产业增加的是一些高端的知识型工作和大量的低端服务性工作，这些新增加的工作岗位大多采取了非典型的雇佣方式，所以它们的发展扩大了非典型雇佣方式使用的范围和数量；而同一时期美国的很多工业部门开始逐步将工厂转移到美国之外的国家，这些部门采用的是长期雇佣的方式，所以产业格局的变化影响了美国的整体雇佣格局，而雇佣方式的多元化与美国产业的空心化是一个伴生的现象。

由图 2-2 可以发现，从 1997 年到 2017 年的 20 年间，美国的制造业占 GDP 的比重在不断下降。

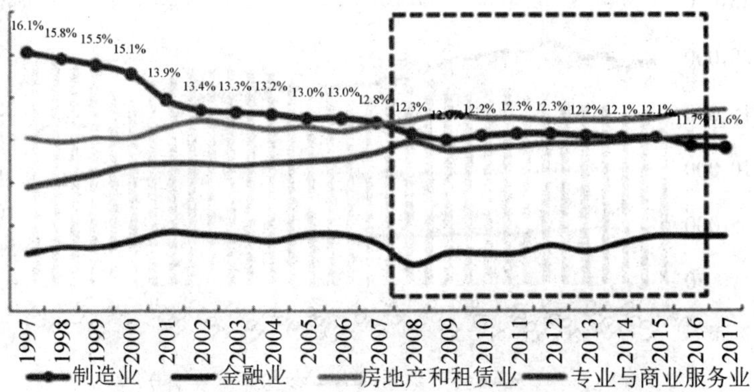

图 2-2　1997—2017 年美国制造业占 GDP 比重的变化趋势

此外，美国企业管理者的观念也起到了重要的作用。在美国企业的公司治理结构中，股东的利益是排在第一位的，相对于德国的银行与企业之间稳定的股权关系，美国很多企业的股东更加关注短期利益，通过变更雇佣方式和转移工厂来降低成本无疑对管理层有着很强的吸引力，同时美国的管理层固有的反对工会传统也得到了释放，降低和削弱了企业与工会之间的信任与合作的基础。

3. 劳动者群体构成的多元化与工会代表性的降低

在劳动者群体中，妇女、少数民族群体大量进入工作场所，这改变了劳动力市场中的供求关系，也改变了劳动者群体的构成与价值观，因此而形成的人力资源多元化问题使劳动者的组织变得更加困难。工会主要代表的是劳动者的共同利益，而劳动者群体的多元化使其诉求的共性部分降低了，更多的差异性需求开始出现，这为工会的组织工作带来了难度。

同时，美国产业工会的力量不断被削弱，这主要表现在：一方面，大量的无工会企业开始出现；另一个方面，工会的代表性也在持续降低，工会在 20 世纪 50 年代中期能代表 35%的劳动者，而在 1985 年这一比例降低至 19%（寇肯，2008）。如图 2-3 所示，美国工会参与率从 1954 年前后开始呈现出不断下降的趋势。在这一过程中，劳动者群体处于日益弱势的地位。这些方面的变化导致了工会作为产业关系中劳动者群体代表的地位在不断下降，进一步导致了产业层面劳动关系的弱化。虽然工会代表性的下降是受多方面因素影响的，但就结果而言，这种代表性的缺失降低了工会在集体谈判中的覆盖范围和影响力。

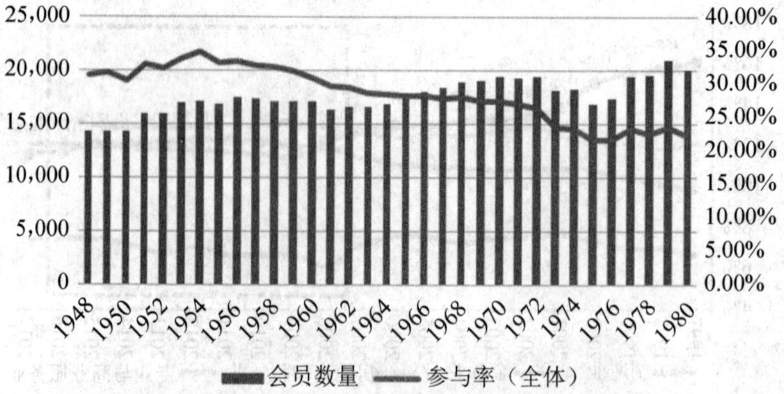

图 2-3　1948—1980 年美国工会参与率情况图

从美国政府、企业和劳动者这三方的变化可以发现，形成于罗斯福新政时期的支撑长期雇佣制度的产业关系在不断减弱，企业的主导地位不断增强。在外部环境变化和自身内在诉求的影响下，一些美国企业开始转移到海外，在国内的企业更多地使用各种以短期雇佣为主要特征的非典型雇佣方式，这使美国的雇佣格局开始从长期雇佣为主向雇佣方式多元化方向逐步发展。

需要说明的是，仅仅依靠对国内环境变化的分析是难以解释雇佣方式多元化演进的。寇肯等人在《美国产业关系的转型》一书中，阐释了美国产业关系的萎缩和非典型雇佣员工的大量增加，他用美国产业关系的转型来解释这些变化的根源。他意识到了这一过程中的美国产业关系和各行为主体所发生的变化，但是他的解释过于关注美国的国内环境，尤其是产业关系系统的变化，将这些视为美国内部产业关系变化的问题，忽视了经济全球化和新技术革命等外部因素的影响。实际上，在这些因素的影响下美国的产业关系系统所面临的已经不是简单的转型，而是整个系统的弱化与瓦解。寇肯等人的分析虽然符合当时美国的变化情况，但忽视了在经济全球化等国际环境演变下美国企业已经有了更多的选择，并且它们没有选择寇肯所预期的与工会继续在原有的框架下合作。

三、美国雇佣方式多元化的趋势分析

（一）中美雇佣方式多元化发展的特点比较

通过前面的比较我们可以发现，中国与美国都发生了雇佣方式的多元化，两国劳动关系主体的变化带来了劳动关系的结构性变化，并且在这种变化中企业主体获得了决定雇佣方式的话语权，这使两国的企业都大量地使用了非典型雇佣方式，而劳动关系也在这一过程中变得更加不稳定。但在这种相似之下却存在着更多的内在差异，如表 2-1 所示，中美两国雇佣方式多元化的内外部影响因素存在着较大的区别。

经济全球化是中美两国面临的共同背景，对二者却有着不同的影响：美国在这一过程中开始了产业转移，很多企业将生产工厂转移到了具有较低的人工成本和劳动者保护机制不完善的发展中国家，以达到节约成本的目的，这种生产的转移减少了美国长期雇佣的员工数量；而中国在经济全球化的过程中大力发展民营经济，并吸引外商投资办厂，这些私有制企业招收了大量的非典型员工。因此，虽然经济全球化对中美两国的影响路径不同，但在结果上都增加了非典型员工的比例。除了经济全球化和新技术革命之外，新自由主义经济思想也是两个国家的一个共同点，美国政府的新自由主义倾向使其弱化了在产业关系体系中裁判的角色，而改革开放后新自由主义经济思想在中国也具有一定的影响，在国有企业改革等制度转型阶段可以发现新自由主义经济思想，它对中国政府确实存在着影响，但与美国相比要弱得多。

表 2–1　中美雇佣方式多元化的比较分析

比较因素		中国	美国
主要背景	国际背景	经济全球化、新技术革命、新自由主义经济思想	
	国内背景	制度变迁下的劳动关系转型	产业关系的弱化
劳动关系主体变化	劳动者	农民工的出现，新生代劳动者的价值观变化	妇女、少数民族大量进入工作场所，工会的衰落
	政府	在角色与管理方式上的转变	增强的新自由主义倾向
	企业	私有制企业的发展与国企改革	产业格局的变化与产业空心化
雇佣方式多元化发展的特点		“稳定—灵活”和“无序—规范”	“稳定—灵活”

中国雇佣方式多元化的进程表现出了快速发展和不规范性共存的特点，这是经济体制转型过程中的必然结果。在这一过程中新的体制尚未完全确立，旧的体制已经发生了松动，也就是非典型雇佣方式的过度使用问题。近年来，中国政府已经开始通过法律规制来解决这一问题，所以中国的雇佣方式多元化是用工方式“稳定—灵活”和“无序—规范”松紧交替的发展过程。而美国的劳动关系转型与雇佣方式的多元化并不具有这样深刻的经济与社会的转型背景，其表现为劳动关系的重心从产业层面转向了企业层面，个体劳动关系逐渐替代集体劳动关系。在这一过程中企业相对于劳动者获得了更多的权利，选择非典型雇佣方式时受到阻力也变得更小了，同时其所面临的环境也更倾向于使用非典型雇佣方式，所以美国雇佣方式多元化的进程是比较纯粹的“稳定—灵活”的变化过程。

（二）未来的变化分析

在美国雇佣方式多元化的发展中，我们可以发现外部经济环境的变化具有重要影响，这也是美国内部的产业关系随着产业结构调整而发生的重大变化，即产业空心化。在这一变化过程中，最适合实施长期雇佣的以大规模集中生产为特点的工业产业所占比例不断下降，美国原有的工业制造业大多进行外包或转移到其他国家。20 世纪 50 年代，美国制造业产值占全球的比重高达 40%左右；从 60 年代开始，美国开始了去工业化浪潮；进入 80 年代，生产外包成为不可阻挡的全球趋势，去工业化和雇佣方式多元化的进程也在不断加速。美国由此转向以服务业为主的产业结构，制造业空心化现象日益凸显，2009 年美国在全球制造业产值中的份额跌破 20%，2010 年所占比重仅为 19.4%，2010 年美国服务业在国内生产总值（GDP）中所占比重达 70%左右。

那么，美国有没有可能逆转产业空心化的趋势并在这一过程中改变雇佣格局呢？为了弥补产业空心化产生的严重问题，美国的近两届政府各自做出努力：奥巴马政府提出再工业化，试图逆转这一趋势。那么，效果如何呢？根据现实情况来看，这是比较难以实现的，美国此轮再工业化的重点不是回归传统制造业，而是致力于制造业里最高端、附加值最高的领域，尤其是大型的具有高度的复杂性、精密度和系统整合要求的产品，从而保持在高端制造领域的绝对领先，那些低附加值的制造业难以从发展中国家回归到工人薪酬较高、用工规制较为完善的美国。

美国的特朗普政府也开始以“让美国再次伟大”的口号来推进工业化的发展，他通过各种手段要求企业加大对美国的工业投资，并通过贸易战的方式来解决美国贸易逆差和工业产品缺乏竞争力的困境。但从美国的实际情况来看，长期的产业空心化已经在较大程度上弱化了美国产业工人的技能，具有完善技能的熟练工人已经不像过去那样充沛，这成为了美国逆转产业结构的重要限制。由图 2-4 和图 2-5 可以看出，美国制造业指数虽然在 2008 年的金融危机后有所恢复，但是一直没有到达十几年前的峰值，只能算是周期性的经济恢复，而 2018 年 7 月美国制造业就业人数为 1280 万，实际上也是在 2008 年之后的缓慢恢复。美国制造业回归的困难还体现在其内在的结构性问题上，2017 的一则新闻显示，美国的一家企业试图自己制造自行车，但建立之后就面临着缺乏各种零配件的窘境，长期的产业空心化对美国的民用工业造成了巨大的伤害，美国在民用工业中产业链的不完整成为重要的限制条件。这些情况表明了美国制造业回归的困境，与之前制造业能够契合的长期雇佣体制的恢复已经成了相当困难的事情。

以 2012 年为100.0

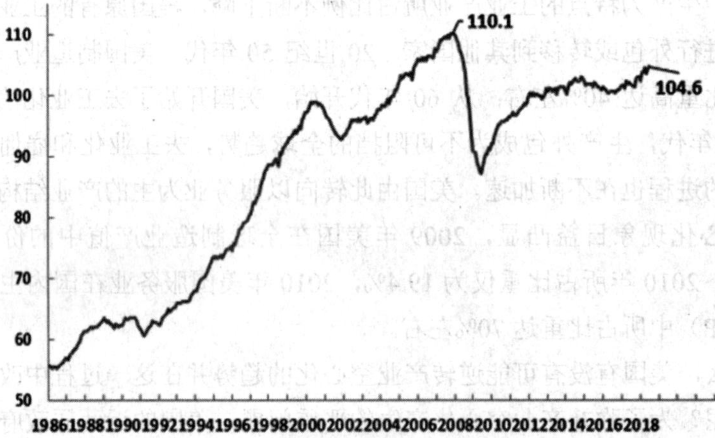

资料来源：根据美联储数据计算。

图 2–4 美国制造业生产指数

单位：百万

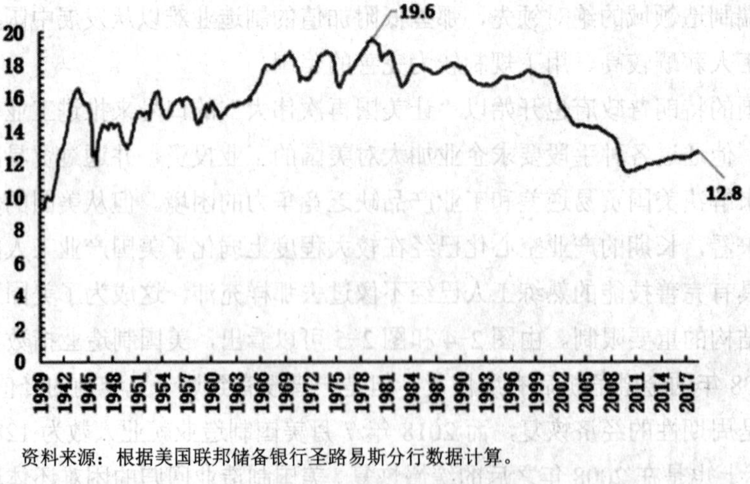

资料来源：根据美国联邦储备银行圣路易斯分行数据计算。

图 2–5 美国制造业就业人数

四、欧洲主要发达国家雇佣方式多元化概述

欧洲发达国家雇佣方式多元化与美国比较接近，产业层面的劳动关系在整体劳动关系中起着主导地位，是支撑长期雇佣方式的主要基础。根据李新建等人（2011）的观点，欧洲主要发达国家的雇佣方式多元化与美国是比较类似的，各国政府基本都在20世纪70年代之后开始逐步放松对非典型雇佣方式的限制，随着经济全球化的发展，这些限制也在进一步减少。因此，对它们的分析适用于与美国相同的分析框架，不同点在于：

第一，工会影响力的差距。欧洲国家的工会力量强大，政府也更加关注社会公平的问题，因此长期雇佣体制也具有更强的刚性，虽然在欧洲不同的国家中工会的力量强弱不同，但整体上强于美国，很多国家的工会不仅有经济上的诉求，同时也作为一股政治力量而存在。与美国相比，欧洲国家的工会对政府具有较大的影响力，使政府更加注意平衡产业关系和保护劳动者。所以，欧洲发达国家中企业选择非典型雇佣方式的目的更倾向于能够获得雇佣数量上的柔性来应对短期的环境波动，典型员工与非典型员工之间的公平性相对更高一些。

第二，欧洲发达国家对劳动者的社会保障更多。企业使用非典型雇佣方式可以提高自身的灵活性，这对于应对环境动态变化比较有利，但非典型雇佣对于劳动者而言则存在着权益的损害。为了应对这一问题，欧洲发达国家的政府在通过放松规制来提高企业人员灵活性的同时，在宏观层面提供了对劳动者更多的社会保障措施来减少对劳动者的伤害，这是与美国政府在政策上有所不同的地方。

同时，由于不同国家的政府在政策取向上存在差别，欧洲各国的雇佣方式多元化存在着明显的国别差异：

以英国为代表的国家更接近美国，政府主要持新自由主义的经济观点，对劳动力市场中的雇佣方式多元化只进行低度干预。时任英国首相的撒切尔夫人和美国总统里根在20世纪80年代都是新自由主义的支持者，并且英国出台了明确的弱化英国工会和促进产业空心化的政策。

以法国、奥地利等为代表的国家则持保守主义的政策，强调高就业保护和社会保险相结合，在促进非典型雇佣方式使用上比较谨慎；北欧国家政府在推进雇佣方式多元化发展的同时加强对劳动者的就业保护，积极给

予员工各种补偿和就业培训，提高劳动者的可雇佣性。

在欧洲发达国家中，德国是明确的维持产业关系系统的国家。德国的产业关系具有良好的合作传统，以长期雇佣方式培养出的高技能工人也是德国制造业竞争优势的重要来源。与美国不同，德国很多大企业的主要股东是银行，企业经营时更多地关注长期收益。

通过比较可以发现，英美两国在雇佣方式多元化进程中的共同点在于出现了信奉新自由主义经济思想的政府，在弱化产业关系、推动经济全球化等方面的政策造成了两国后来的制造业产业空心化的问题。美国总统里根和英国首相撒切尔夫人是新自由主义经济思想的政府代表，虽然他们在任的时候经济有所好转，将主要发展的产业集中在高科技行业和金融领域，但产业空心化的根源也与此有关；而德国则维护国内的产业关系系统，发展制造业，尤其是高端制造业，并将其作为国家的竞争优势，虽然长期雇佣体系持续受到外部环境的压力，但对国家的整体发展具有良好的作用。

第四节　日本雇佣方式多元化的发展历程分析

与美国和很多欧洲国家不同，处于亚洲的日本经历了另外一种类型的雇佣方式多元化。虽然经济全球化、新技术革命与新自由主义经济思想也同样影响日本，但日本企业内部的独特结构与社会环境使其雇佣方式多元化的发展历程与方式和美国存在较多差别。

一、日本传统雇佣格局的形成

日本长期雇佣格局主要是在二战之后形成的。日本在二战之后进行了一系列的改革，这些改革推动了工会运动的发展，也给日本企业带来了企业制度的改革和新型的企业经营者，消除了原有的国家体制和财阀对企业的影响（吴佩军，2009），并且当时的政府为了社会稳定的目的要求劳资双方建立长期的雇佣关系，日本式的长期雇佣体制由此得以确立。而在之后的发展中，日本的终身雇佣制度逐步与企业法人相互持股、主银行制、企业内工会制度之间呈现了高度互补性（李博、周英华，2009）。这种互补性深化了企业与员工、企业与企业、企业与银行的长期合作和相互监督，提高了日本企业的整体效能。

在这些变化中，日本企业表现出与美国企业的不同：在政府方面，出于社会稳定的目的支持企业与员工建立长期雇佣关系，以避免出现大规模失业的社会危机；在企业方面，日本的公司治理结构不同于美国，日本的主银行制度使企业与银行之间具有长期稳定的关系，同时在企业内部股东的利益并非是第一位，它属于内部人的控制，从企业内部提升的管理者具有更多的权力，这使管理者注重发展企业内有能力的员工，而非利润；在技术方面，日本很多企业内部发展的都是难以通用的专有技术，这也造成了企业需要自己培养员工和员工缺乏外部跳槽机会的情况。

这几方面的因素使日本的雇佣格局中长期雇佣在很长一段时间内得到了不断的发展，许多学者在对日本管理体制的研究中，常常将日本企业中的终身雇佣、年功序列和企业内工会这三项互补的制度誉为支持日本经济长期发展的三大“神器”。这三项管理制度起到了相互契合的作用，共同促进了长期雇佣体制在日本的发展，也是日本企业竞争优势的重要来源：长期雇佣制度是基础，它为员工提供了长期的工作保障，年功序列和企业内的广泛培训正是以此为基础的，这种制度的形成早期来自政府的要求，而之后则来自管理惯性和内生效率的要求。年功序列是日本企业独特的工资增长体系，是员工工资上涨的依据，它一方面通过“年”，即员工的工龄来提高工资以保证员工的忠诚度；另一方面通过“功”，即员工的能力提高来给予员工更高的工资水平，这种工资体系将员工的忠诚和能力结合在一起。年功序列体制是以长期雇佣为基础的，既保证了员工的忠诚度与技能水平，也避免了企业薪酬成本的过度上升。而企业内的工会是长期雇员的保护者，日本劳动关系中工会的作用主要表现在企业层面，而非欧美的产业层面，在企业内部，工会与企业主要是以合作的方式表现出来的，工会与管理者之间存在紧密的联系。

日本长期雇佣体制形成的是企业高素质的员工队伍。美国企业中的蓝领工人在管理时会受到工会的限制，企业与工会之间的细致谈判在一定程度上使人员的使用缺乏灵活性。而日本企业不存在这样的问题，企业与员工之间的高度合作使日本员工具有技能上的互补性和使用上的柔性，这是日本企业基于长期雇佣体制所构建的企业内部效率的基础，与美国企业相比这种效率能更好地适应环境的动态变化。

二、日本雇佣格局的多元化演变

日本企业的这三项管理制度为经济发展做出了重要贡献，由于企业所面临的内外部环境发生了重大变化，基于长期雇佣体制所构建的雇佣管理体系的有效性和适应范围也因此受到了影响。从 20 世纪 70 年代开始，各种非典型雇佣方式在日本持续发展，长期雇佣不断缩减，1985—2012 年日本企业雇佣非典型员工的比例从 16.4%上升到了 35.2%，其中，兼职员工、短期合同工、劳务派遣工和契约工的比例各占 17.2%、6.8%、1.7%和 6.9%（黄伟等，2014），最后形成了今天的多种雇佣方式共存的雇佣格局。日本雇佣格局多元化的原因是多方面的。

（一）政府规制方面的影响

从 20 世纪 80 年代开始，新自由主义的经济思想对日本政府的经济政策产生了重要的影响，并且在经济全球化的影响下，终身雇佣制已经成为工作结构变革的障碍，这两种观念带来的影响是：一方面，削弱了企业法人之间相互持股和主银行制度，这降低了企业之间以及企业与银行之间的“抱团”，使企业面临外部威胁时变得更加脆弱，这种互补的制度性因素弱化了终身雇佣制的基础；另一方面，日本政府对非典型雇佣方式的使用限制也在减少，各种非典型雇佣的数量开始大量增加，例如在劳务派遣方面，1996 年日本法律许可的派遣工作从 13 种专业性工作增加到了 26 种，到 1999 年除制造工作以外的其他工作都被原则性地解除了禁令，到 2004 年制造行业的工作也被解除了禁令。

日本政府这两方面的政策实际上起到了松绑的作用，既降低了企业使用非典型雇佣方式的限制，也使企业更直接地面对外部环境的压力，这又促使日本企业有更大的内部动力来改变原有的雇佣体制，使用非典型雇佣方式。

（二）环境变化对企业雇佣策略的影响

第一，新技术革命对产业格局的影响。如前所述，长期雇佣适合那些能够通过发展专有知识和内部连续性技能来提升运行效能的行业，因新技术革命而兴起的信息产业和服务业则不在这一范围之内。日本以汽车、钢铁、石化工业为主导产业，处于这些行业中的企业依靠长期雇佣体制来深化对员工的人力资本投资，长期雇佣体制对处于这些产业中的企业非常适用。而新兴的信息产业需要的是不连续的革新思想，而不是连续形成的熟练技能（李博、周英华，2009），其产业构造和职业构造与原有产业存在很大的不同（王阳，2011），对其而言长期雇佣并不再是非常合适的选择。同时，日本快速发展的服务产业也在大量使用非典型雇佣方式，这与服务业的特点有着很大的关系，大多数的服务业对员工技能的需要比较简单，并且对环境的波动也更加敏感，所以在新发展的服务业中非典型雇佣方式是其主要的选择。

第二，经济全球化带来的产业转移的影响。经济全球化所产生的产业转移对不同国家的影响是不同的。之前提到，美国在经济全球化的过程中进行了大量的产业转移，并由此产成了产业空心化的问题。与美国相比，虽然日本企业也受到了经济全球化的影响，但它并没有像美国那样将大量的生产性企业直接转移到其他国家，即使进行海外投资也是转移一些边缘性的部分，保留企业的核心部分，所以经济全球化对日本产业格局的影响也是与美国不同的。究其缘由可以发现，日本企业与美国企业在利益相关者的关系上存在着很大的不同，日本的企业将员工（主要是典型员工）放在了更加重要的位置上，这导致了在产业转移和海外建厂时选择方式的差异和对待典型员工上的差别。总体而言，经济全球化使日本企业面临更加激烈的竞争，但其对日本企业原有的长期雇佣体制影响相对较小，它们在这方面采取了与美国企业不同的选择。

第三，经济形势的恶化使企业更加关注于降低成本。日本的长期雇佣体制和内部的晋升制度在为企业带来高技能员工队伍的同时，也需要企业对员工进行大量的投入，这种高成本用工方式的负面影响在经济快速增长时并不明显，但在经济低迷时期就成为一种受到诟病的管理方式。

20 世纪 70 年代第一次石油危机结束了日本经济的高速增长，并使企业将经营的重点放在了降低成本上，很多企业开始关注经营重组，即人、物、资金的减量化（王阳，2011）。据日本厚生劳动省 1988 年的调查显示：企业使用部分工时工最主要的原因是可以降低企业的劳动成本（40.2%），其次是临时性业务的增加（32.5%）；企业使用定期契约工的主要原因是临时需要人力（32.6%），其次是可以节省劳动成本（32.1%）；企业使用派遣工最主要的原因是对临时性专业技术人员的需求（34.1%），其次是节省成本（33.4%）（Houseman，1995；孙瑞，2006）。这一阶段日本企业对非典型雇佣方式的使用并不多，1970 年临时雇佣的比例仅为 8.6%。20 世纪 90 年代日本企业开始大量使用非典型雇佣方式来降低用工成本。据日本总务省的统计，1990 年临时雇佣者数占就业者总数的比例突破 20%，2006 年这一比例达到 30%。

经济形势的恶化，尤其是国内泡沫经济的崩溃是日本企业大量使用非典型雇佣方式来降低成本的重要背景。需要说明的是，高素质的员工能为企业生产出质量更高的产品，但并非质量越高越会得到市场的认可。日本企业在 20 世纪 90 年代存在一些过度技能化的问题，即过度发展员工的技能生产出了成本为市场不能接受的高质量产品。在这种情况下，需要平衡质量和成本的要求，降低成本就成为企业的一项重要任务。但是非典型雇佣方式的大量使用常常会造成内部劳动力市场的瓦解和优质员工队伍的涣散，为了避免这种负面影响，很多日本企业在使用非典型雇佣方式时会确保典型员工的工作安全，而不是像美国企业那样通过非典型员工来替代典型员工。

（三）劳动力群体的变化

日本劳动力群体的构成和职业意识在近几十年发生了较多的变化：一方面，在人口少子化和高龄化的影响下，女性劳动者和老年劳动者开始再次加入劳动力市场,这个劳动力群体主要是以非典型雇佣的方式来就业的；另一方面，很多新一代的劳动者在选择工作时倾向于有更多的自主选择权和灵活性，非典型雇佣的方式对他们更有吸引力。从整体上来说，日本劳动力群体的变化主要是就业理念发生了一些调整，其变化程度要小于中国和美国。美国劳动力群体的变化是多方面的，包括劳动力的多元化、工会代表性的下降等。中国则是由于制度变迁将农村劳动力解放出来，并且新生代的劳动者的就业观念也有所不同。所以，日本劳动者群体中产生的变动只是来自就业的观念，变动程度和对雇佣方式的影响要小于其他国家。

以上这些因素推动了非典型雇佣方式的使用范围与规模，使日本的雇佣格局逐步从以长期雇佣为主走向了多种雇佣方式并重的多元化格局。

三、日本雇佣方式多元化的特点分析

在对日本雇佣方式多元化发展历程和推动力量进行分析之后可以发现一些特点：

第一，日本雇佣方式多元化最主要的推动力量来自国内经济形势的恶化和产业格局的调整。应该说，日本经济形势的恶化是受多方面因素影响的，包括石油危机的影响、与美国激烈的贸易矛盾、韩国和中国的不断追赶等方面的原因。而中国和美国则与之不同，前者的主要推动力量来自国内经济体制的改革，而后者则来自全球化和新技术革命带来的资本流动和产业结构调整。

第二，在雇佣方式多元化的过程中，日本企业出现了明显的基于雇佣身份的员工分化。终身雇佣制作为日本企业的一项制度惯例对其依然具有重要的意义，所以当日本企业开始大量地使用非典型雇佣时，为了避免非典型雇佣对企业重要员工造成过大的冲击，这些企业常常不会直接使用非典型员工来代替典型员工，而是常常在雇佣非典型员工的同时通过内部的人员配置、开设其他子公司和减少对典型员工的招聘数量来避免直接解雇典型员工。而在保持这两种雇佣制度并行的时候仍不可避免地在企业内部出现典型员工与非典型员工之间的雇佣歧视问题，虽然雇佣歧视或雇佣身份的分化在很多国家都存在，但日本的临时工与典型员工的工资差距在发达国家中是最大的。所以如何处理好这两种并行的雇佣制度是很多日本企业在新的形势下所要面临的重要管理问题。中国的很多国有企业中也存在着明显的雇佣身份分化的问题，但它主要是由制度性因素引起的，二者在性质上存在着一定的差别。

第三，日本集体劳动关系体制的特殊作用。与欧美国家不同，日本的工会主要作用于企业内部而非产业层面，企业内工会成了企业与员工合作和沟通的重要体制，并且企业的管理者在很长一段时间内有着比所有者更多的决策权，这些管理者很多时候也是从员工群体中晋升上来的，与员工有着紧密的联系。这些集体劳动关系上的特殊性使日本的企业、企业内工会与典型员工之间存在着紧密的内在联系，很少出现像美国企业中存在的使用非典型员工来替代和解雇典型员工的情况。但另一方面，日本的企业内工会的主要成员和服务的对象都是企业中长期雇佣的典型员工，其与美国的工会一样主要以保障典型员工的利益为主，当企业开始大量使用非典型员工时，日本的企业内工会强化了企业中雇佣身份分化的情况。

第四，日本企业集团内存在的雇佣策略外部延伸。与很多国家不同，日本大企业与长期合作的一些小厂商之间存在着十分紧密的联系和较为特殊的合作关系，大企业处于核心，这些小厂商则作为次一级的企业以一定的依附关系出现。核心企业有时会将一部分富余的员工转为这些小厂商的长期典型员工，这种方式是将其雇佣策略的外部化的压力转嫁给了附属企业，避免直接解雇可能带来的对以长期雇佣为基础的管理方式和雇佣关系的负面影响。这实际上是其雇佣策略向企业外部的延伸，中国的一些国有企业在这一点上有与其相似的情况。

从以上几个方面的分析可以认为，日本的雇佣方式多元化与欧美国家存在着重大区别，它们的制度背景、管理体制都有所不同，即使有全球化这样的共同国际背景也对二者有着不同的影响。虽然日本和美国的雇佣方式多元化都是外因为主的转变，但是通过比较可以发现：美国企业与日本企业在这一过程中的主动选择存在着很大的区别。美国不仅积极地大量使用非典型雇佣方式，并且也在积极地将工厂从国内转向其他国家，出现了对现有的典型员工的替代与威胁；而日本的企业更加倾向于保留长期雇佣制度，将一些边缘性的工作转为非典型雇佣，但这些员工是作为对典型员工的补充而非替代，并且在海外建厂时也主要是将原工厂的边缘性工作进行转移，这也避免了对典型员工的威胁。

第五节　雇佣方式多元化的国别比较

一、雇佣格局演变中的国家情境因素

在研究中常常会涉及的一个问题就是情境因素，它对研究的影响意味着研究的结论在多大程度或哪些方面是具有特殊性的。情境本身是一个多层面的概念，在宏观层面，主要包含文化、政治、法律、技术发展所处的阶段以及经济体制等；在中观层面，主要包括组织层面的各种情境；在微观层面，主要是指个体层面的认知方式、态度与行为等因素。

本书研究的雇佣方式多元化需要考虑国家层面因素的影响：我们认为中国与其他国家相似，都处于雇佣方式的格局向多元化方向发展，而国家情境因素导致了各国之间多元化形态上的差异。同时，在这一转变过程中，很多欧美和亚洲的人力资源管理与组织行为学的学者对雇佣方式多元化下

的企业管理方式进行了多层面的细致探讨，所以在研究中国的雇佣策略问题时我们有很多可以借鉴的成果，但也需要注意在借鉴这些已有研究时必须要考虑到情境因素所产生的影响，不同国家情境差异会影响这些研究结论在中国的有效性，而这就是我们进行比较分析的目的之一。

需要注意的是，国别研究中所涉及的情境主要还是国家层面的，但是国家层面的文化价值观、信仰、社会公理和认知风格可能会在个体认知层次体现出来，并且很多国家的制度性因素的影响也会形成影响组织和个体身份的重要标识，并影响其行为意向和行为方式。例如，在美国、日本和中国的雇佣方式多元化进程中都出现了针对特定群体的雇佣歧视问题，其中美国的雇佣歧视表现出了一些种族和性别的特点，日本由于其特殊的社会特点在雇佣的待遇上存在着比较明显的性别差异，而中国的雇佣歧视问题在一定程度上具有城乡二元体制的户籍特征。这些个体层面的特征实际上来自宏观情境的差异，所以在处理时不能简单地作为个体的因素来研究。

本章主要进行比较分析，以此来辨别中国雇佣策略研究中可能存在的情境因素。通过对这些情境因素的分析，既可以使我们了解到中国的雇佣格局变化和雇佣策略的研究所具有的长期性与独特性，也可以将之作为借鉴国外研究成果的一个审核标准，当前主要的关于雇佣策略问题的研究都集中在美日等发达国家，所以通过对情境因素的分析来有效借鉴这些外来的研究成果也是一个重要目的。

二、雇佣格局演变的共性与特性

根据本书之前的比较分析来看，美日等发达国家的雇佣方式多元化进程都是一个长期的过程，推动这一进程的主要动力既有外部环境因素的变化，也有内部制度因素的演进。这些因素变化的长期性和持续性决定了这些国家的雇佣格局的变迁是一个长期的过程。这一情况也同样适用于中国，尤其是中国当前的经济与社会转型还处于进行阶段，这意味着在未来很长一段时间内中国的雇佣格局依然存在很多可能的变化方向。我们认为，通过比较中国与其他国家的共性与差异，就可以知道哪些问题是雇佣方式多元化中所共有的，哪些是中国的特殊国情所决定的，这样的区分对于下一步的研究有着重要的作用。

1. 共性因素

中国与发达国家的雇佣方式多元化存在着共性，一个主要表现是都面临经济全球化和新技术革命的影响，这两个因素的影响增加了企业所面临的环境的动态变化程度，我们可以认为它是任务环境的变化，主要体现了环境对企业效率的要求。这两个因素的变化使中国的企业同其他国家的企业一样面临重新适应环境的要求，它们要求企业具备更快的创新能力、节约成本的能力和人员的快速反应能力，这对于不同国家的企业都是相同的要求，而非典型雇佣方式也是这些国家的企业的主要选择，这两种共同的环境因素推动了这些国家的雇佣方式多元化。

另外一个因素的影响来自新自由主义经济思想，20 世纪 70 年代之后很多国家都受到了新自由主义思想的影响，这种思想要求减少来自政府或其他方面对企业的限制，反对之前的凯恩斯思想的政策，以这种思想为指导的政府所出台的政策减少了企业的制度限制。美国总统里根和英国首相切尔夫人就是这方面的代表人物，同时这一时期的日本也受到了影响，弱化了企业与银行"抱团"的相互持股和主银行制度。但需要说明的是，新自由主义思想在不同国家的影响力和影响方式是不同的，它在英美这样的有自由市场传统的国家中更加具有影响力，中国的经济体制改革也曾被认为是受到新自由主义思想影响而进行的制度变革，但从中国经济改革性质和整体变化来看这里面存在着明显的误解，新自由主义经济思想对中国的影响并没有想象中大。

2. 差别因素

差别方面的主要表现是，虽然具有相同的雇佣格局变化趋势，但由于国家情境（主要体现在制度方面）的不同在变化的特征和形态上开始出现了明显的差别。日本与美国的雇佣方式多元化进程表现出了很大的不同，它们分别代表了两种类型的变革机制，与美国比较接近的欧洲国家也存在着较多的差别。

中国雇佣方式多元化的进程与这些国家相比，则表现出更加明显的区别。需要注意的是，中国的雇佣方式多元化与其他国家不同，变化的基础主要来自制度环境的变迁。虽然这一过程在很大程度上受到了外部环境因素的影响，但中国的雇佣格局变化本质上是一个长期的制度变迁过程，所以其发展历程也具有更多的中国制度转型的特点。

通过比较可以发现，发达国家雇佣方式多元化的趋势一般是外因导向的，是随着全球化、新技术革命等因素导致的内部雇佣格局的调整，制度因素在变革中并不是决定性的因素；而中国雇佣方式多元化的发展轨迹与这些国家不同，中国的经济体制转型推动了雇佣格局的变化，使之带有明显的制度变迁的烙印，具有更强的内在变革起主要作用的特殊性。这是中国与其他国家的根本差别。在这种根本差别中我们可以进一步发现：

第一，雇佣方式多元化发展的均衡性存在着差异。在欧美和日本这些国家中，支持长期雇佣体制的制度基础在不断削弱，这是一个较为均匀的变化，而中国的雇佣方式多元化由于制度转型而出现了割裂的现象，各种新旧制度的并行交替造成了中国雇佣方式多元化不是同质均匀变化的，而是基于劳动力市场的多重分割，中国的雇佣方式多元化与其他国家相比更具有复杂性。这一特点导致了国有企业和私营企业在经济体制改革过程中所受到的制度约束存在着很大的差异，这也使内部的雇佣管理方式存在很大的差异。

第二，阻碍雇佣方式多元化的制度性因素的来源存在差别。在雇佣方式多元化的过程中，中国与美日等国都存在着支撑长期雇佣的制度因素，当雇佣方式多元化发生时，这些因素就成为阻碍因素。对比来看，可以发现美国和日本等国的阻碍性制度因素主要来自中间层次，如美国产业层面的产业关系系统和日本企业层面的高度合作化的企业与员工关系和管理传统，而中国的阻碍性因素表面上来自企业层面，即国有企业中的长期雇佣体制，但实际上来自国家层面。因为中国的国有企业依然在很大程度上受到原有管理体制的影响，这一点在很多垄断性的国企中尤为明显，这些管理体制的变革需要依靠国家来进行推动。所以，中国的阻碍雇佣方式多元化的制度因素主要来自国家层面，缺乏中间层次的制度性影响，而且其范围局限在了国有企业这一部分。

从这两方面我们可以发现中国与其他国家在雇佣方式多元化过程中最主要的差别，把握这一点，就能更好地理解中国的雇佣方式多元化的真实情况及其对不同所有制企业的差异性影响。

三、对中国雇佣策略研究的借鉴

中国与其他国家在雇佣方式多元化进程中呈现的共性与差异性，影响着当前中国企业所面临的与西方国家中的企业相似但不相同的雇佣策略选择的问题。例如，徐淑英等（Tsui et al.，1995）在研究美国 20 世纪 80 年代后期及 90 年代早期的员工关系时发现，很多过去几十年都提供了稳定就业岗位的传统大型公司，如通用电气、国际商业机器公司（IBM）等开始大规模裁员，使得雇佣政策从原先的长期相互投资型转变成契约型或者短期的经济交换，并且徐淑英等发现在近似时期中国所进行的国有企业改革，使国有企业中的长期雇佣体制也发生了一些相似的转变，这在一定程度上说明了中国企业面临着与其他国家相似的雇佣管理问题。但需要说明的是，中国国有企业与徐淑英研究的美国大企业中所发生的雇佣策略变化只有表征上的相似，而在变化的原因、动力和解决方式等方面具有本质上的差异。

本书认为，针对中国企业的雇佣策略研究必须要准确地识别其中的共性部分和差异性部分，以此来展开针对性的研究。这就要求研究者在研究过程中，首先对中国雇佣方式多元化产生与发展的宏观情境进行分析，并进一步探讨这一宏观情境对中观的组织雇佣策略和微观的员工个体行为的影响，以保证能够有效识别中国企业在雇佣管理问题上与其他国家的共性与特性，以这种方式展开的研究既可以通过共性部分的研究来深化和发展整体的雇佣策略理论，也可以针对特性部分的情境因素来构建适合中国情境的雇佣策略。

同时，这种比较分析也可以使我们能够更有效地借鉴已有的国外研究。当前关于雇佣策略的研究主要集中于美国和日本等发达国家，有关这些国家的研究对中国企业的借鉴是存在差异的：日本的企业，尤其是大型企业中雇佣策略的特点主要表现为典型员工与非典型员工之间存在着明显的雇佣身份差别，并且很少存在身份的转换机制，这一点与当前中国国有企业的雇佣策略和雇佣管理方式具有很大的相似性；而美国企业使用的雇佣策略和相应的管理方式则更加接近于中国的私营企业。所以，对中国雇佣策略研究中共性问题与特性问题的辨析也是有效借鉴国外研究的一个重要基础。

第三章　雇佣方式多元化下的企业雇佣管理挑战

本章的作用在于承前启后，将雇佣方式多元化的影响落实到组织层面。20 世纪初的很多学者意识到未来的社会是组织的社会，组织，尤其是企业组织将是社会中数量最多、影响最大的实体。组织是作为雇佣方式的主要选择者出现的，大量企业出于自身目的主动选择非典型雇佣方式，并最终改变了整个社会的雇佣格局，所以将社会层面的雇佣格局研究转化到企业层面的雇佣策略研究，这样能够深入到问题的核心。

第一节　雇佣方式多元化产生的管理挑战

这一节的主要目的是说明雇佣方式的多元化作为一种外部环境，对企业的人力资源管理和员工的行为方式所产生的影响。企业是雇佣方式的主要决定者，当外部的制度约束降低和环境动态性提高时，企业常常会调整自身的雇佣策略来适应，这就带来了雇佣策略和人力资源系统的调整；而在这一过程中员工个体既受到雇佣方式多元化的环境影响，也受到了组织内的雇佣策略调整的影响。

一、从雇佣方式多元化到企业的雇佣管理

雇佣方式多元化的出现与发展实际上需要两方面的条件：一是对各种非典型雇佣方式使用限制的降低，在很多国家中，存在着制度性的力量限制非典型雇佣的使用，包括政府的法律、工会的抵制和已有管理惯例的影响，只有降低这些制约因素企业才能提高选择的权利；二是企业对雇佣方式的需求，当企业具有更多的选择权利时，它可能会更多地选择非典型雇佣方式，当大量的企业开始使用非典型雇佣方式时，就形成了雇佣方式多元化的格局，而达成这项条件的关键在于企业具有使用非典型雇佣的内部

动力，即内因性的条件。

第二章是对中国雇佣方式多元化的分析，并将中国与美日等国家进行比较，我们认为这两种条件的产生都是大环境的整体变化所造成的，图 3-1 展示了环境的整体性变化、雇佣方式多元化与企业雇佣策略调整之间的关系。

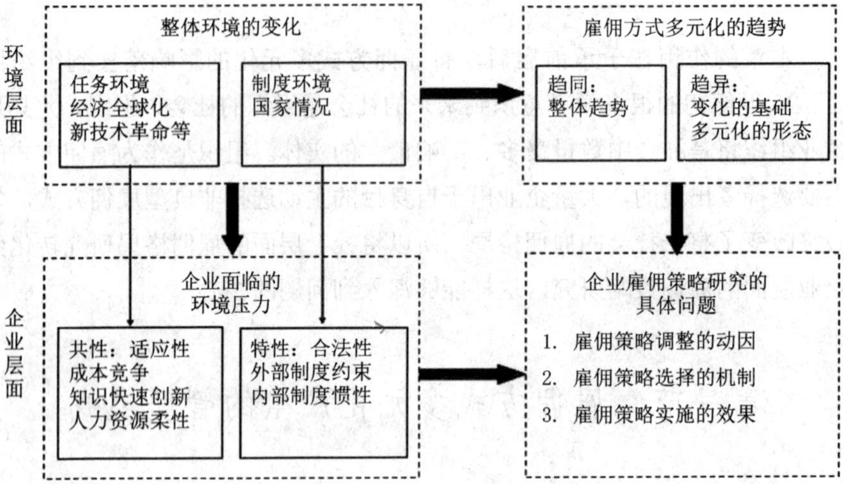

图 3-1　环境变化对企业雇佣策略调整的影响

（一）环境整体性变化的多重影响

环境的整体变化是其他变化的根源，在环境层面，它是雇佣方式多元化发展的动力来源，也决定了雇佣格局变化的方向；在企业层面，大环境的变化为企业的发展带来了新的压力，企业需要寻找新的雇佣管理方式来对环境进行重新适应。

为了明确大环境对雇佣方式多元化和企业雇佣策略的具体影响，笔者将其分成两个部分：一是任务环境，二是制度环境。通过这样的划分方式可以更好地理解大环境对雇佣方式多元化的趋同与趋异的影响，也可以理解企业面临的环境中的共性与特性问题，从而对企业所面临的共性问题展开分析。

1. 环境整体变化对雇佣格局演变的影响

在第二章中分析了以中、美、日为代表的各国雇佣方式多元化的演变，可以得出这样的结论：这些国家在雇佣格局的多元化趋势上是相同的，但在发展的具体过程和形态上存在着较大的差异。从大环境的角度来看，虽然雇佣方式的多元化对企业而言属于一种外部环境，但实际上它也是外部环境变化的产物。

大环境中的任务环境主要包括经济全球化和以信息技术为代表的新技术革命，这两部分环境因素超越了国家的范围，是推动很多国家雇佣方式多元化的重要的共同外部因素。在这些因素的影响下中国和大部分的发达国家都开始了相同的雇佣格局多元化进程。制度环境主要是各国之间的国家情境的差别，主要表现为国家之间的制度性差异。从之前的比较分析中可以知道，支撑不同国家形成的长期雇佣体制的制度性因素是不同的，并且影响这些国家的雇佣格局再次变化的因素也常常存在着制度性的差异。这些制度性差异是在长期历史发展中形成的，它们是导致国家间雇佣方式多元化的特征与形态差别的根本性因素。

2. 整体环境变化对企业雇佣策略的影响

雇佣方式多元化对企业而言是雇佣策略使用限制的减少，它是企业调整雇佣策略的必要条件，但不是充分条件，企业对雇佣策略的重新选择是由其内部动因所决定的。企业进行雇佣策略调整的内在动力来自外部环境的变化，当外部环境发生变化时，企业具有了调整内部雇佣策略来重新适应环境的内在动力。具体表现在以下两方面：

第一，任务环境对企业提出了效率的要求，经济全球化与新技术革命带来的影响是多方面的，它扩大了资本流动的范围，提高了环境中的动态变化程度，并使企业之间的成本竞争也变得更加激烈。处于这种环境中的企业需要提高自身的人力资源柔性管理来适应环境的变化，需要提高自身的知识整合能力来适应知识快速更新的变化，需要降低包括人工成本在内的各种成本来适应成本竞争的需要。在全球化的影响下，企业的竞争已经在一定程度上变成了全球范围内的竞争，所以处于不同国家的企业实际上都不可避免地面临着这些共性的压力和问题。

第二，制度环境对企业提出的是合法性的要求，这部分的制度因素指的是企业在雇佣管理中所面临的各种制度性压力，既包括外部制度的制约，如国家的法律、产业的集体谈判等，也包含企业内部既有的制度惯例的影响，如日本企业对典型员工的各种制度性保护。这种制度性的约束常常是缺乏共性的，它会随着国家情境的不同而有着较大的差别，如果不深入了解将很难明了企业所面临的制度压力。

这些压力是对企业制定雇佣策略的限制，当存在这些制度约束时，尤其是企业在追求效率时面临与现有制度的合法性相互冲突的要求，企业会存在着调整雇佣策略来规避制度约束的内部动因，以此在效率和合法性之间寻找平衡的途径。例如，在2008年，中国颁布了《劳动合同法》之后，很多国有企业就面临着工作超过十年的临时工无固定期限合同的问题，进而更多地使用了劳务派遣员工。以华为公司为例，通过员工全部重新雇佣的相对极端的方式将员工的工龄归零，以此来避免新法律中的雇佣约束。应该说华为的目的不是为了节约成本，而是为了实现企业内部的人员柔性和知识更新的需要，这是一些高科技企业的共同需求。

（二）企业面临的外部环境影响

从企业雇佣策略调整的视角来看，企业实际上面临着两种环境的影响：

一是环境变化带来的压力，这些压力成了企业调整雇佣策略的动因。根据本书对文献的梳理，企业调整雇佣策略使用非典型雇佣方式的原因主要有：提高人力资源柔性管理、降低成本、促进知识的整合与创新、规避制度约束。前三项是任务环境带来的企业面临的共性问题，最后一项则是制度环境中某些制度限制引起的，这几方面代表了企业选择和调整雇佣策略的内在原因。

二是雇佣方式多元化进程中对非典型雇佣方式限制的变化，它代表了企业在雇佣方式上的选择范围。虽然各国在雇佣方式多元化的进程中都降低了对非典型雇佣方式的使用限制，但由于国家情境的差异，这些限制的解除也是有所不同的。这部分的影响属于环境层面对企业可选择的雇佣方式约束的降低。

总体而言，大环境的整体变化带来了雇佣方式的多元化，降低了非典型雇佣方式的使用限制，也给企业带来了多方面的环境压力，强化了其使用非典型雇佣方式以调整雇佣策略的动机。但企业并非是被动的接受者，恰恰相反，企业是最主要的雇佣策略的选择者，所以在分析外部环境的影响最终如何落在了组织的层面之后，就需要进入企业这个“黑箱”，探讨企业选择雇佣策略的动因与机理，以及雇佣策略对企业运行的实际效果。需要说明的是，在雇佣方式多元化的选择中以短期雇佣为主要特征的非典型雇佣方式被企业大量采用，但大部分企业并非转向了短期雇佣策略，而是调整为同时具有长期雇佣和短期雇佣的新型的多元雇佣策略。企业为什么进行这样的调整，以及调整后带来的结果是需要关注的重要研究课题。

二、当前雇佣策略研究的整体情况

在说明研究的主题之前，本书首先总结一下雇佣策略研究的现状，在当前与企业雇佣策略有关的研究主要可以分为以下三个部分：

第一，针对企业选择雇佣策略动因的研究。这方面的研究非常少，仅有少数几篇文章通过归纳的方式来分析引起企业调整雇佣策略的原因。造成这一问题的原因或许在于学者们认为非典型雇佣就是为了节约成本和提高人力资源的柔性管理，并不需要对其进行专门分析，后续的一些研究发现了非典型雇佣在一些知识性行业具有重要的意义，但并没有在动因上做出归纳。

第二，对雇佣策略本身，尤其是关于多元雇佣策略形态的研究。这部分的研究主要出现在人力资源管理领域。从20世纪80年代开始，学者就探讨了在动态环境和新的雇佣格局中多元雇佣模型的形态，这部分的研究主要包括阿特金森（Atkinson）的柔性企业模式、奥姆斯特德（Olmsted）和史密斯（Smith）的核心—周边构型、双尾组织和李派克（Lepak）与斯奈尔（Snell）的人力资源构型。这部分研究影响相对较大，但目前后续研究较少，同时这部分研究的主要关注点在于雇佣策略的形态和功能。

第三，对雇佣策略产生结果进行的研究。这方面的研究主要包括组织层面和个体层面两个部分的研究。其中，在组织层面探讨雇佣策略实际效果的研究，尤其是实证研究非常少；大部分的研究都集中在从个体层面分析雇佣策略调整导致的雇佣关系与员工态度和行为的变化，这部分的研究主要来自组织行为学领域的学者。

从整体情况来看，当前的雇佣策略研究存在着不平衡的情况：从学科的角度来看，人力资源管理的学者主要研究了雇佣策略的模型，组织行为学领域的学者主要研究了雇佣策略对员工的态度与行为的影响，雇佣策略的研究问题出现了学科性的分割，缺乏对这些问题的整合性研究；从研究的角度来看，大部分的研究都在探索雇佣策略对员工态度和行为的影响，取得了较多的进展，而对于雇佣策略的特征以及雇佣策略的选择机制的研究则相对较少，且多属于理论研究，这种情况可能是由于实证研究的难度所导致的。这两方面反映了雇佣策略研究整体上的分裂与不平衡。

从当前的情况来看，环境变化带来了企业雇佣策略的大幅度调整，这一变化已经发生了较长的一段时期，但是其所带来的管理问题还没有得到有效的解决，这在理论与现实之间形成了巨大的落差。不过，理论滞后于现实的情况是常常存在的，尤其是面对不断发展和变化的问题。所以，本书试图对这些研究进行整合，深入挖掘其中的关键性问题，并尝试对其进行有效的分析和探讨。

第二节　对企业雇佣策略研究主题的界定与选择

一、企业雇佣策略的相关研究主题

在探讨本书对雇佣策略的具体研究问题之前，我们先要对在组织层面与雇佣策略相关的研究主题进行整理，这是因为雇佣策略涉及很多管理问题，需要从更加广阔的视角来看待雇佣策略变化对企业所造成的实际影响。雇佣策略的改变对企业而言不仅仅是部分运行机制的变化，它会涉及人力资源管理模式和员工行为机制的调整，这些研究主题主要有以下五种。

（一）企业雇佣策略的选择机制

本书之前提到，在当前的环境中，企业有更多的雇佣方式可以选择，并且环境也给予了企业调整雇佣策略的内在动力，那么接下来的问题就在于如何将这些动因与雇佣策略联系在一起，阐明其中的内部机制。对这一问题的研究需要从环境分析入手，企业所面临的环境压力会转变为调整雇佣策略的内在动因，进而从内在动因的视角分析企业如何选择特定功能的雇佣策略。

从当前的研究情况来看，人力资源管理领域中研究企业雇佣策略的学者将主要的关注点放在了雇佣策略的模型构建上，主要探讨雇佣策略的形态及其所具有的功能，但这些研究可能存在的问题是只告诉了企业不同类型的雇佣策略模型，尤其是多元雇佣策略模型，但没有说明企业应如何做出最适合自己的选择。因而，我们认为这一部分的研究需要进行视角的转换，应该将企业调整雇佣策略的内在动因作为研究的出发点，将环境、动因和雇佣策略之间进行匹配式的研究，以此来明确企业的雇佣策略选择机制。

（二）企业雇佣策略调整中的员工行为

在当前雇佣方式多元化的情况下，很多企业的雇佣策略从之前的长期雇佣转变为短期雇佣或多元雇佣策略，这是企业重新适应环境的一种表现。企业可以通过调整雇佣策略来改变运行方式，以实现其在效率和合法性上的追求。但这是雇佣策略的直接效果，企业的雇佣策略对员工的行为也具有显著的影响。企业雇佣策略的调整除了直接改变了企业的运行方式之外，还间接地改变了企业内部的关系。这种关系的变化主要包括两个部分：一是在个体层面改变了企业与员工之间的雇佣关系，雇佣策略的调整也带来了企业内部雇佣关系的变化，不同雇佣类型的员工不仅在雇佣关系上存在着差别，在工作态度和工作行为上也呈现出多样化的情况；二是改变了员工群体内部的关系，雇佣策略的调整，尤其是多元雇佣策略常常提高了企业内部的人力资源多元化的水平，增加员工群体之间的潜在冲突，尤其是典型员工和非典型员工之间的冲突，在组织公平、员工的信任与合作方面都产生了负面的影响。

这些变化带来了员工行为机制的差异化。不同雇佣类型的员工行为在机制上的差异为企业的员工管理带来了挑战，它增加了员工内部的多元化类型，使员工的行为更加复杂和难以预测，并且某些关键性的员工行为会影响企业的运行效率。这部分研究实际上是雇佣策略实施效果在微观层面的表现，这些问题会为企业的运行带来潜在的负面影响。探讨员工行为机制变化的研究主要集中在组织行为领域，这些研究获得了很大的进展，而其中不足的地方也非常明显，那就是对员工行为机制研究的不完整。这部分研究将主要的关注点放在了多元雇佣中不同雇佣类型员工之间的工作态度与工作行为的比较上，但对于雇佣策略的具体特征缺乏有效的结合，这是影响员工行为机制研究效果的重要原因。

本书将在这一部分探讨如何将雇佣策略与员工行为机制进行有效对接，以此来准确认识雇佣策略对员工行为所产生的复合影响，并将其作为评价雇佣策略实施效果的一个关键性效标。

（三）员工行为对企业雇佣策略实施效果的潜在影响

雇佣策略的实施效果是企业在选择雇佣策略时的初衷，它是企业希望通过构建有效的雇佣管理政策来实现某种功能。但问题在于，雇佣策略，尤其是当前被广泛使用的多元雇佣策略存在着直接效应和间接效应，而这两种效应的相互影响很可能会使最终的结果偏离企业的初衷。这一现象在已有的研究中有所阐述，徐淑英（Tsui，1997）的研究发现非典型雇佣方式能够降低直接的人工成本，但会带来潜在的人员使用成本。不过现有的研究尚没有对两种效应的相互影响机理进行系统分析。

任何一种雇佣策略在刚出现时都会表现出一些需要磨合才能解决的问题，多元雇佣策略是这样，长期雇佣策略在早期很可能也有类似的情况，所以有必要通过研究来对其中的问题和影响的机制进行探析。但同时，员工的行为与企业的运行属于不同层面的因素，如何能够解释和证明两者之间的内部关系是研究中比较困难的问题。所以，本书将对员工的关键行为进行研究，一方面，从员工行为机制中任务绩效与周边绩效的变化来分析使用非典型雇佣方式时员工的投入产出；另一方面，着重探讨多元雇佣中的知识分享机制，这一部分的证明将更为重要，原因在于当企业希望实现快速创新时，员工间的知识分享就成为了实现目标的关键行为，对企业具有战略性的影响。

在探讨多元雇佣策略中的员工知识分享机制时，需要将多元雇佣的直接效应（知识的引入与整合）与间接效应（不同雇佣类型员工之间的知识分享机制）进行整合研究，这一部分将是本书探讨两种效应综合作用的主要内容，也是分析多元雇佣实施效果的关键部分。

（四）雇佣策略与人力资源管理理论

在雇佣格局的变化下，企业开始越来越多地使用非典型的雇佣方式，非典型员工在员工群体中的整体比例日渐上升，这对企业的经营管理和员工的工作生活都带来了深远的影响。雇佣方式多元化这一现实情境的改变对企业的管理实践和人力资源管理的相关理论都提出了新的挑战。

雇佣策略的研究对人力资源管理理论具有重要的影响。当前很多管理学理论和人力资源管理理论都是在二战之后发展起来的，通过分析可以发现，这些较为成熟的理论大都是以长期雇佣策略为基础的，并且更加适用于处于较为稳定环境中的企业。在之前长达几十年的长期雇佣制度中，企业的内部劳动力市场得到了充分的发展，企业与员工之间存在着稳定的雇佣关系和深入持久的相互投入，并在此基础上形成了特定的人力资源管理理论和管理体制，如承诺型人力资源管理、高绩效工作系统和内部劳动力市场理论等。

但当前的环境已经发生了变化，随着全球化和新技术革命等因素带来的环境动态性的不断提高，越来越多的企业开始使用非典型雇佣方式，其雇佣策略也逐步调整为短期雇佣或多元雇佣。因此，就需要对既有的人力资源管理理论的适用范围重新进行检查和思考，检验这些既有理论的适用性，并迫切需要构建新型的适用于短期雇佣策略和多元雇佣策略的新理论。笔者之所以认为雇佣策略的调整必然会带来人力资源管理模式的变更，主要因为：第一，雇佣策略是人力资源管理模式的基础，雇佣的稳定性会影响企业与员工之间的合作程度；第二，从人力资源管理理论的研究来看，人力资源管理强调各个职能之间的内部匹配，进而实现人力资源管理的系统性优势，所以雇佣策略作为人力资源管理职能的重要部分，它的变化也必然带来其他人力资源管理要素的协同变化，以及人力资源管理模式的调整。

所以，本书将雇佣策略的选择机制和实施效果作为研究的先行部分，以此作为基础分析企业内部效率的实现机制，进而探讨如何构建基于新型雇佣策略的人力资源管理模式。

（五）影响企业雇佣策略的中国情境因素

根据对雇佣方式多元化的比较，虽然雇佣方式多元化在很多国家存在相似的趋势，但在具体变化和影响变化的制度基础与国家情境上存在着明显的差异，这在以制度转型为背景的中国尤为明显。所以在分析具体的雇佣策略的制定和实施中，对国家情境和制度背景的思考就变得不可或缺。有效区分中国情境因素对企业制定雇佣策略提供了重要的帮助，这不仅因为中国拥有大量的国有企业，而且因为它们的雇佣管理会受到市场竞争的压力、外部的劳动法规和内部制度惯性的多重影响，同时劳动者本身也具有社会层面的制度性身份。在探讨中国与其他国家的企业面临共同的雇佣管理问题时需要对这些因素进行有效区分，它们也是研究中国企业的特殊雇佣管理问题时必不可少的因素，尤其是研究中国国有企业的雇佣管理问题。

二、研究主题与思路的选择

在研究层次的选择上，本书将从企业组织的层面来研究雇佣问题，主要是研究其中的雇佣策略问题，做出这样的选择是基于笔者学科的原因，同时笔者认为企业层面的研究属于整个问题的核心。当前的社会中组织是构成社会的最重要实体，而企业组织在其中占据着重要的部分；在雇佣策略的问题上，企业组织是雇佣策略的主要选择者，同时它也是效率的来源。所以，从组织层面对雇佣策略展开研究不仅能打开企业中雇佣策略与内部效率的“黑箱”，而且能从整体上对多层面的雇佣问题有着更好的理解和实践。

同时，当前对企业雇佣策略的研究在理论的拓展上和对现实企业实践的指导上都有重要的意义：二战之后长期雇佣体制占据主导地位，很多组织管理的理论由此开始出现并得到了很大的发展，而当前雇佣格局与企业的雇佣策略正处于重要的调整期，这说明我们已经处在了理论的发展阶段，而当前的研究中有许多重要且尚未解决的问题，这是进行开拓性研究的重要机会，而这个机会的切入点就在于对雇佣策略这一关键问题的探讨。

基于此，本书将对企业雇佣策略的核心问题展开研究，并将研究的重点主要集中在雇佣策略的选择和雇佣策略实施效果的分析这两部分。雇佣策略的选择与雇佣策略的实施效果具有内在的联系：企业选择雇佣策略是为了实现其特定的目的，这个目的就可以作为衡量实施效果的一个效标，同时雇佣策略与其实施的结果之间属于形式与功能的关系，所以这两个问题具有内在的统一性。但是现有研究中作为形式的雇佣策略与作为功能的实施效果之间关系尚不明确，这也造成了一些研究上的混淆与自相矛盾。这主要是因为一些雇佣策略对企业的运行存在着多重影响，这些影响的综合作用有时会导致雇佣策略功能的异化，即选择雇佣策略的目的与雇佣策略实施效果的偏离，而当前的研究中存在的零散和不平衡的现状使这一问题没有被揭示出来。

所以，本书将整合以上的相关研究，并选择了与之前研究不同的视角，即从“雇佣动因—雇佣策略—实施效果”的逻辑关系展开研究，首先确定企业雇佣策略选择的动因，然后以此作为出发点探析雇佣策略选择的机制，最后根据雇佣策略实施的多重效果来判断目的与结果之间的差别，分析雇佣管理过程中需要注意的问题和采取的管理措施，这三个方面对应图 3-1 中企业雇佣策略研究的具体问题。

三、企业雇佣策略中的具体研究问题

本书确定了将企业雇佣策略选择和实施效果作为研究的主题，由此确定了研究中的具体问题。

（一）基础研究：雇佣策略与雇佣动因的界定

这部分内容主要是为后续研究做铺垫工作，包括：

第一，对雇佣策略这一基本概念进行界定。在对现有研究的整理中发现，当前对雇佣管理问题的研究多使用雇佣方式的概念来指代雇佣策略，但这一概念表达的含义有限，无法准确地表述企业针对不同的雇佣方式所采取的雇佣管理措施。这种情况在更加复杂的多元雇佣策略中表现得更加明显，并且现有的研究对多元雇佣策略的内部特征与具体形态也缺乏有效分类。雇佣策略这一概念是本书提出的，所以笔者将在第四章对该概念进行界定，比较长期雇佣、短期雇佣和多元雇佣策略之间的差别，并对多元雇佣策略的特征与类型进行分析。

第二，对雇佣动因的类型进行界定。之前提到，笔者对雇佣策略选择机制研究进行了视角的转换，将研究的起点向前移至雇佣动因，因而本书也将对雇佣动因的类型与层次进行界定与划分。之前的研究中已经对雇佣动因进行过总结，我们将在此基础上进一步探讨雇佣动因的具体层次，以及当企业同时存在着多种雇佣动因时的特点，为雇佣策略选择研究构建基础。

相对来说，这部分研究更加具有拓展性，因为这是之前研究所忽视的基础研究部分，对这两部分的分析将有助于我们更好地转换研究的思路，这两部分将分别在本书的第四章和第五章展开分析。

（二）核心研究：雇佣策略的选择与实施效果研究

本书将在第四章和第五章的基础上针对关键问题进行核心研究。

第一，探讨基于雇佣动因的企业雇佣策略选择机制。在重新界定了雇佣策略与雇佣动因之后，本书将根据雇佣动因来确定企业如何选择适配的雇佣策略。这一部分要考察单一雇佣动因对企业选择雇佣策略的影响机理，这是相对容易做到的，难点在于当多种不同类型的雇佣动因混合出现时，多种选择机制的共同影响会增加研究的难度。这一部分将在本书的第六章和第七章进行探讨。

第二，研究雇佣策略的实际效果。雇佣策略实际效果的研究存在一定的困难：首先，由于雇佣动因存在多种类型，并且存在着重合的可能，这增加了雇佣策略实施效果判断的难度；其次，实施雇佣策略具有直接的效果和潜在的间接效果，并且二者之间存在相互影响，这种复杂的关系导致了雇佣策略实施效果是一个比较难以准确验证的问题。因而，这一部分内容本书将主要通过理论分析的方式在第八章进行探析。

以上是本书在企业雇佣策略研究中需要集中解决的主要问题，但鉴于研究的难度，可能未必完全回答这里提到的所有问题，但会从多个视角对它们展开探索性的研究。

第四章　基础概念的界定：雇佣策略

本章将对雇佣策略的概念进行界定，并专门对新出现的多元雇佣策略进行特征的归纳与分析。这些内容是之前研究中没有进行准确界定的部分，对它们的重新界定与归类能为今后的研究奠定基础。

第一节　雇佣管理研究中的概念界定困境

一、雇佣管理研究中的概念界定问题

在对企业雇佣策略进行研究之前，有必要明确雇佣策略的定义。雇佣策略是本书提出的概念，这是因为在对之前的研究进行了分析之后，笔者发现当前雇佣管理问题的研究十分需要一个准确的概念。

之前的研究对雇佣策略的界定存在着一定的偏差，大都将雇佣方式等同于雇佣策略。这个问题在长期雇佣或短期雇佣占主导的雇佣格局中并不明显，但是当多元雇佣策略开始大量出现时，这个误差造成的影响开始逐渐增大。问题在于在相同的雇佣方式中，企业会通过不同的雇佣管理政策来管理员工，这一情况在长期雇佣与短期雇佣中都存在，而多元雇佣策略的特殊之处在于它是长期雇佣与短期雇佣的结合，不同的结合方式使该策略具有更加复杂多样的形态，仅仅依靠雇佣方式已经难以有效衡量其实际的功能。

目前的研究没有对这一偏差进行有效的解决，这种研究现状也导致了学者们对雇佣策略理解上的差别。人力资源管理领域的学者提出了雇佣策略的理论模型，但是对于模型中雇佣策略的结构以及与结构相关的内部管理方式缺乏足够的认识，并且研究大多停留在理论阶段，缺乏后续研究，尤其是实证研究的支撑；组织行为学领域的研究缺陷在于集中进行了典型

员工与非典型员工之间工作态度与行为差异的研究，常常将雇佣策略视为单一的和既定的，忽视了多元雇佣策略在形态上的多样性，造成了大多数的实证研究结论存在相互矛盾的问题。

因此，本书认为需要对雇佣策略的概念和相关形态进行准确界定，这在多元雇佣出现之后变得尤为必要。所以，重新界定雇佣策略的含义和具体类型对于整合两个领域的成果，有效展开后续的分析是非常必要的。但同时，这一界定也是相对困难的，困难主要来自两个方面：一是以短期雇佣为特征的非典型雇佣方式本身就是类型繁多的；二是多元雇佣中长期雇佣与短期雇佣的结合也具有多种方式。这两方面的问题造成了对雇佣策略的概念和形态界定的困难。

二、问题来源一：非典型雇佣方式的多样性与群体的内部复杂性

很多学者，尤其是组织行为学领域的学者，常常将雇佣方式作为比较员工行为差别的依据。这在过去的情境中是非常合理的假定，因为典型的或正式的雇佣常常代表了高质量的工作，而非典型雇佣则意味着“坏的工作（bad jobs）”，这种工作质量的差异可以将雇佣管理方式、员工的身份地位和员工的表现区分开。在很多已有的理论中，如内部劳动力市场与劳动力市场的分割理论，认为非典型雇佣的员工属于边缘化的群体，相比于典型员工，企业对这些员工的投入是较低的，这表现在工资收入低、晋升和培训机会少等方面，通常非典型雇佣员工具有低技能职位（Kalleberg et al.，1997）、缺乏工作安全和不确定的工资收入以及获得福利限制的特点（Harrison，1997；McGovern et al.，2004）。因而，已有的研究大都认为，员工的雇佣类型会在较大程度上代表了其在企业中的经济与社会身份，并会体现出工作态度与行为的差异。

但在当前的雇佣方式多元化中情况变得更加复杂了，原因主要来自两个方面：一是雇佣方式多元化所增加的基本都是非典型雇佣方式，并且不同的非典型雇佣方式之间也存在着区别（时博、李新建，2008），即非典型雇佣方式本身的多样性；二是非典型雇佣员工群体内部的复杂性，在很多非典型雇佣中，尤其是对知识员工的非典型雇佣常常具有很高的质量，他们的待遇经常与典型员工等同。

在对非典型雇佣的研究中存在着两种截然不同的视角（Kunda，2002）：

第一种视角被称为雇佣关系视角，这种视角与传统的观点类似，它认为非典型雇佣方式意味着较差的工作，以这种方式雇佣的劳动者将面临质量较低且缺乏持续性的工作，非典型雇佣方式的广泛使用不仅恶化了员工的工作待遇，而且也降低了员工对企业的忠诚与投入（Osterman，1996；Cappelli，1999；Tsui，1997）；第二种视角为自由人（free agent）视角，这种观点则截然不同，认为非典型雇佣可以使员工获得更高的收入、更多职业发展机会和更加自由的工作环境，而企业可以通过非典型雇佣快速地获得企业外的知识员工，避免知识的瓶颈和人员的刚性（Bridges，1994；Pink，1998；Beck，1992；Darby，1997）。这两种关于非典型雇佣的不同观点实际上都存在合理的因素，差别在于他们所关注的非典型雇佣的群体是不同的。前者主要针对的是低技能或一般性的劳动者，而后者针对的主要是企业中的知识型或高技能员工，这不仅体现了员工技能水平的差别，也体现了企业在同样的雇佣安排下雇佣管理方式的差别。

这些情况表明，已经不能简单地将短期的非典型雇佣方式视为坏的工作，需要进一步考察其中的情况来进行判断。非典型雇佣中内部管理方式的分化使我们意识到，非典型雇佣的情况已经变得十分复杂，仅仅依靠雇佣方式已经不能对这些复杂的情况进行区分了，所以必须要对企业雇佣管理方式，即雇佣策略进行重新界定。

三、问题来源二：多元雇佣策略内部结构的复杂性

多元雇佣策略是在20世纪80年代之后，很多发达国家在雇佣格局转变过程中新出现的一种雇佣策略。在当前的环境中，很多企业不再采用以长期雇佣或短期雇佣为主的策略，而是选择了多元雇佣策略。很多学者根据企业雇佣策略的变化提出了相应的多元雇佣策略模型，主要包括：弹性企业模型（Atkinson，1984）、依附—脱离模型（Mangum et al.，1985）、核心—周边模型（Olmsted & Smith，1989）、三叶草组织、双尾组织、人力资源模型（Lepak & Snell，1999）等。这些研究大都将多元雇佣策略界定为长期雇佣方式与短期雇佣方式在企业中的混合使用，所以常用 Mix 或 Blend 来指代这种策略。但这样的界定是不完整的，它仅仅指出了多元雇佣在雇佣方式上的特征，而对其中雇佣管理特征缺乏明确的阐述，这在一定程度上造成对多元雇佣策略界定上的混乱。

在采用多元雇佣策略的企业中，常常存在着分别以长期雇佣和以短期雇佣为基础的相互冲突的两套人力资源体系，这两套体系的结合方式造成不同类型的多元雇佣策略的内在差别，即多元雇佣策略的雇佣管理特征的差别。这是已有的研究中没有得到足够关注的部分，本书将在本章之后的内容中整合已有的研究成果，并以此来对多元雇佣策略的含义、特征与类型进行分析与界定。

通过对这两方面的分析可以做出一个判断，之前很多根据雇佣方式进行的研究会存在一定的误差，因为雇佣方式已经不能作为雇佣策略或员工能力和工作质量的有效表征了，在当前的环境中情况已经变得更加复杂。基于此，笔者认为在进行研究之前必须要对雇佣策略的含义进行重新分析与界定。

第二节　对雇佣策略的重新界定与分类

一、雇佣策略内涵的重新界定

雇佣策略是本书提出的，其他的相关研究中使用比较接近的概念包括雇佣安排（employment arrangement）和雇佣模式（employment mode），这些概念的差异反映了不同学科在雇佣策略理解上的差别。我们对雇佣策略的含义做出了狭义和广义两种界定。

狭义的雇佣策略仅指企业所选择的雇佣方式或雇佣方式的组合，本书将之等同于雇佣安排，已有大部分组织行为学领域研究的界定与此近似。组织行为学领域的学者对它的定义相对较窄，将雇佣策略主要视为企业为实现特定管理目标所选择的雇佣方式或雇佣方式组合，他们的研究主要关注的是雇佣方式差别所产生的雇佣身份问题，在研究中常常比较不同雇佣类型的员工在态度与行为等方面的差别。

广义的雇佣策略除了雇佣安排之外，还包括与企业选择的雇佣方式相匹配的一些人力资源管理政策。之前学者们提出的雇佣策略模型不仅包括不同类型的雇佣方式，而且包括与之相对应的雇佣关系和雇佣管理措施，这部分的研究主要来自人力资源管理领域。本书认为广义的雇佣策略内涵与雇佣模式接近，但同样的问题是对雇佣模式也缺乏清晰有效的界定。

在对雇佣策略概念的使用中，本书更加认同广义的界定。因为一方面，人力资源管理的各项要素是需要相互适配来发挥系统性的作用，企业雇佣方式的调整也需要其他的管理政策做出适应性的变化，所以雇佣策略应该包含更多的内容；另一方面，虽然企业制定的雇佣策略在很多时候都表现为雇佣方式的选择，但深入考察之后会发现，某些在形式上类似的雇佣安排在不同企业中的功能有时会存在明显的差异，这种差异在很大程度上是由企业选择雇佣策略时的主观动机决定的，并且企业会采取不同的管理措施与之配套，这些措施是导致功能差异的重要原因。例如，同样以长期雇佣为基础建立的人力资源管理系统，企业会根据环境动态变化的程度来选择发展该系统的人力资源柔性或是匹配性（fitness），这种相同雇佣安排下的功能差异来自企业雇佣策略内在特征的差别，也就是雇佣管理特征上的差别。

因而，鉴于狭义的雇佣策略的概念无法说明企业雇佣策略调整的全部内容，本书将使用广义的雇佣策略概念来进行研究。根据广义雇佣策略的含义界定，本书将雇佣策略的特征分成了两个部分：

第一，雇佣安排特征。这主要用来区分企业选择的雇佣策略是属于长期雇佣、短期雇佣还是多元雇佣。

第二，分析在相同的雇佣安排下企业雇佣策略的内在特征差别。这种差别不是来自企业选择的雇佣方式或雇佣方式组合，而是企业根据特定的目的在这些雇佣安排的基础上选择的员工管理方式的特点，本书将之称为雇佣策略的雇佣管理特征。通过对雇佣管理特征的分析可以发现采用相同雇佣方式的企业的雇佣策略存在的差别。

二、雇佣策略类型的划分

企业的雇佣策略主要可以分为长期雇佣策略、短期雇佣策略和多元雇佣策略三种主要类型，可以通过雇佣安排特征来区分不同类型的雇佣策略，而同一类雇佣策略的内在差异则需要通过其雇佣管理特征来进行辨别。

（一）长期雇佣策略

长期雇佣策略的主要特点是以长期雇佣为用工体制的基础，这种雇佣策略所提供的雇佣稳定性是企业与员工之间能够进行长期合作和深入的相互投入的重要基础。

从历史的角度来看，从第二次世界大战结束到20世纪70年代后期，很多国家都形成了以长期雇佣为主导的雇佣格局（卿涛、郭志刚，2008）：美国与很多西欧国家通过产业层面的集体谈判来提高雇佣的稳定性和劳资双方的相互合作；日本的企业在组织层面建立了以年功序列和终身雇佣为主要特征的长期雇佣模式，其企业内工会也成为促进管理者和员工双方合作的重要部分；中国等社会主义国家建立了以公有制为基础的单位长期雇佣模式。虽然这些国家的长期雇佣模式因具体情境不同而存在着很大的差异，但它们几乎都通过这一模式获得了雇佣的稳定性和经济的长期发展。美国学者巴切尔和克莱斯蒂安森从宏观层面对15个发达国家在20世纪70年代到90年代之间的劳动关系比较研究中认为，雇佣关系的稳定性会促进劳资双方的合作深度，并且雇佣关系稳定的国家在生产率上也有着更好的表现。

对于长期雇佣策略如何产生内在效率这一点，存在着不同的解释。交易成本理论认为，首先，长期雇佣能够降低员工行为的不确定性，行为的不确定性主要来自个体的机会主义和交易方的战略行为，它会增加雇佣合同中不可预见的问题，从而全面增加交易成本（Kulkarni，2005），所以企业会通过内部化的长期雇佣来减少行为不确定性所产生的交易成本（Sutcliffe & Zaheer，1998）；其次，雇佣的稳定性会影响企业与员工之间相互投入的深度，当雇佣期限较短时雇佣双方出于风险的顾虑均不愿意对另一方进行投入，而长期雇佣则可以解决这一问题，所以长期稳定的雇佣是双方深入合作的必要条件（De Cuyper，2008），使企业能对员工进行长期的培养，在人力资本专用性高的情况下更为明显。

与交易成本理论从成本衡量的角度不同，人力资源管理理论主要从资源基础观的角度展开分析。根据人力资源管理理论，企业的长期雇佣模式是企业深化内部劳动力市场和建立高绩效工作系统的重要基础。高绩效工作系统，也常常被称为高绩效人力资源系统（high performance HR system）、高绩效人力资源实践（high performance HR practice）。此外，不少人力资源管理研究中使用的高承诺系统（high commitment system）、高参与系统（high involvement system）、承诺型人力资源模式（commitment system HR system）等概念来表达与其相似的含义。这些概念的理论内核都强调通过员工与企业之间的高度合作来提升绩效这一基本原理，而员工对企业绩效的高度承诺与参与恰恰是通过长期雇佣这一雇佣策略来实现的，这种高度合作所形成的高素质且积极投入的员工就成了企业核心竞争力的来源，成为长期雇佣内在效率的来源。

需要说明的是，采用长期雇佣模式的企业会根据其所处的环境动态变化的性质来构建两种不同形态的长期雇佣策略，这两种形态的主要差别体现在其雇佣管理特征上，一种是强调人力资源管理内部职能之间能够有效一致的匹配（fitness）模式，另一种则是强调发展人力资源管理的柔性（flexibility）模式。在动态性较高的环境中，企业需要发展相应的柔性，尤其是发展人力资源管理柔性来提高对环境的适应能力；反之，企业则需要提高人力资源管理职能的匹配来提高运行效率。

（二）短期雇佣策略

在很长一段时间内，很多国家的雇佣格局中短期雇佣占据着主导地位。卡勒贝里（Kalleberg，2009）对美国雇佣格局变化的研究表明，在 20 世纪 40 年代之前是短期雇佣方式占主导的时代，而在 40 年代到 70 年代中期则进入了强调雇佣稳定性与安全性的长期雇佣主导时代，而从 70 年代中期之后雇佣格局又开始向强调灵活性的短期雇佣回摆，变成长短期雇佣并重的格局。根据第二章的国别比较研究可以发现，很多国家基于自身的原因基本都在近似的时期发生了相同的趋势变化。

但需要说明的是，在短期雇佣策略的这一回摆过程中存在着一些与过去不同的雇佣管理特征上的变化。很多已有的研究基本上都认为当前的短期雇佣与过去相似，即雇佣的不稳定、低质量的工作岗位和较差的工作环境以及较低的薪酬与福利，而企业在选择这种雇佣策略时常常以节约人工成本为主要目的。但一些管理研究者提出了异议，他们认为在新技术革命等因素的影响下，当前的短期雇佣代表了雇佣的灵活性、更多的学习机会和更加自由的工作环境，这种情况在一些高科技行业和高端服务业中表现得非常明显。孔达（Kunda，2002）的研究解释了这两种观点之间的矛盾，他认为对非典型雇佣的研究存在两种相互矛盾的观点，其根源在于他们关注的是截然不同的群体：一方是具有一般工作技能水平的普通劳动群体，另一方是具有高水平行业知识的知识型员工，这两类群体分别居于劳动力群体金字塔的底层和顶端，针对第二类群体的短期雇佣策略是在当前的环境中新出现的情况。

所以，虽然企业对这两类员工同样采用短期雇佣的形式，但在具体的雇佣管理方式上却存在着很大的差异，短期雇佣策略对这两种群体也具有迥然不同的意义。有鉴于此，我们可以根据企业雇佣员工的层次和目的认为，短期雇佣策略在当前存在两种具有不同雇佣管理特征的形态：一种强调对节约成本的需要；另一种强调企业吸收外部知识的需要。这两种雇佣策略由于员工层次的差别而存在管理方式的不同。此外，出于人力资源柔性的动因所产生的短期雇佣与这两种视角都存在着交叉，在判断上具有更多的复杂性。

（三）多元雇佣策略

多元雇佣的特点主要是以长期雇佣为特征的典型雇佣方式与一些非典型雇佣方式的组合使用，如赵斌、付庆凤、蔡冰鑫（2012）认为多元雇佣是企业同时采用传统雇佣方式和短期契约工、非全日制工、派遣工等各种非传统雇佣方式，这成为企业人力资源配置的通用策略。很多人力资源管理理论已经对长期雇佣策略和短期雇佣策略进行了相应的阐述，如高绩效工作系统理论、承诺型人力资源管理理论和人力资源管理模式理论。这些理论针对企业雇佣策略的选择以及相应的管理方式进行了深入的探讨，但对于近些年被广泛使用的多元雇佣的研究还相对较少，也比较零散。本书将在后面专门对多元雇佣策略的特征与形态进行阐述。

三、雇佣方式的特征分析及其对企业管理的影响

雇佣策略包括雇佣安排特征与雇佣管理特征两个方面，企业雇佣策略的构建是从雇佣方式的选择，即雇佣安排开始的。这一过程决定了企业的雇佣模式，并且企业选定的雇佣方式会对企业实施的人力资源管理方式起到限制性的作用，所以对雇佣策略的分析应注意对雇佣方式特征的考察。

（一）雇佣方式的特征分析

在第一章中，本书对已有的主要雇佣方式及其替代方式进行了介绍。但在实际中，存在雇佣方式类型的多样性，由于这些方式相互混杂，并在雇佣方式多元化的过程中不断地演变，造成了对雇佣方式，尤其是非典型雇佣方式界定和区分的困难。所以我们在这里分析之前一些学者的观点，从特征上来比较不同类型的雇佣方式之间的内在差别，并考察不同的雇佣

方式特征可能产生的潜在影响，对这一问题的分析有利于我们了解不同雇佣方式之间的内在差别，也有利于我们探索雇佣方式对员工与企业之间关系的影响。在这方面，卡勒贝里（Kalleberg）和费尔德曼（Feldman）两位学者做出了较为充分的分析。

1. 卡勒贝里的雇佣方式特征与外部化分析

卡勒贝里（Kalleberg，2003）通过对主要雇佣方式及其代替方式的对比发现了雇佣方式存在的五种特征，如表 4-1 所示，并通过这五种特征来分辨主要的雇佣方式。

表 4-1 雇佣方式的特征与雇佣的外部化

雇佣方式的特征	内部化—外部化						
	典型雇佣方式	非典型雇佣方式					
		直接雇佣		间接雇佣			
		非全时工作	短期契约	劳务派遣	自我雇佣	外包	分包
1. 用人组织是法定雇主	是	是	是	否	否	否	否
2. 在用人组织内工作	是	是	是	是	有时	是	否
3. 用人组织对其管理	是	是	是	是	有时	否	否
4. 用人组织对其持续雇佣	是	有时	否	否	否	否	否
5. 工作时间	全时	非全时	全时或非全时	全时或非全时	全时或非全时	全时或非全时	全时或非全时

注：笔者整理自 Kalleberg A L, Reynolds J, Marsden P V. Externalizing employment: Flexible staffing arrangements in US organizations[J]. Social Science Research, 2003, 32(4):525–552.

卡勒贝里提出的这五种雇佣方式的特征可以分为两类。第一类包括特征的前三项，这三方面的内容会对企业与员工之间的关系类型与强弱程度产生重要的影响。其中，第一项特征代表了企业与员工之间的劳动契约关系，代表了双方是否存在法定的雇佣关系；第二项和第三项代表了企业与员工之间在工作场所中的互动关系和管理关系。

第二类包括特征的后两项，这两方面的内容代表了员工工作的时间特征和雇佣的持续性。如果说前三项特征是企业与员工之间发生隶属关系和互动的基础，那么后两项特征代表了企业与员工之间维持这些关系的时限。企业与员工之间持续雇佣的时间越长，双方越有可能进行深入的相互合作与投入，也越有可能进行深层次的互动。

总体而言，这五项雇佣方式的特征会影响企业与员工之间的雇佣关系，调节企业对员工工作态度和工作行为的影响力。卡勒贝里用雇佣的外部化表达了这样一种含义，随着这五项雇佣方式特征的减弱，企业与员工之间的管理关系与互动程度也在不断降低，双方的合作关系更加倾向于外部化市场性活动。王兴化和张立富（2010）认为这些新出现的非典型雇佣方式的实质是将一部分在传统雇佣方式中需要在企业内部完成的交易再次转移给了市场，所以企业大量使用非典型雇佣方式的过程也被称为雇佣外部化的过程。

2. 费尔德曼的雇佣方式维度分析

与卡勒贝里不同，费尔德曼没有通过比较不同的雇佣方式来进行特征分析，而是将不同雇佣方式存在的内在差异分成了时间、空间和雇主三个维度，并探讨这些维度对员工产生的影响，如表 4-2 所示。

表 4-2　雇佣方式的维度及其对员工的影响

维度	衡量指标	影响结果
时间维度	每周工作的时间 在同一组织内持续工作的时间 工作时间的灵活性 未来继续被雇佣的可能性	工作态度与行为 员工间的互动 组织依附
雇主维度	自我雇佣还是被企业雇佣 雇主组织的类型（企业、派遣机构等） 雇主的数量（一个或同时多个）	雇佣关系 组织依附
空间维度	工作地点的离散程度 不同雇佣类型的员工是否共同工作 员工之间的交流方式（面对面或通信设备）	员工间的互动与社会整合 组织公平 疏离感

注：笔者整理自 Feldman D C. Toward a new taxonomy for understanding the nature and consequences of contingent employment[J]. Career Development International, 2006, 11(1): 28-47.

相对而言，费尔德曼的比较方式更加接近不同雇佣方式的本质区别，并且也加入了新兴工作方式中工作时间与地点的灵活性对雇佣方式的影响分析。这三项维度对雇佣管理的影响主要表现为：

在时间维度，主要代表了雇佣的持续性与稳定性，它意味着企业与员工之间建立雇佣关系和进行互动的时限。与卡勒贝里的分析相同，费尔德曼认为长期可持续的雇佣是建立良好雇佣关系的基础，而短期雇佣会限制双方的合作与互动。此外，费尔德曼将非典型雇佣方式中所具有的时间灵活性也作为时间维度的一部分，并认为它会对某些具有特殊需求和偏好的员工产生较大的吸引力。

在雇主维度，主要表示员工与谁建立雇佣关系。除了自我雇佣之外，员工还有可能被用工企业或派遣公司等类型的企业组织所雇佣，并且有可能同时受雇于多个企业组织。雇主组织的类型与数量会在一定程度上影响雇佣关系的性质和员工对企业的向心力，而这些因素进一步影响员工在工作过程中的表现。例如，劳务派遣员工的雇佣关系常常具有分割式的特点，他们同时和用工企业与派遣公司产生雇佣关系，所以很多研究都在探讨劳务派遣员工对两种组织的雇佣关系或组织承诺的情况，并对这种分割后的雇佣关系内部的互动影响进行分析。

在空间维度，代表了工作地点和沟通方式对员工之间互动关系的影响。费尔德曼认为当前的工作方式已经发生了很大的变化，很多员工开始在不同的工作地点或在家完成工作，而在这种情况下员工之间更多地使用电子通信设备来替代传统的面对面沟通方式。这种沟通方式的变化影响了员工之间的互动关系和企业的社会整合过程，使员工与企业之间产生了疏离感。此外，当典型员工与非典型员工这两类员工工作时，双方有可能因为工作安排与负荷、经济和社会身份等方面的差别而产生冲突，并使非典型员工产生不公平的感受。

比较而言，费尔德曼提出的时间维度和雇佣维度与卡勒贝里提出的五种特征在内涵上是基本一致的，而费尔德曼新增加的空间维度则是对新型雇佣方式的发展及其产生的问题做出一个回应与补充。其他一些学者也提出了类似的观点：斯科特和戴维斯（2011）认为外部化的雇佣方式从工作的时间、地点和隶属关系三个方面弱化了员工对组织的依附关系；李新建等（2011）从雇佣方式对员工心理契约形成的角度进行了分析，认为不同类型的雇佣契约在工作契约、管理关系和工作时间三个方面存在差别，并且这些差别会影响员工心理契约的性质。

（二）雇佣方式特征对企业管理的影响

很多人力资源管理与组织行为学的研究都认为企业雇佣方式的变化带来了管理实践与管理理论的变化，因为企业与员工之间的雇佣方式是其他管理活动的基础，它对企业内部劳动力市场的构建、企业员工之间雇佣关系的性质和企业内部的员工互动与社会网络关系都有着巨大的限制与制约作用，而这些方面的因素会影响企业人力资源管理政策制定的方向和最终的效果。

费尔德曼与卡勒贝里的研究工作阐释了不同类型的雇佣方式的特征差别，以及这些差别对企业员工之间的互动关系的影响。在对这两位学者的研究进行归纳后可以发现，雇佣方式的特征可以对雇佣过程中员工与企业之间互动关系的时限、对象和方式起到制约作用：第一，在时限上，雇佣的持续性和稳定性会制约企业与员工之间雇佣关系和员工之间互动关系的深入程度；第二，在对象上，雇佣方式的特征影响了企业与员工雇佣关系的形态，使员工和用工企业之间的雇佣关系呈现出更加复杂多样的形态，这主要体现在劳务派遣的员工群体中；第三，雇佣方式体现出的工作时间和空间安排上所具有的灵活性会影响员工在企业中的互动方式和社会整合程度。

所以，雇佣方式这三个方面的内在特征会对企业的管理方式和员工关系产生重要的影响，但需要说明这些特征更多的是影响雇佣关系的必要条件而非充分条件，企业与员工之间雇佣关系的性质还会受到企业雇佣管理的影响，它常常还是主要的影响部分。这种观点在一些实证研究中也得到了证明，这些研究证明雇佣方式是形成雇佣关系的一个重要基础条件，雇佣方式的不同会在一定程度上代表着心理契约的差别，雇佣方式与工作方式的变化会影响员工心理契约的内容与特征。皮尔斯（Pearce，1998）发现当企业将全日制员工的雇佣方式转变为非典型雇佣方式时会引起员工心理契约的破坏和重构，在这个过程中会产生更大的雇佣不安全感，同时破坏了之前已经建立的心理契约；通过案例研究发现当员工从在办公室工作转为在家工作后，心理契约也会随之发生了变化；泽尔斯等人（Sels et al.，2004）验证了员工心理契约会受到正式契约特征与人力资源实践的影响。总之，这些研究探讨了雇佣方式作为雇佣策略的基本构成要素和第一类特征所具有的影响。

第三节 多元雇佣策略的特征与形态

本节分析在相同的雇佣方式或雇佣方式组合中，雇佣管理特征存在的差别，这是雇佣策略的第二类型的特征，其中短期雇佣策略与长期雇佣策略的内在管理特征差别要小于多元雇佣策略，并且在前面已经进行了简要说明，所以本节主要识别多元雇佣策略的内在管理特征与具体形态。

一、主要的多元雇佣策略模型

多元雇佣理论认为企业应该按照员工对企业的重要程度将其划分为不同的类别，对不同类别的员工采用不同的雇佣方式，并且这些不同类型的员工在管理方式、工作岗位和薪酬待遇等很多方面都存在着差异。这些研究主要通过理论构型法（configuration）来探讨多元雇佣策略的具体形态，主要包括以下3种模型。

（一）弹性企业模式（flexible firm）

阿特金森（Atkinson，1984）的弹性企业模型是指组织利用弹性及多样性方式来取代传统的单一化人力雇佣，以适应内外环境的压力。这一模式要求企业根据组织特性将员工分为核心员工（core worker）、边缘员工（peripheral worker）和外部员工（external worker）三种类别，所以也被称为核心—边缘模型（core-periphery）。

核心员工负责处理企业内最关键的事务，此类员工主要从事企业内比较重要、关键性强或者高技能的工作，在企业内部具有较高的地位，主要采用长期雇佣方式来维护这一群体的稳定性，这类员工在企业中的薪酬福利和发展机会都比较多。

边缘员工处于企业的外围，主要职能是协助核心员工完成工作任务，与核心员工相比这些员工所从事的工作相对比较简单，具有较强的替代性，这部分员工可以为企业提供数量上的柔性，当环境波动影响企业内人力需求时，可以通过变动边缘员工的数量来保护核心员工，所以这部分员工的工作保障和薪酬水平都低于核心员工。

外部员工不由企业直接雇佣，而是使用人力派遣机构或外包商所雇佣的人力资源，这些员工所从事的工作大都具有低技能、高重复性、专业性不强等性质，在企业内担任低技能、重复性或临时性工作，此类员工薪酬水平由从事工作性质而定，其工作的保障性很低。实际上边缘员工与外部员工同属于企业的外围员工，区别在于企业不直接雇佣这些外部员工，不必承担相应的责任，而他们在企业中也有可能处于更加边缘的位置。

阿特金森的多元雇佣模型也被称为核心—边缘员工模型，他认为这一模式可以使企业能够更好地应对环境的变化，企业可以此来获得人员的数量柔性和人工成本的柔性，并且起到保护核心员工不受环境波动侵害的作用。其他的一些学者也分别提出了一些类似的多元雇佣策略研究模型，如核心—周边模型（Olmsted & Smith，1989）、双尾组织和依附—脱离模型（Mangum et al.，1985）等。这些模型在整体特征上与阿特金森的模型类似，都强调将员工分成两种类型，并且这两种类型之间存在着深刻的内部身份差别。

（二）汉迪的三叶草组织（Shamrock Organization）

与阿特金森等学者提出的模型不同，汉迪的这一理论同样认为在新的环境下组织应由三类员工来构成，但强调员工划分的依据是其知识技能特点和企业的需要。汉迪认为第一类员工是企业的核心员工，由专业技术人员及管理人员组成，他们是企业核心价值的创造者和维护者，属于企业最重要的人力资源，所以企业必须要通过长期雇佣的方式来保留这些员工；第二类员工是具有企业急需技能的专家，为企业提供某些方面的知识和技能服务，企业对这些员工的需要具有较强的时效性，所以主要是通过短期雇佣的方式来获得；第三类员工是临时性员工，这些员工处于企业的外围，他们从事技能水平要求较低的工作，这部分员工与阿特金森提出的边缘员工和外部员工中层次较低、从事重复性劳动的一部分员工类似。

通过对这两种观点的比较可以发现，汉迪这一理论的进步之处是在模型中提出了对知识员工的短期雇佣问题，而在阿特金森的模型中短期雇佣基本都是针对低层次员工的。应该说，汉迪的三叶草形态是他对组织管理观察的一种思考，并认为这是未来组织的样式。后来的学者在一定程度上证明了汉迪的研究，卡松（Kansson）和伊西多尔森（Isidorsson）通过案例研究归纳出了三种企业多元雇佣策略的实际使用方式：第一种是核心—边缘方式，企业会对工作任务进行分割，用不同类型的员工完成不同的工作任务，非典型员工主要完成相对简单的工作任务，典型员工则完成相对复杂的企业核心任务，这一模式强化了典型员工与非典型员工之间的雇佣身份差别，非典型员工是对典型员工的补充和辅助；第二种是全核心（all core）方式，企业将非典型员工与典型员工等同使用，他们共同工作并完成同样难度的任务，这些非典型员工通常具有高技能，并能为企业带来功能柔性，这种用工方式下，核心与边缘员工之间在雇佣身份上没有十分明晰的区分，所以这里用全核心来称谓；第三种是全边缘（all periphery）方式，工作中存在较少的核心工作任务，当不同类型的员工共同工作时非典型的员工会逐渐取代典型员工，而企业原有的内部劳动力市场机制也会逐渐瓦解。

由此可以发现，学者们的理论模型与企业实践还是存在一定差别的，在卡松和伊西多尔森的现实归纳中确实存在着汉迪提出的三种类型的员工，但这三种员工并没有同时存在于同一个企业，每种类型中只有三叶草中的两片叶子；而这三类员工之间也并未完全像汉迪设想的那样存在着泾渭分明的差别，不同的雇佣管理方式中员工之间的互动关系与工作任务的设定都是不同的。这两点在理论与现实上的差别说明，汉迪是一个先见者，但他的模型缺乏对企业使用雇佣策略的本质思考，企业使用方式的差别不仅仅来自员工技能的差别，更来自企业的使用动机的差别。

（三）李派克与斯奈尔的人力资源构型模式

李派克和斯奈尔（Lepak & Snell，1999、2002）根据理论构型的方式对员工群体进行了更为细致的划分，之前的研究虽然提出了员工分类的形式，但没有给出员工划分的标准。李派克和斯奈尔在研究中明确了这一问题，这两位学者根据员工人力资本的战略价值和独特性做出了人力资源构型，并划分出了核心员工和其他三种不同类型的非核心员工，进而建议对不同类型的员工采取不同的雇佣和管理方式。根据这些分析两位学者提出了针对不同员工的雇佣模式，如图 4-1 所示。

知识型雇佣（Knowledge-based employment），针对在人力资本方面具有高度的战略价值和独特性的核心员工，李派克和斯奈尔与之前的研究者持有相同的观点，认为企业应与核心员工建立高度稳定与相互投入的雇佣关系，并通过对这些员工的长期培养发展企业的竞争优势，对这些员工的管理工作具有承诺型人力资源管理的特点。

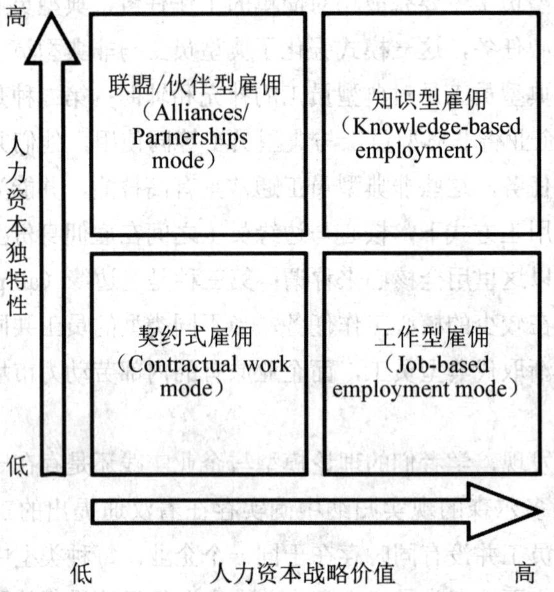

图 4-1　李派克和斯奈尔的人力资源构型

联盟/伙伴型雇佣（Alliances/Partnerships mode），针对在人力资本方面具有高度独特性但缺乏战略价值的员工，这部分员工与汉迪提到的第二类员工类似，企业应采取短期雇佣和合作型的人力资源管理方式与这些员工保持伙伴关系。

工作型雇佣（Job-based employment mode），针对在人力资本方面具有高度战略价值但缺乏独特性的员工，这些员工一般具有专门的通用性技能，这些员工虽然无法像核心员工一样为企业带来独特的竞争能力，但依然可以为企业提供一般性的竞争能力，所以企业同样可以通过较长期的内部雇佣和培养方式来雇佣这些员工。

契约式雇佣（Contractual work mode），针对在人力资本的战略价值和独特性都较低的员工，这类员工与前面提到的边缘型员工类似，同样是从事低技能和重复性的工作，企业对这类员工通常会采取短期雇佣的方式，在人力资源管理工作中更加关注节约成本。

李派克和斯奈尔在这方面的研究比之前的学者前进了一步，不仅对员工进行了分类，而且指出了员工分类的标准，这是他们的理论模型先进之处。但他们的模型与汉迪的三叶草模型同样存在着类似的问题，即在员工雇佣模型的划分中是以员工的特点而非企业的内在需要为标准，同时也缺乏对不同员工之间关系的探讨。并且，李派克和斯奈尔的研究还是延续了长期雇佣的思路，认为竞争优势来自核心员工技能的特殊性和价值性，忽略了在高度动态的环境中竞争优势是来自企业中的员工吸收知识、整合知识和创造知识这一动态过程。之后的康等人（Kang et al.，2007）对这一缺陷进行了深入的探讨，他们在人力资源构型的基础上分析了企业知识创新的机制，通过对这几类员工之间社会关系的性质（强关系或弱关系）的研究，分析了开发式创新和探索式创新的机制，这一研究说明企业可以通过对不同类型创新的需要来配置不同类型的员工及雇佣模式。

通过比较这些学者提出的模型或研究的结论，可以发现这些研究的共同特点在于：第一，都对员工的群体进行了划分，并认为应对不同类型的员工采用差别性的雇佣模式，并且这些雇佣模式常常存在工作和待遇上的等级差别，但划分的标准来自员工的特征而非企业的具体需要；第二，将视角集中在多元雇佣策略模型以及能够实现的功能上，忽视了使用多元雇佣策略的企业的内在动机，这一点在李派克和斯奈尔的模型中尤为明显，它仅通过员工已经具有的技能而不是企业的需要和培养机制来分析雇佣策略，这在研究视角上存在缺陷；第三，过于关注多元雇佣中员工群体的分类问题，对群体间的互动关系缺乏有效的探讨，也缺乏对员工行为变化的分析。

二、多元雇佣策略内在特征的基本问题

在对雇佣策略的界定中，很多研究都是根据雇佣策略的第一种类型特征，即雇佣安排来给出定义，而对其中存在的雇佣管理方面的内在差异大都没有给予足够的关注。在长期雇佣策略和短期雇佣策略的研究中这并没有产生太大的问题，但这种情况并不适用于内部差异非常突出的多元雇佣策略。多元雇佣策略的特殊性在于，它不是单纯的一种人力资源管理模式，而是同时存在着以长期雇佣为基础和以短期雇佣为基础的两套相互冲突的人力资源体系。这两套体系在企业中的结合方式构成了不同形态多元雇佣策略之间的主要区别，即多元雇佣策略中的雇佣管理特征，并且这些特征会在很大程度上影响雇佣策略的性质。已有研究中过于狭窄的雇佣策略界

定妨碍了学者们对不同形态的多元雇佣策略的辨析和研究，而这常常导致了理论分析上的混乱。

本书认为有必要对多元雇佣策略的内在特征进行比较归纳，根据特征的区别来判断多元雇佣策略中存在的多种形态。在对已有文献进行整理后发现，这些研究主要通过以下5个方面的问题探讨多元雇佣策略的内在差别。

1. 典型员工与非典型员工之间是否存在明显的工作安排与待遇上的差别

随着多元雇佣策略的广泛使用，很多研究者发现企业中出现了基于雇佣方式的员工的经济与社会的分化，这种雇佣身份的差异常常来自企业的雇佣管理策略。很多研究发现典型员工与非典型员工之间在工作条件和工作待遇上存在明显的差距，这些差距在很大程度上是因企业对不同类型员工的差别化管理，尤其是对非典型员工的歧视性管理政策造成的。

史密斯（Smith，1994）的研究认为典型员工与非典型员工之间存在隐形的身份等级，并且前者常常高于后者；亚历山大等人（Alexander et al.，1995）发现非典型员工常常反映他们得到的工作比典型员工要乏味得多，即使处于类似的职位，非典型员工的社会地位依然是相对较低的，这是由他们相对较短的工作期限、较低的专有技能和低复杂性的任务等因素造成的（Davis-Blake & Uzzi，1993；Lautsch，2002）。对于这种差别性的雇佣身份，国内的一些学者使用差别序列结构（高闯，1996）或身份的差序格局（李玲、陶厚永，2012）来形容。还有研究者发现两类员工之间不存在显著的身份差别，这主要表现在较为高端的知识型员工群体中。

2. 不同的雇佣类型之间是否存在着转换机制

一些学者发现，典型员工与非典型员工之间存在身份分化时，是否存在身份转换机制对于员工的行为具有很大的影响。

社会认同理论认为地位存在差距的不同团队中，其成员的行为方式也存在着差别：地位较低的团队成员在有机会进入高地位团队的情况下会呈现出团队外偏袒（favoritism），团队成员会在试图进行身份转换时诋毁现有团队（Tajfel，1978），但地位较高的正式员工则在两种测量中表现出了较高的团队内偏袒，这说明当存在身份转换机制时地位较低的非典型员工群体会更加认同地位较高的群体而非自身所属的群体（De Cuyper，2011）。

其他一些因素也会对这一关系起到调节作用，如作为非典型员工的态度是自愿还是非自愿，自愿的非典型员工会表现出特殊的团队内偏袒，而非自愿的非典型员工则表现出团队外偏袒。在这种情况下，不同雇佣类型的员工之间的关系存在着恶化的可能性。而非自愿的非典型员工的情况表现出了更多的复杂性。

3. 不同雇佣类型的员工是否共同工作

现有的多元雇佣模型主要将关注点放在了对不同雇佣类型的差异化管理上，但对于不同雇佣类型员工之间的互动关系缺乏足够的关注，这是现有模型的一个重要缺陷。组织行为学领域中的部分多元雇佣研究探讨了员工群体间的互动影响，学者们发现：多元化的雇佣安排常常使团队成员对他们的同事、管理者和工作团队产生负面的社会与心理反应（Blalock，1967；Hoffman，1985），典型员工与非典型员工混合工作恶化了员工与管理者之间的关系，降低了典型员工的忠诚度（Davis-Blake，2003），不过这种效果因非典型员工雇佣方式特征的不同而不同（Davis-Blake & Uzzi，1993；Uzzi & Barsness，1998）。因而，在对多元雇佣内部结构的探讨中需要加入不同雇佣类型员工的工作配置方式，它是影响员工间互动关系与群体间行为的重要管理因素。

4. 企业使用非典型员工，对典型员工起到的是保护作用还是替代作用

对于企业使用非典型员工存在着两种视角：替代性（substitutive）视角与补充性（complementary）视角（Ko，2003）。第一种视角，非典型员工是作为典型员工的替代者出现的，企业的目的是为了降低成本和获得柔性；第二种视角，企业使用非典型雇佣方式的目的在于保护典型员工，以促进其对组织的承诺与合作，在这里非典型员工起到了核心员工的缓冲作用（Ko，2003；Matias-Reche & Mar Fuentes- Fuentes，2006）。

虽然李派克等学者提出的多元雇佣策略认为使用非典型员工可以保护典型员工免受环境不确定性的影响（Lepak & Snell，1999；Matusik & Hill，1998），但在一些案例研究中发现企业使用非典型员工会减少典型员工的忠诚度，并恶化同事之间的关系（Geary，1992；Pearce，1993），这实际上是由于企业使用非典型员工是出于替代性的目的，而非一些学者们认为的补充性目的。

5. 企业使用非典型员工的比例与层次

根据少数派影响理论（李超平、徐世勇，2019），亚群体的相对规模会影响其在整个群体中的人际关系和冲突水平（Wagner，Pfeffer & O'Reilly，1984），这意味着非典型员工的使用结果会受其在整个工作群体中使用规模的影响。已有的一些研究得出了这样的结论：查托帕迪亚雅和乔治（Chattopadhyay & George，2001）的研究发现，雇佣的外部化常常会对典型员工的态度产生负面影响；乔治（George，2003）的研究发现，使用非典型雇佣员工的数量与方式的不同会产生不同的影响，企业可以通过增强典型员工的工作安全感和管理者的责任感来减少这些负面的影响，同时发现工作的不安全感在这一关系中起到了调节作用。布罗斯查克等（Broschak et al.，2006）的研究也表明，随着非典型雇佣员工使用数量的增加，其对典型员工的负面影响也在不断加大。

本书在对这些研究的分析中认为，多元雇佣中非典型雇佣使用的比例不是关键，关键在于企业的目的，即企业会在多大程度上用非典型员工代替典型员工。这是因为使用非典型雇佣员工会使典型员工感到工作的不安全感，使其感到心理契约的违背，从而弱化了与企业的情感依附，降低了他们对企业的信任水平。非典型员工的使用对典型员工的待遇和工作安全产生了威胁，而随着使用数量和范围的扩大，这种威胁的程度也会加剧。

三、对多元雇佣策略雇佣管理特征的归纳

通过对上面五个问题进行分析和整合，可以归纳出以下三方面的多元雇佣策略的内部差异。

（一）雇佣身份差别

雇佣身份差别针对的是第一个问题和第五个问题，主要分析当企业采用多元雇佣策略时，同时雇佣典型员工与非典型员工，在管理政策和工作待遇上是否存在明显的区别。很多多元雇佣策略的研究模型都建议企业对不同雇佣类型的员工实行差别化的管理，并且这种差别很多时候体现在对非典型员工歧视性的工作安排和薪酬待遇上。所以雇佣身份代表了不同雇佣类型的员工（主要指典型员工与非典型员工）在企业内的经济与社会地位，实施多元雇佣的企业存在对不同雇佣类型员工的差别化待遇主要是企业的两套人力资源管理体系的差别造成的，而这种差别的存在很可能会给

企业带来缺乏组织公平的问题。

在第五个问题中，企业雇佣非典型员工数量一般不会对多元雇佣的形态产生大的影响，而其雇佣的非典型员工的层次会显示出雇佣身份的差别：当企业雇佣具有较高层次的知识型非典型员工时，其与典型员工的身份差距较小；反之，当企业雇佣层次相对较低的非典型员工时，则比较容易在企业内形成明显的基于雇佣类型的员工身份差别。

（二）雇佣身份转换机制

雇佣身份转换机制对应的是第二个问题和第四个问题，主要是分析企业中不同类型的雇佣身份之间是否能够进行转换，这一特征主要是针对存在雇佣身份差别的企业而言的。这种身份转换机制代表了企业中的这两套人力资源管理体系之间是否存在或存在什么样的连接机制。这种雇佣身份的转换机制可以包括上行和下行两种转换方式，前者代表了非典型员工转变为典型员工的身份，后者则表示典型员工逆向转变为非典型员工。

在雇佣身份存在显著差别的企业中，这种身份转换机制的存在对典型员工与非典型员工都会产生重要的影响。对典型员工而言，雇佣身份转换机制的类型体现了企业使用非典型员工的目的是对典型员工的保护还是替代；而对于非典型员工而言，雇佣身份转换机制的存在意味着他们可以通过身份的转换来获得雇佣的稳定性、长期的发展机会和更好的工作待遇，这对于有需求的非典型员工具有重要的激励作用。

（三）工作整合机制

工作整合机制对应的是第三个问题，意味着不同雇佣类型的员工是否共同工作以及如何配置，这一特征会对不同雇佣类型员工之间的互动关系产生影响。这种影响包括两方面：一方面，当多元雇佣模式带来雇佣歧视和企业中的不公平时，这一机制会在一定程度上将不同雇佣类型员工之间的潜在冲突显性化或进一步放大。如之前所述，多元化的雇佣安排常常导致不同雇佣类型的员工群体内部的矛盾，也会导致员工对管理者的不满，因而工作整合机制对两类员工互动的促进作用会放大多元雇佣中存在的各种内部矛盾。另一方面，在知识型企业中，工作整合的机制加大了不同雇佣类型员工之间的互动，促进了知识的双向流动与创新。康等人（Kang & Snell，2009）的研究认为，企业可以通过典型雇佣的知识员工和临时性雇佣的知识员工之间的互动来提高企业探索式创新的能力，但问题在于这一过程将难以避免知识外泄的问题（Matusik & Hill，1998）。可见，工作整合这一特征的影响具有较大的复杂性，需要根据企业的具体特点来判断它所产生的影响。

需要说明的是，多元雇佣策略这三方面特征的作用是不一样的，前两项特征构建了多元雇佣策略中两套人力资源管理体系的结合方式，而第三项特征主要起到了调节作用，通过共同工作来调节企业内不同雇佣类型员工之间的互动程度，起到了影响员工某些方面的态度与行为的作用。在已有的多元雇佣策略模型中基本体现了差别管理和雇佣身份差别的特征，从柔性公司和人力资源构型的模型中都表现出了这一特征，但它们普遍缺乏对后面两个方面特征的归纳。

四、多元雇佣策略的形态研究

多元雇佣策略的核心在于如何将两种基于不同雇佣模式的人力资源管理体系相结合，本书根据前面归纳出的多元雇佣策略的内在管理特征分析不同形态中两种体系的结合方式，并分析当企业使用工作整合时会在哪些方面起到调节作用。如表 4-3 所示，根据多元雇佣策略的三项雇佣管理特征，多元雇佣策略的具体形态主要有以下四种。

表 4-3 多元雇佣策略的形态分析

<table>
<tr><th colspan="2" rowspan="2">多元雇佣策略
的架构类型</th><th colspan="3">雇佣管理特征</th></tr>
<tr><th>雇佣身份
差别</th><th>雇佣身份
转换机制</th><th>工作整合机制调节的因素</th></tr>
<tr><td colspan="2">均衡型</td><td>无</td><td>平行</td><td>促进员工的交流与学习</td></tr>
<tr><td rowspan="2">长期雇佣
体系主导</td><td>隔离型</td><td>存在</td><td>无</td><td>组织不公平感</td></tr>
<tr><td>补充型</td><td>存在</td><td>上行</td><td>员工互动与激励机制</td></tr>
<tr><td rowspan="2">短期雇佣
体系主导</td><td>替代型</td><td>存在</td><td>下行</td><td>降低工作安全感</td></tr>
<tr><td>竞争型</td><td>存在</td><td>双向</td><td>激化竞争，降低工作安全感</td></tr>
<tr><td colspan="2">综合型</td><td>存在</td><td>多向转换</td><td>促进员工的互动</td></tr>
</table>

（一）均衡型多元雇佣

在均衡型的多元雇佣中，基于长期雇佣的管理体系和基于短期雇佣的管理体系处于相对平衡的位置。在实施这一雇佣策略的企业中，典型员工与非典型员工不存在明显的经济与社会地位差别，并且企业不会特别限制不同雇佣类型的员工在雇佣身份上的转换。这种类型的多元雇佣架构在新兴的高科技产业中应用得比较多，这些企业为了快速吸收和利用外部知识，常常会通过非典型雇佣的方式来吸纳外部的知识员工，并给予这些员工相对公平的工作待遇。均衡型的模式可以与卡松和伊西多尔森提出的三种多元雇佣策略形态中的全核心型相对应。此外，莫斯霍德等人（Mossholder et al.，2011）总结了基于多元雇佣策略的合作型人力资源管理模式，该模式正是基于这一多元雇佣形态而提出的。采取这类多元雇佣的企业会重视工作整合的机制以促进不同雇佣类型的员工之间的互动，从而达到企业吸收知识并进行知识创新的目的，这种架构是两种体系结合最为深入的一种多元雇佣形态。

（二）长期雇佣体系主导的多元雇佣

在长期雇佣体系占主导地位的多元雇佣中，短期雇佣体系是对长期雇佣体系的辅助与缓冲，企业使用非典型雇佣方式是为了保护典型员工不受环境波动的影响，保持典型员工对企业的承诺与投入。对于实施这一多元雇佣架构的企业，通过长期雇佣建立的高素质员工队伍是其竞争优势的来源，但由于环境波动和降低成本的压力，企业开始在一些技能要求较低的或边缘性的工作上逐渐使用非典型雇佣方式。

在这一架构中，典型员工的雇佣身份要高于非典型员工，并且为了避免典型员工因为企业使用非典型员工而感到缺乏工作安全感，这类企业一般不会使用雇佣身份转换机制，即保证典型员工不会被转为非典型员工。很多学者提出的多元雇佣策略模型，如阿特金森提出的核心—边缘员工模型、奥姆斯特德（Olmsted）和史密斯（Smith）提出的核心—周边构型、李派克和斯奈尔提出的人力资源构型与卡松和伊西多尔森归纳的核心—边缘结构等都与这一构架的特点相符合。这些模型都提到了对非典型雇佣方式的使用，认为这是对企业典型员工和核心员工的保护而非替代，认为企业竞争优势是来自长期雇佣体系下的典型员工队伍。在这一类型的多元雇佣架构下存在着隔离型和补充型两种形态，二者的区别在于是否存在上行的身份转换机制，也就是非典型员工是否有机会转为典型员工。

隔离型架构中两套人力资源管理体系是完全隔绝的，此时如果存在工作整合机制会在不同雇佣类型的员工互动过程中放大非典型员工对企业不公平的感知，这种形态十分接近于阿特金森提出的弹性企业模型。

补充性架构中非典型雇佣方式的使用除了具有保护典型的核心员工的功能外，还起到了对非典型员工的筛选和吸纳的作用，企业会根据需要将适合的非典型员工转为典型员工，这使非典型员工有了身份转正的机会，会在一定程度上缓解其在组织公平上的负面感知，并对非典型员工起到一定的激励作用。此时工作整合机制会促进员工的内部交流，并激励一部分非典型员工为了获得转正的机会而努力学习企业所需的技能或提高其他方面的工作表现。日本的丰田公司就是一个例子，它通过期间工的转正制度来实现激励非典型员工和补充与培养典型员工的目的（邵剑兵、王蕴，2009）。

（三）短期雇佣体系主导的多元雇佣

在短期雇佣体系占主导地位的多元雇佣架构中，短期雇佣体系会侵占和替代长期雇佣体系，并瓦解企业的内部劳动力市场。在使用这一架构的企业中，典型员工的雇佣身份要高于非典型员工，企业使用非典型员工来取代典型员工可以起到降低人工成本和提高柔性的目的。所以非典型员工是作为典型员工的替代者出现的，而随着企业大量使用非典型员工，典型员工的工作安全感和对企业的投入与承诺会不断降低。这种模式与卡松和伊西多尔森归纳的全边缘型多元雇佣在形态与功能上较为类似。

格里姆肖等（Grimshaw et al.，2001）指出在最近的几十年里随着非典型用工方式的大量使用，企业内部与外部劳动力之间的边界已经逐渐消失了。这种用工方式常常会加大企业不同类型员工之间的矛盾，使各种类型的员工都对企业缺乏忠诚感，典型员工的离职率也较高。乔治（George，2003）和布罗斯查克等（Broschak et al.，2006）的研究证明，随着企业使用非典型雇佣员工数量的提高，典型员工的工作安全感会不断降低，并且这种负面感知会导致典型员工产生消极的工作态度与工作行为。因此可以认为，短期雇佣体系主导的多元雇佣策略体现了企业整体雇佣策略向短期雇佣策略靠拢的过程，但最终是否会完全转变为短期雇佣策略是不确定的。短期雇佣体系主导的多元雇佣架构具有将企业的雇佣体系外部化的作用，而其中的替代型和竞争型则代表了两种不同的雇佣外部化方式。

在替代型架构的多元雇佣中，只存在着雇佣身份的下行转换机制，也就是说典型员工的数量与工作岗位会逐渐被非典型员工所占有，例如企业可以通过逆向派遣（将企业的典型员工转为劳务派遣员工）的方式来实现这一过程。

在竞争型架构的多元雇佣中存在着双向的雇佣身份转换机制，企业会通过某些管理措施变换员工的雇佣身份，使典型员工与非典型员工之间的雇佣身份转换可以双向进行，而企业内的员工为了获得更好的雇佣身份展开竞争。一方面，企业可以通过这种方式来促进内部员工的竞争水平；另一方面，在这一雇佣架构下典型员工感知到了因竞争所带来的雇佣不稳定性，其工作的安全感和归属感会降低。在该架构中，长期的雇佣体系被异化成了短期雇佣体系的一个特殊部分，成为一种以雇佣身份为层级的短期雇佣策略。

（四）综合型多元雇佣

综合型的多元雇佣是以均衡型的多元雇佣策略为核心和主导，并以雇佣身份较低的短期雇佣员工在外围层为保护和缓冲的多元雇佣形态。此时，企业雇佣员工的类型可以分为三种，即长期雇佣的典型员工、短期雇佣的知识型员工和短期雇佣的一般性员工。其中，层次较高的知识型非典型员工在雇佣身份和工作待遇上接近于典型员工，而层次较低的员工在雇佣身份和工作待遇上则会明显低于前两者。在对这种雇佣形态的雇佣身份转换机制和工作整合影响进行分析时，可以根据其不同部分的组合效果做出判断。

综合型多元雇佣的形态可以视为均衡型和其他四种形态的组合，所以被称为综合型的多元雇佣，这种多元雇佣的形态与之前学者们提出的多元雇佣策略模型比较接近，但这些学者并非是从多元雇佣的内部特征做出的分析，而是直观地对多元雇佣做出的构想与预测。虽然李派克和斯奈尔的人力资源构型比其他人更加细致，并具有更重要的理论价值，但同样由于这种构型并非来自多元雇佣的内部特征而缺乏实际的指导意义。

本书根据研究的需要对雇佣策略的内涵进行了重新界定，对雇佣策略的类型与形态进行了细致的区分，并说明了不同形态的雇佣策略所具有的特点，以此为之后的雇佣策略选择机制的研究提供基础。这些研究是在对既有的多元雇佣策略模型和相关研究的分析中得出的，之前的多元雇佣策略模式存在的问题在于关注员工分类的同时却忽视了对员工群体间关系的影响，我们根据多元雇佣内部结构分析出多元雇佣可能具有的各种形态，并且之前的学者们提出的多元雇佣模型也能包含在这些形态之中。

第四节　多元雇佣策略与企业中的人力资源多元化

多元雇佣策略的影响是本书重点探讨的问题之一，本节将从人力资源多元化的视角来分析多元雇佣策略的实施对企业员工群体的影响。多元雇佣策略的实施在员工群体中产生了多种不同类型的人力资源多元化，并且对企业和员工的影响机制存在着较大的差异，所以本书在这里予以分析，虽然难以从中直接提取出管理建议，但对于理解其影响和后续的分析具有较好的帮助。

一、人力资源多元化的含义与类型

多元化最基本的含义是指差异、不一样。一些学者在研究中使用差异性（differences）、异质性（heterogeneity）、相异性（dissimilarity）和分散性（dispersion）等词来表示与其相同的含义。人力资源多元化是多元化研究的一个重点，即探讨员工之间的差别所能产生的影响。员工之间的差别，即多元化来自很多方面，比如文化、性别、年龄、职业背景、教育水平等人口特征，社会经济和心理的特征都有可能成为多元化的来源。对于人力资源多元化我们需要了解三个问题：一是这些人力资源的差异是否非常容易分辨；二是这些不同的人力资源差异造成的影响是否相同；三是这些人力资源的差异会产生什么样的影响。

（一）人力资源多元化的层次

人力资源中的差异是容易辨别的，可以通过介绍人力资源多元化的分类来回答。学者们根据人力资源多元化测量的难易来进行了分类。其中，最简单的分类方式是浅层多元化（surface-level diversity）和深层多元化（deep-level diversity），前者包括年龄、性别、民族等传统的人口特征，后者包括个体的态度、信念、价值观等特征（Harrison et al.，1998）。另外一些学者则做出了更为细致的划分，他们保留了哈里森浅层多元化的划分，并进一步将深层多元化区分为中度深层多元化和高度深层多元化，前者主要体现为在能力、技能、资格条件和成就等方面的多元化，后者则包括价值观、信念、文化、认知和行为风格等。

人力资源多元化层次的划分，不仅仅代表了测量难易的程度，也在一定程度上代表了人力资源多元化作用机制的差异，这样对不同层面多元化的划分有利于我们从根本上理解人力资源多元化及其影响机制。浅层多元化所关注的是容易被测量到的外在特征差异，但这些表层差异带来的影响常常是不明确的，并且在很多时候是受情境影响的。国外的很多研究之所以主要使用浅层多元化的特征来进行研究不仅在于方便测量，而且这些浅层特征能够比较明显地体现出深层多元化的特征，如不同的种族所代表的价值观念和社会地位的差别，而这种代表性在中国则较低。一项研究发现在群体互动早期主要是浅层多元化起主导作用，而随着时间的推进深层多元化会逐步取代浅层多元化的主导地位，这实际上体现了深层多元化的潜在性和具有决定性影响这两方面的特点，所以分析人力资源多元化的真正影响需要依靠深层多元化的作用机理。

（二）深层人力资源多元化的影响机理

对于前面提到的第二个和第三个问题，可以通过对深层多元化进行分类分析，从而能够有效地分析不同类型的多元化对企业的影响。对于这一问题，哈里森和克莱因（2007）在总结前人研究成果的基础上，从不同的理论视角对深层多元化进行了划分（见表 4-4），并阐明了影响机理。

表 4-4　深层多元化分类

类型	含义	因素举例	结果	理论基础
差距（Separation）	反映意见和立场的差异	价值观、信念、态度等	造成了个体间的冲突、不信任，降低了凝聚力和绩效	社会认同理论 相似吸引理论 自我归类理论
类别（Variety）	反映不同类型的信息与认知资源	不同学科的知识与经验、特殊的信息来源、外部社会关系等	提升创造性、创新性、团体冲突和团体的柔性	信息进程 必要的多样性 认知进化模型
资源分布（Disparity）	反映有社会价值的资源在群体内的分布	收入、地位、社会权力	提高了团体内部的竞争程度，降低员工投入，退出行为	公平理论 正义、分层理论 锦标赛理论等

注：整理自 Harrison, D A & Klein, K J.What's the Difference? Diversity Constructs as Separation, Variety, or Disparity in Organizations[J]. The Academy of Management Review, 2007, 32(4): 1199–1228.

1. S（差距）型多元化

S 型多元化主要是社会认同理论和相似吸引理论，该类多元化是指观点、价值观等可以连续分布的特征上的多元化，个体在这些特征上的差距大小或高低形成了多元化的差异。这一层面的多元化来自群体中个体自身的价值观念差异。

2. V（类别）型多元化

V 型多元化主要是以信息进程和认知进化模型等作为理论基础，表示认知资源上的差别，主要包括知识、技能、职能背景、经验差异等，表现为类别性分布特征上的多元化。

3. D（资源分布）型多元化

D 型多元化主要是指权力、地位等具有社会性价值的资产或资源在不同个体分布上的多元化。这一层面多元化的特殊性在于其并不一定来自个体的特征，因为个体能够获得的资源可能来自自身的特征，如能力和性别，也有可能来自其他的制度性因素的影响，如户籍身份的差别。

哈里森对人力资源多元化理论的总结性研究具有深刻的意义，三种不同类型的深层多元化及其作用机理如下：S 型多元化表示不同的态度和立场造成的群体内部冲突，早期的多元化研究基本集中在这一部分，并认为组织应该追求其内部成员的一致性，而非多样性；V 型多元化表示在面对复杂任务或有创造性要求的工作时，多方面的知识和经验的重要作用，这种知识的多元性有利于提高组织的创新能力；D 型多元化表示群体内部资源的不均匀分布所产生的成员间的竞争、对不同意见的压制和退出等具有负面影响的行为，这部分代表了组织内部资源分配所产生的公平等方面的问题以及负面效应。

二、雇佣策略对人力资源多元化的影响

在雇佣方式多元化的格局中，企业内部的人力资源多元化与企业所选择的雇佣策略存在较密切的关系，长期雇佣可能产生的人力资源多元化较低，而短期雇佣与多元雇佣则在不同方面提高了企业内部的人力资源多元化程度。

（一）雇佣策略对 S 型多元化的影响

长期雇佣能够在一定程度上促进企业内部员工的同质化。因为企业内

部的员工经过长期磨合之后会产生一定的相似性，组织文化方面的研究认为员工经过组织社会化的影响，对于组织共同的价值观会有一个“服从—接受—内化”的过程，这个过程未必对每个员工都有相同的影响，但确实能够促进员工整体价值观念的一致性，这实际上降低了员工之间在价值理念方面的冲突，S 型的深层多元化也会因此被减少。此外，与非典型员工相比，典型员工在企业内部经历了更加严格的筛选，因而他们更有可能与组织的价值观一致。

所以，在筛选和融合的过程中典型员工群体的多元化水平在降低，而短期雇佣策略与多元雇佣策略中的非典型员工则更可能保持原有的人力资源多元化水平，甚至有时非典型员工群体内部的差异不会小于典型员工与非典型员工两类群体间的差异。S 型多元化会造成群体内部的对立和冲突，而这种人力资源多元化的负面影响会随着企业从长期雇佣策略转为其他类型的雇佣策略而逐步扩大。

此外，在多元雇佣策略中，S 型多元化带来的负面影响的强度可通过企业的雇佣策略来调节，如果企业的目的在于使用非典型雇佣方式来替代典型员工，会造成更大程度的典型员工与非典型员工之间的对立，同时也会引发典型员工对企业和管理者的不满，其在组织承诺和工作满意度上都会有较大程度的下降。而如果非典型雇佣方式的使用只是一种短期的人员补充，两种群体之间的对立关系则会缓和得多。

（二）对 V 型多元化的影响

类似的情况也出现在 V 型多元化上，拥有不同知识的员工在长期的互动中，可以从更深层次达到对整体知识的理解，能够有效地提高知识整合的深度，同时由于长期雇佣限制了员工的流动，限制了企业内部知识类别的数量，所以企业内部的知识丰富程度和知识整合范围也都被降低了。根据前面的介绍可以知道，V 型多元化所代表的认知资源的多元化有助于提升群体的创造力和解决复杂问题的能力。虽然 V 型多元化也可能产生冲突，但这种冲突并非来自态度与立场，而是由个体的认知差异造成的良性冲突。对这种多元化的有效管理可以起到提高群体和企业特定绩效的作用。

很多企业会通过管理手段和短期雇佣方式来提高企业或团队内部的认知资源的多元化程度。但需要说明的是，这种多元化对企业的重要性取决于任务要求，对于简单的常规性任务，这种认知的多元化并没有特别重要的意义。

（三）对D型多元化的影响

D型多元化常常涉及资源分配的公平性，这实际上带来了更大的复杂性，在单纯的短期雇佣和长期雇佣中，企业的人力资源管理体系是比较单一的，所以资源分配的不公平仅是单一系统内的不公平；而在多元雇佣策略中，多种雇佣方式在企业内的混合使用会在企业内部造成员工的身份分化。这种基于雇佣方式而产生的身份主要来自两个方面：第一，这种身份和待遇的差别来自企业的管理政策，企业常常会根据员工的情况实行差别管理和待遇，如企业常常雇佣低层次的短期员工从事一些其他员工不愿意接受的工作，或从事相同工作但对非典型员工支付较低的薪酬。在大多数的多元雇佣中，不同雇佣类型的员工的回报和获得的企业资源是存在明显差距的。第二，这种差异来自员工自身具有的社会资源，典型员工在用人企业工作时间长，比非典型员工拥有较高的资历和较多的个人社会资本，这意味着两类员工在企业能够得到的同事或上级的支持也是存在差异的。

所以，在多元雇佣策略中D型多元化的影响水平是被提高的。如果这种身份的差别过大，会带来企业员工的负面行为和态度，进而影响了企业员工群体之间的关系，雇佣歧视就是其中一个负面产物。有研究人员在研究韩国的典型员工对合同工的雇佣歧视问题时提到，核心和边缘员工在企业内具有身份上的差别，并且这种差别在日本和英美企业中也常常存在。

三、总结

根据对人力资源多元化与雇佣策略关系的分析，我们可以发现不同的雇佣策略所产生的人力资源多元化是不同的。长期雇佣策略带来了员工在价值观和知识上的同质性，而在资源分配的多元化方面则取决于内部管理系统的设定，是人力资源多元化水平最低的雇佣策略。多元雇佣策略增加了员工之间的价值管理的差别，这种差别不仅体现在典型员工与非典型员工之间，也体现在非典型员工群体内部，并且很可能产生典型员工与非典型员工之间的资源分配的制度性差异。短期雇佣则基本上是处于二者之间。

在S型多元化中，短期雇佣策略所产生的价值观念的多元化类型也许更加多样，但是内部差异的对立程度要低于多元雇佣策略，即在S型多元化程度上是低于多元雇佣的。在资源分配上，短期雇佣策略的差异同长期雇佣策略相同，也属于制度内的个体差别，也要低于多元雇佣策略，长期雇佣与短期雇佣之间的差别需要根据所处系统来进行比较。在知识的多元化程度上，企业可以通过非典型雇佣来吸收外部的新知识，从而提高员工的知识多元化程度，可以认为长期雇佣在 V 型多元化上的程度要低于其他二者。

雇佣策略所产生的人力资源多元化对企业运行的影响是多方面的，既有可能提高企业员工群体内部潜在的负面冲突水平（S 型和 D 型多元化），也有可能带来知识的争论与融合（V 型多元化）。而这些情况在企业中都有可能出现，甚至是同时出现，虽然后面的分析对于人力资源多元化理论的借鉴相对较少，但它提供的分析视角可以使我们更全面地理解雇佣策略变化所产生的多重影响。

第五章 企业调整雇佣策略的内在动力——雇佣动因分析

第一节 雇佣策略研究起点的选择

一、研究思路的转换

20 世纪 70 年代后，随着经济全球化和新技术革命的兴起，在很多发达国家非典型雇佣方式被广泛使用。企业雇佣策略的调整引起了学者们的关注，很多学者开始了对这一问题的研究。已有的研究成果可以分为三类：第一类，主要针对雇佣策略本身，这些研究针对企业的需要提出了在多元雇佣下的企业雇佣策略模型；第二类，学者主要从组织行为学的角度入手，分析企业选择不同的雇佣方式或策略对员工的个人与家庭生活、工作态度和工作行为等方面所产生的综合影响；第三类，是对企业选择雇佣策略的动因进行的研究，但这方面的研究数量极少，并且也缺乏一定的系统性。总体而言，该领域的研究集中在雇佣策略本身和雇佣策略产生的结果上，但对于雇佣策略的前因——也就是企业选择雇佣策略的动机和依据鲜有探讨。

这一研究现状表明了：当前的研究对于企业为什么开始大量使用非典型雇佣方式，为什么调整雇佣策略缺乏足够深入的探讨。之前的学者可能认为企业调整雇佣策略的原因并不值得进一步研究。我们不同意这样的观点，我们认为对雇佣策略的分析必须要结合企业的雇佣动机来进行，也就是考察企业采用某种策略的动因是什么，并从动因来分析企业选择雇佣策略的机制。之前的研究低估了动因在雇佣策略中起到的差异化作用，有时结构相似的雇佣策略会在企业中发挥着不同的功能。从动因出发才能更好地分辨出与企业环境适应性和竞争优势密切相关的雇佣策略，才能更好地了解企业调整雇佣策略的目的、动力和机制，这种要求在多元雇佣策略中更为明显。同时，新型的雇佣策略有其自身适用范围，只有了解了企业的动因，才能更好地为企业选择合适的雇佣策略。

因此，有必要转换研究的视角，不是从雇佣策略，而是从雇佣动因开始展开研究，以此来分析企业在特定的动因中如何选择雇佣策略，之后再分析雇佣策略实现的整体效果，从“雇佣动因—雇佣策略—策略效果”这一路径来完成对企业雇佣策略的整体性分析，实现研究视角的转换。所以本书将从企业的雇佣动因着手来构建企业雇佣策略的选择机制，而本章的任务就是对雇佣动因进行整理和分析。

二、企业调整雇佣策略的内在动因

在雇佣格局的整体变迁下，一些学者开始探讨：为什么企业在雇佣策略的调整中开始大量使用非典型雇佣方式？引起这一变化的企业的雇佣动因是什么？对于这一问题有研究者认为，通过调查的方式将企业采用非典型雇佣方式的原因总结为降低成本、提高人力资源柔性和规避限制，如表5-1 所示。后来的一些研究表明吸收企业外部知识，即知识整合也是企业使用短期雇佣方式的重要原因。毛图希克和希尔（Matusik & Hill，1998）提出非典型雇佣方式的使用可以降低成本，提高人力资源柔性以适应变化的环境，并且企业可以通过非典型雇佣方式来获取急需的知识技能，并鼓励典型员工学习和掌握这些技能，实现技能向企业内转移。

与此类似的是，其他一些学者通过研究也认为，雇主通过大量使用非典型员工来提高资源柔性、创新、削减劳动力成本和行政管理的复杂性（Brewster et al.，1997；Burgess & Connell，2006；Kalleberg et al.，2003）。国内学者赵斌（2007）基于对企业的调查统计，将我国企业灵活雇佣智力型人员的主要动因归纳为：获取企业没有的或更专业的技术、产品、服务或品牌；规避与员工的法律纠纷；适应工作任务不均衡而带来的对人员需求的波动；企业之间人力资源的整合与互补。

表 5-1　企业使用非典型雇佣的基本原因

原因	方　式
降低成本	减少人工成本（如工资与福利），降低行政管理成本
	节省培训费用，刺激典型员工来提高生产效率，节约其他方面的经费
提高人力资源柔性	能够提高劳动力群体中的柔性，能够为专业要求高的工作提供技能柔性
	为了应对环境的波动，能够解决典型员工的缺席引起的人员不足
	能够完成典型员工不能或不愿完成的工作，使用非典型员工来完成边缘化的工作
规避限制	避免工会的影响，避免劳动法规的规制，避免以后解雇富余的员工
	避免对典型员工的许诺，避免财务预算的制约，避免员工产生工资不平等的感知

注：笔者整理自 Von Hippel C, Mangum S L, Greenberger D B, et al. Temporary employment: Can organizations and employees both win?[J]. The Academy of Management Executive (1993—2005), 1997, 11(1): 93-104.

通过对这些研究的总结，可以将企业大量使用非典型雇佣方式的雇佣动因归纳为降低人工成本、提高人力资源柔性、获取与整合外部知识和规避限制，笔者将专门对有关这些雇佣动因的研究进行总结，并在最后探讨如何构建基于雇佣动因的雇佣策略选择机制。

第二节　雇佣动因：企业调整雇佣策略的基础

已有的研究主要对人力资源柔性、降低成本和知识整合这三个方面的动因进行了分析，而制度规制方面的研究相对较少。本节将主要对这四种动因下的雇佣策略研究进行梳理。

一、以人力资源柔性为动因的雇佣策略研究

经济全球化和信息技术的发展从制度和技术两个方面改变了企业的运行环境，使企业面临着不断提高的环境动态性，这是当前企业调整雇佣策略来发展人力资源柔性的重要原因。

（一）人力资源柔性概述

人力资源柔性是组织柔性的一个组成部分，是指在环境变化的情况下组织对雇员的“质”与“量”进行调整的能力（Gouswaard et al.，2001；Peiro et al.，2002）。

学者们从自己的研究出发提出了不同的人力资源柔性分类方式：数量柔性与功能柔性（Atkinson，1984）、协调柔性与资源柔性（Sanchez，1995）、动态柔性与静态柔性（Deyo，1997）、内部柔性与外部柔性（Cappelli & Neumark，2004）等。其中，阿特金森的划分方式被使用得最为广泛：数量柔性（Numerical Flexibility）是指企业对劳动力投入量与输出量的适应和调整能力；功能柔性（Functional Flexibility）是指企业发展员工的工作能力，即让员工具有多样技能并运用于更广泛的工作任务之中。

（二）实现企业人力资源柔性的雇佣策略

对于企业如何更好地运用雇佣策略来提高人力资源柔性，学者们提出了三种思路：第一种是通过对典型员工的长期雇佣来建立高绩效工作系统，并以此来发展组织的功能柔性，这种雇佣策略将注意力都集中在了典型员工这一群体；第二种是通过雇佣外部化的方式发展数量柔性以降低成本和应对环境的波动，对数量柔性的研究一般都忽视了使用非典型雇佣方式对典型员工的影响；第三种是企业同时发展两种柔性（Matusik & Hill，1998；Quinn，1992）。

很多学者建议企业同时发展两种柔性，既有的多元雇佣策略模型都体现出了这一观点。这些研究认为企业采用差异化的雇佣方式应对不同类型的员工，并在长期雇佣的核心中发展功能柔性，在短期雇佣的员工中使用数量柔性，以此来同时获取两种柔性。但同时实现两种柔性的人力资源管理战略并不成功，因为管理者对临时工的使用加大了典型与非典型员工之间的紧张与冲突（Geary，1992）。此外，阿克罗伊德（Ackroyd，2002）认为阿特金森的观点太过强调柔性而忽略了技术在非典型雇佣中的作用，阿克罗伊德提出了另外两种柔性雇佣模式：高监控（the high-surveillance firm）和新柔性企业（the new flexible firm）。前者类似于日本企业的柔性生产方式，后者则提倡技术高超并能自我监管的团队工作方式，这两种方式都不需要核心员工具有多样化的技能。此外，路易斯（Lewis，2000）认为“质”的柔性不适宜于低成本战略，因为能够产生柔性的资源和过程增加的多样性也许会导致较高的成本。

总体而言，企业如何发展这两种柔性与其所面临的具体情况有关，并不存在唯一的最佳柔性，而从目前的研究来看，对于不同类型的人力资源柔性的使用范围的探讨还没有得出比较一致的结论。

（三）人力资源柔性对企业绩效影响的实证研究

关于人力资源柔性对企业绩效的影响，大部分研究者都是从理论的角度进行阐述的，实证研究相对较少，一些学者通过定量研究的方式探讨了在动态环境中人力资源柔性对企业绩效，尤其是创新绩效的影响机制。贝尔特兰-马丁内斯等（Beltrán-Martínez et al.，2008）的研究表明人力资源柔性在高绩效工作系统和企业绩效之间起着中介的作用，马丁内斯使用的人力资源柔性在概念和测量上更加侧重于柔性的“质”的方面，这说明以长期雇佣为基础的高绩效工作系统是培育人力资源“质”的柔性的关键，并且该类型的柔性是高绩效工作系统提高企业绩效的核心机制。但企业对人力资源柔性的需要是为了应对环境的动态变化，而该研究缺乏对这一方面的考察。

马丁内斯-桑切斯等（Martínez-Sánchez et al.，2009，2011）探讨了人力资源柔性与创新绩效之间的关系，他们认为：人力资源的功能柔性和内部的数量柔性会提高企业的创新绩效，外部的数量柔性和外包则会降低企业的创新绩效。这一研究明确了内部的人力资源柔性与外部人力资源柔性在影响机制上的差异。之后，马丁内斯-桑切斯等人的研究进一步发现研究部门与咨询公司的合作可以增加企业吸收外部知识的能力，进而起到促进创新绩效的作用，吸收外部的知识型员工可以更好地提高企业的创新能力。该研究的不足之处是环境的动态性对这一创新机制的调节作用没有得到验证，我们认为这可能是由于该研究中应选择测量与创新绩效和知识吸收关系更加明确的环境技术变化的动态性，而非整体的环境动态性。

这几项研究的共同点在于它们探讨了动态环境中的人力资源柔性与创新绩效的关系，所探讨的内容实际上属于人力资源柔性动因和知识整合动因的交叉部分。这些研究共同不足在于：第一，对于环境动态性的设定不够准确，与创新绩效直接相关的环境动态性主要是知识与技术的更新和变化；第二，对于企业创新绩效的设定可以根据马奇的标准，将创新绩效划分为探索式创新和开发式创新，从而进行更加细致的研究。此外，需要了解的是，人力资源柔性是一个较为复杂的概念，尤其是数量柔性，它有可能指代企业不同方面的多种需求。

二、以降低成本为动因的雇佣策略研究

当面临成本竞争的压力时，很多企业在雇佣策略中大量使用非典型雇佣方式以实现降低人工成本的目的（Davis-Blake & Uzzi，1993；Kalleberg et al.，2000），这是因为大部分非典型员工的工资和使用成本都要低于典型员工。学者们发现，非典型员工在薪酬和工作待遇方面很多时候要低于典型员工（Vincent & Grugulis，2009），典型员工的人工成本和解雇的难度要远远高于非典型员工，这就使很多面临成本竞争压力的企业开始大量使用非典型雇佣方式。

但使用非典型雇佣方式所节约的成本大多体现在直接成本上，而其他一些学者注意到非典型雇佣方式的使用也会带来一些潜在的负面效应。徐淑英等（Tsui et al.，1997）的实证研究发现，非典型雇佣方式可能会给企业带来其他方面的隐性成本。同时，艾伦（Allan，2000）认为很多企业通过非典型雇佣方式降低直接人工成本，但是他们常常忽视了使用非典型雇佣方式所带来的隐性成本及其对工作关系产生的负面影响，以节约成本为目的多元雇佣策略对典型员工的雇佣安全、组织支持感、承诺和忠诚都会产生负面影响（Bishop et al.，2002；Davis-Blake et al.，2003）。所以，企业在雇佣外部化的过程中需要考虑到这种雇佣方式所产生的潜在成本，因为非典型雇佣方式的使用常常会对员工的工作态度与行为产生负面的影响（George，2003）。

关于非典型雇佣的成本问题，交易成本理论提出了不同的观点：行为的不确定性也会影响不同雇佣方式所产生的成本，行为的不确定性主要来自个体的机会主义和交易方的战略行为，它会增加雇佣合同中不可预见的问题，从而全面增加交易成本（Kulkarni，2005）。所以，企业会通过内部化的长期雇佣来减少行为不确定性所产生的交易成本（Sutcliffe & Zaheer，1998）。

对于长期雇佣能够减少员工行为的不确定性和降低企业的交易成本的观点还存在争议。克莱因通过对通用汽车费雪车身公司的案例研究发现，企业间的长期合同存在因机会主义而产生的交易成本，虽然长期合同在某

些方面降低了交易成本，但合同的刚性有可能带来其他方面的交易成本，所以“像科斯那样断定长期合约和缔约方声誉通常可以在市场上‘有效制止机会主义行为’是一种误导”，这种情况也有可能会存在于企业与员工之间的雇佣合同上，不同雇佣方式之间的交易成本实际上有着更大的复杂性。

总之，使用短期的非典型雇佣方式虽然在直接成本上有着明显的节约作用，但其带来的综合成本变化尚不明确。

三、以知识整合为动因的雇佣策略研究

在新技术革命兴起之后，很多高科技行业面临着知识与技术的快速变化，从而对创新的速度有了更高的要求，这些行业中的企业常常会出于吸收外部知识并进行知识整合的目的采用非典型雇佣方式来雇佣一部分知识员工。所以，很多基于这一动因的研究认为，处于动态环境中的企业在核心价值领域使用非典型雇佣对其创新有积极作用，从这一视角提出的观点主要包括：毛图希克和希尔认为企业可以通过雇佣非典型员工来吸收组织外部的公共知识，并通过他们与核心员工的互动来创造知识，但与此同时企业也会面临核心知识流失的风险。之后的一些相关研究认为环境的动态变化，尤其是技术的变化速度是决定是否在知识员工雇佣策略中加入非典型雇佣方式的重要因素。在静态环境中，知识的保护比发展新的知识更为重要，此时应该避免在核心价值领域使用非典型雇佣方式，防止知识外泄；而在技术快速变化的环境中，企业通过自身的力量开发新知识常常会降低企业的绩效（Poppo & Zenger，1998），同时内部化的雇佣方式常常会提高企业知识资产的专业性，稳定的员工队伍中同质性的文化与知识特性也会为企业学习新知识带来了额外的成本，所以处于这种环境中的企业应该在核心价值创造领域使用非典型雇佣方式来吸收外部的知识与创意（Nesheim，2003），并让这些员工与企业的核心员工共同工作来促进企业内部的创新（Helper et al.，2000），这种安排可以提高企业核心知识创造的潜力。

从这些已有的研究中可以发现，知识整合动因是企业使用非典型雇佣方式的重要目的，但在企业的核心领域雇佣非典型知识员工很可能会带来企业知识泄露的问题，是否选择这种雇佣安排的关键在于环境的动态性尤其是知识技术的更新速度。

四、以规避制度限制为动因的雇佣策略研究

企业使用非典型雇佣方式的另一个目的在于规避制度性的用工限制。这种用工的限制既有可能来自外部的法律法规或其他机构的约束，也可能来自企业内部的制度惯例或人员编制和预算经费的限制。西方发达国家常常有较为完备的劳动保护法律和强大的工会组织，他们会对企业的用工，尤其是其对典型员工的雇佣与管理设置较多的限制，所以发达国家中的很多企业通过非典型雇佣方式来规避劳动法律的限制。

工会一般是由典型员工组成，非典型员工的工会参与率相比典型员工较低，所以非典型雇佣的员工常常不是工会的主要保护对象，企业可以通过使用这类人员来避免工会在用工问题上的干涉，这种情况在日美等国都可以发现。这些制度性限制因素使企业对违背制度的影响有所顾虑，即组织的社会合法性的丧失，所以企业必须要调整其雇佣策略来避免这种情况的出现，解决的办法通常就是使用非典型雇佣员工。制度性限制因素可以视作企业为了能够继续维持其合法性而产生的人力资源柔性需求，只不过这种需求不是由环境波动而产生的对人员的短期派生需求，而是来自制度环境中的规制与用人需求的矛盾（与需求是长期的还是短期的无关）。

这种情况也出现在了中国的国有企业之中，从劳务派遣在中国的发展就可以发现。中国的劳务派遣在 2008 年《劳动合同法》出台之后有了进一步的发展，这实际上是企业在劳动用工方面对劳动法律的规避。在私营企业中劳务派遣员工的使用成本与其他类型的员工相比差别不是很大，能够节约的人工成本并不是很多，私营企业使用劳务派遣更多的是为了人员招募的便利等方面的原因。而国有企业则不同，它们会给予劳务派遣员工以市场中等水平的工资，主要是通过劳务派遣的方式来替代之前的临时工的用工方式，以此来规避新《劳动合同法》中对无固定期限合同的要求与自身的人员编制限制之间的冲突，这种变化是管理体制限制与外部法律要求冲突的缓解方式。

第三节　构建基于动因的雇佣策略选择机制

从对这些已有研究的回顾中发现，虽然当前已经有了较多的雇佣策略的研究，但这些研究的解释力还存在一些问题：之前的大部分研究都将注意力集中在了雇佣策略本身及其实施后产生的影响，对影响企业调整雇佣策略的环境因素缺乏深入的考察。当环境变化时，企业会产生调整雇佣策略的动因，而后根据动因来选择雇佣策略，以此来提高自身的竞争优势和对环境的适应性，这些对雇佣策略的选择与调整具有重要的意义，但在实际的研究中却少有涉及，且缺乏整体性的思考。基于这些情况，本研究构建了基于雇佣动因的企业雇佣策略选择机制，如图 5-1 所示。

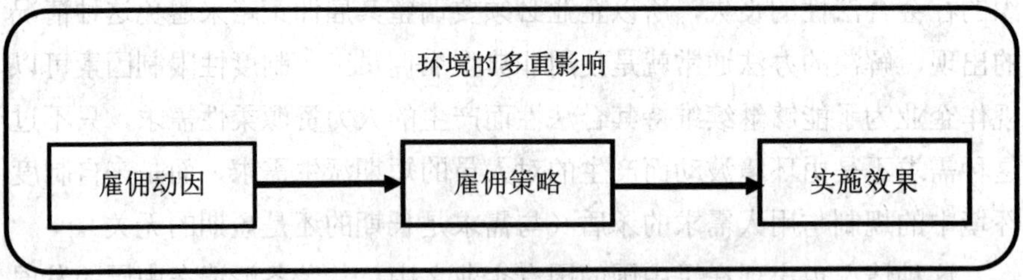

图 5-1　企业雇佣策略的选择机制

图 5-1 中的研究模型代表了本书关于企业雇佣策略选择的研究思路：本书在第四章探讨了雇佣策略的含义、特征与类型；在本章和第六、第七章主要研究环境的变迁和雇佣动因对企业雇佣策略选择的影响，即“雇佣动因—雇佣策略”的研究；在第八章重点研究雇佣策略的复合实施效果，即“雇佣策略—实施效果”的研究。本书认为，在雇佣策略的选择机制中，环境与雇佣动因的关系主要体现在以下两个方面。

一、环境与雇佣动因的内在联系

对于雇佣策略而言，根据第二章对雇佣方式多元化的国际比较分析可以发现，随着经济全球化和新技术革命等因素的影响，各国在面对这些新的形势时都放松了非典型雇佣方式的使用限制，使企业在雇佣策略的选择与调整上具有了更大的灵活性。此外，环境中某些制度性因素的调整也有可能会对企业选择的雇佣策略产生限制性的作用。

对于雇佣动因而言，环境的变化对企业提出了新的要求，使企业必须进行自身调整来提高对环境的适应性，适应环境的变化是企业调整雇佣策略的一个重要的动因，所以对雇佣动因的分析，尤其是与企业战略有关的雇佣动因分析应该更多地加入对环境影响的深入考察。在这里需要注意的是要对环境影响的多重性进行思考。环境所发生的变化常常是多方面的，这些不同方面的影响会对企业的适应性提出不同的要求，即企业有时会同时面临不同类型的雇佣动因的共同要求。

二、企业整体雇佣动因的层次性与复合性

本书在前面对企业调整雇佣策略的四项雇佣动因进行了分类分析，需要注意两方面的问题：第一，雇佣动因的层次性。这些动因有些是属于战略性的，而有些则属于战术性的，其重要性和所属层次存在着较大的差别。第二，雇佣动因的复合性。企业有时会面临多种雇佣动因的复合性影响，那么这些不同类型的雇佣动因的组合方式是什么。在通过雇佣动因来分析企业选择雇佣策略的机制时，不能回避这两个问题。基于此，本书根据对已有研究的总结将雇佣动因的层次与复合形态以及相关的环境因素在表5-2 中进行了列举。在表 5-2 中，企业面临着两种类型的环境压力，即制度环境和任务环境。企业为了适应制度变迁，追求制度合法性而产生的雇佣动因属于制度合法性动因；而为了追求企业的效率而产生的雇佣动因属于任务环境动因，其中会根据雇佣动因与竞争优势的关系将其细分为战略和战术两个层面。表 5-2 有四点需要进行说明：

第一，区分雇佣动因是属于核心（或战略）层面还是非核心层（或非战略层）的关键在于企业根据这项动因所要发展出的能力和环境适应性是否符合竞争优势的 RVIO 标准，即稀缺的（rarity）、有价值的（value）、难以模仿的（inimitability）和由组织开发的（organization）。知识整合的雇佣动因可以帮助知识密集型的企业通过知识的积累和创新来构建自身独特的竞争优势，属于核心层；通过雇佣非典型员工来降低成本的方式是一种企业通过市场外部雇佣的行为，并不能为企业带来独有的优势，属于边缘层的雇佣动因；人力资源柔性这一雇佣动因具有一定的特殊性，它既可以是指企业适应环境动态变化所具有的战略性能力，也可以是指企业为了应对

短期内的环境波动所需要的临时功能，而属于何种层面与人力资源柔性的实现方式有很大的关系，所以它可以同时放在战略与战术两个层面之内。

表 5–2 雇佣动因的层次与复合类型①

雇佣动因的层次	单项雇佣动因	复合雇佣动因	相关的环境因素
核心（或战略）层面	知识整合；人力资源柔性	知识整合+人力资源柔性	环境的动态性
边缘层面	降低成本；人力资源柔性	降低成本+人力资源柔性	环境波动与成本压力
制度合法性层面	规避制度限制	——	制度环境的变迁

第二，知识整合动因与降低成本动因难以作用于同一群体。原因在于：首先，这两项动因针对的是不同类型的非典型员工，知识整合动因用于一些知识型员工，而降低成本动因则用于替代性较强的低技能员工，而本书提到的复合型雇佣动因是多种雇佣动因作用于同一员工群体时企业所选择的雇佣策略；其次，人力资源柔性需要的是用对员工的高度投入换取更好的企业效率和环境适应性，与降低人工成本的动机在关注点和运行方式上有内在的差异，路易斯（Lewis，2000）认为“质”的柔性不适于低成本战略，因为能够产生柔性的资源和过程增加的多样性也许会导致较高的成本。所以，虽然柔性与成本效率并非是对立的两级，但在统一雇佣层面或相同员工群体中难以实现这两项动因的有效组合。

第三，规避制度限制的雇佣动因可以视作企业出于制度约束而产生的一种特殊的人力资源柔性需求。这种柔性与环境是否存在波动没有直接的关系，其根源主要来自企业所面临的内外部制度环境对用工的制度性约束。这种特殊性决定了它与其他的雇佣动因之间缺乏明显的交集，所以没有列出与之相关的动因组合。

第四，本书根据雇佣动机性质将其划分为三个不同的层面，针对不同的性质和管理对象探讨企业的雇佣策略选择机制。但企业的管理实践活动

① 因为核心层面的员工雇佣动因对企业具有战略性的意义，所以核心层的雇佣也称之为战略层面，考察核心层与边缘层的关键在于其对企业是否具有战略性的意义。同时，战略层面对应的环境动态性与边缘层面对应的环境变动有着不同的意义，前者指的是环境的整体性动态变化程度，后者仅指短期性的市场波动带来的变化，是前者的一个部分，因而二者对人力资源柔性的要求存在较大的区别。

是复杂多样的，当企业出于不同性质的雇佣动因而对不同类型的员工分别选择雇佣策略时，会使企业的雇佣动因和雇佣策略变得更加难以区分。李派克和斯奈尔的人力资源构型实际上就将企业的核心层和边缘层的雇佣策略混在了一起，没有明确区分其雇佣动因在选择雇佣策略上的差别。

已有的雇佣策略研究模型的优点在于认识到了不同层面雇佣策略的变化，并将它们结合在一个模型之中，而缺点在于没有有效地分析不同部分的内在逻辑，进而导致了理论分析中的困境。所以，本书在这里先对雇佣动因的层面进行分类分析，之后探讨了根据不同层面的雇佣动因如何选择雇佣策略，最后将这两部分的研究整合起来形成组织整体的雇佣策略。

第六章　企业核心层的雇佣策略选择

在完成了对雇佣动因的分析和归类之后，本书将在第六章和第七章分别阐述基于特定层面动因的雇佣策略选择机制。第六章阐述企业核心层的雇佣策略选择，第七章阐述企业非核心层的雇佣策略选择，并在最后将这两部分内容进行整合，分析企业整体的雇佣策略形态。

本章将从环境与战略的关系入手，通过分析环境动态性两方面的特征与人力资源柔性和知识整合这两种雇佣动因的关系，研究在不同的动态环境中企业雇佣动因的特点和雇佣策略的选择。

第一节　动态环境与企业的战略性雇佣策略选择

一、动态环境中的企业战略性雇佣动因

从20世纪70年代开始，企业组织所面临的环境呈现出越来越高的动态性。环境动态性的变化主要来源于两方面：

第一，许多行业中知识的更新与扩散速度不断加快，这一变化使企业吸收外部知识并进行快速创新的能力变得越来越重要，这对企业管理知识员工的方式产生了重要的影响。很多研究已经发现，环境的动态变化对企业知识管理和人力资源管理提出了新的要求。

第二，随着信息技术的发展和经济全球化的深入，当今的企业面临着比过去更大的市场波动，这要求企业提高自身的柔性，尤其是人力资源柔性来适应这一变化。面对环境动态性的不断提高，很多企业开始调整自身的人力资源管理政策，尤其是雇佣策略，以提高自身的环境适应性。

在这一过程中，企业需要从战略的角度来思考如何通过调整雇佣策略来提高企业在知识管理和人力资源柔性方面的能力，以便在动态环境中保

持企业的竞争优势和对环境的适应性。根据第五章的分析，我们在这里主要从人力资源柔性和知识整合这两个核心层的雇佣动因来探讨企业的雇佣策略选择。

从对文献的梳理中可以发现，学者们已经做出了较多的关于知识整合和人力资源柔性视角的雇佣策略研究，并且这两种视角下的雇佣策略研究都提到了环境动态性对企业选择雇佣策略的影响。在深入研究之后，我们发现这两种视角提到的环境动态性在内涵上存在着很大的不同，前者针对的是知识的变迁，而后者指的是市场环境的波动。已有研究对于这两种不同类型的环境动态性影响缺乏明确的辨析和整合式的思考：一方面，很多研究没有明确不同性质的环境动态变化对企业选择雇佣策略的差别性影响；另一方面，对于不同类型的环境动态性共同作用于企业时的雇佣策略选择机制没有进行深入的探讨。两种不同类型的环境动态性对企业提出了不同的适应要求，二者在企业雇佣策略的选择机制上也存在着本质差别。

二、战略性雇佣策略的选择思路

根据战略管理理论，企业的竞争优势是在对环境的主动适应过程中建立起来的，企业需要通过有效的管理措施来发展出与其所处的环境相适应的核心能力。对于如何有效地制定雇佣策略来提高企业的竞争优势，应从企业所处的环境以及适应该环境所需要的能力来进行分析。我们在这一部分所面临的问题是，企业需要适应的环境动态性可能是多重的，即企业需要同时适应动态环境不同方面的要求。为了有效地对这一问题展开分析，本书基于已有的研究，将影响企业选择雇佣策略的环境动态性主要分为以下两个维度：第一，将知识的扩散速度作为分析环境动态性的第一个维度，它代表着新技术或企业的核心知识在整个行业中的传播速度，它是影响企业知识管理重心的关键因素（博伊索特，2005；Nesheim，2003）；第二，将由市场环境波动造成企业工作任务在数量和性质上的变化作为第二个维度，我们称为竞争环境的波动性，它的波动程度会对企业的人力资源柔性提出要求。

这样的划分是由于不同类型的环境动态性对企业雇佣动因的影响是不同的，这也意味着对雇佣策略的影响机制是不同的，同时这样的划分也有利于我们有效地研究当出现复合型的雇佣动因时企业如何选择雇佣策略。所以，本书在这一章的研究思路是通过分析环境动态特征、战略性雇佣动因、雇佣策略三者之间的匹配关系来探讨雇佣策略在这一层面的选择机制。具体的研究思路如下：

首先，将环境动态性的影响分成两种不同的类型，即知识的扩散速度和竞争环境中的波动性，并探讨这两方面的环境动态特征对企业雇佣管理措施的影响。

其次，将环境动态性的两个维度结合起来进行构型分析，探讨不同动态环境区域的特点，以及处在该区域中的企业所面临的人力资源柔性和知识管理的特定要求，并以此作为分析与该环境适配的雇佣策略的基础。

第二节　环境动态性与企业的战略性雇佣动因的构型分析

如前所述，本节将分别探讨环境中不同性质的动态性因素对企业的影响，这主要体现在知识管理和人力资源柔性两个部分，然后通过构型的方式分析这些动态性因素复合作用时对企业的综合影响。

一、知识扩散速度与企业知识管理的关系

环境的动态变化，尤其是行业中知识的扩散速度会在很大程度影响企业的知识管理活动。知识扩散速度对企业知识管理的影响主要表现在两个方面：第一，企业核心知识在整个行业中的扩散速度决定了企业能够维持已有竞争优势的时间；第二，知识扩散速度决定了行业中的知识主要集中于行业的公共领域还是企业内部。因为企业的核心知识是企业竞争优势的重要来源，而这些知识的扩散则意味着企业竞争能力的消解，当企业独有的核心知识扩散到行业中的大多数企业时，这些知识就成为行业中的共有知识，企业依靠这些知识建立的竞争优势也就不复存在，所以知识的扩散速度决定了企业应当采取什么样的知识管理范式来维持自身的竞争优势。博伊索特（2005）据此将企业的知识管理分为积累与共享两种类型。

1. 积累型知识管理

积累型知识管理适用于知识扩散速度较慢的环境。知识的缓慢流动使

企业能够长期保有核心知识，企业可以通过对某一领域的知识进行长期深入地开发与积累来培育自身的竞争优势，并对这些知识进行保密来降低向企业外扩散的进程，使企业能在尽可能长的时间内利用这些累积的知识资产获取垄断收益。在这种环境中，企业是知识的主要创造者，并且行业中的知识也由于较低的扩散性而主要保留在企业内部，企业中已经形成的知识资产成为长期竞争优势的主要来源，而企业之间的竞争也主要表现为知识资产长期积累的存量比较。对处于该环境下的企业而言，对核心知识进行长期的深入开发和保持知识的专有与垄断是发展其竞争优势的关键。

2. 共享型知识管理

在知识快速扩散的环境中，知识的积累战略是无法实现的。虽然处于该环境中的企业依然能够成为知识的主要创造者，但知识的快速扩散会使企业的知识迅速地传播到整个行业中，企业难以通过长期保有其核心知识来维持竞争优势，获得垄断收益的时限被大幅缩短，难以再进行长期深入的知识开发。同时，由于企业的知识会快速扩散到外部，行业中的新知识会大量地集中在企业外部的公共领域，企业需要具有快速获取外部知识的能力来吸收和利用这些新知识。所以处在这种环境中的企业需要新的知识管理范式，即共享型知识管理。这种范式强调企业应通过快速吸收外部的新知识来提高知识创新速度，要求企业具备吸收与整合外部知识的能力，并通过快速的创新来持续更新企业的竞争优势。

根据博伊索特的观点，知识的扩散速度与知识的自然属性有很大的关系，不同性质的知识在扩散速度上存在明显差异，所以可以根据行业中知识的主要类型来判断该环境中知识的扩散速度。本书在表 6-1 中列举了四种目前较被认同的知识分类方式，并分析了不同类别的知识在扩散上的差异。戈莱特和贝雷（Gloet & Berrell，2003）在研究了知识的性质和企业知识管理活动的关系后，认为不同的知识管理范式需要对应不同的人力资源管理政策，这就意味着知识管理的积累战略和分享战略需要企业实施不同的雇佣策略来实现。根据 RVIO 的竞争优势分析框架，企业的核心能力应该是稀缺的（Rarity）、有价值的（Value）、难以模仿的（Inimitability）和由组织开发（Organization）的，所以我们可以认为扩散可能性更低的隐性知识、架构知识和专有知识会成为企业长期的竞争优势的主要来源，以这四种知识为主要特征的行业也更加适用于积累型知识管理范式，反之则适用于共享型知识管理范式。这四种类型的知识有时是相互交叉的，可以将其复合程度作为评价知识是否易于扩散的标准。

表 6-1 知识的自然属性与扩散性

<table>
<tr><td rowspan="3">按照知识的性质划分</td><td>显性知识</td><td>可以表述出来的、经过编码的、有序承载于某种可见载体之上的知识</td></tr>
<tr><td>隐性知识</td><td>难以形式化与具体化的知识</td></tr>
<tr><td colspan="2">扩散性：知识的显性化程度越高，越容易进行编码、储存于物质媒介上，其扩散的可能性也就越大</td></tr>
<tr><td rowspan="3">按照知识所属的层次划分</td><td>个体知识</td><td>个人能够掌握和拥有的完整知识</td></tr>
<tr><td>集体知识</td><td>知识存在于集体的层面，个人只拥有部分知识的碎片</td></tr>
<tr><td colspan="2">扩散性：个体的知识可以完整从属于个人，可以随个人的流动而转移，集体知识难以被个人所完整掌握，知识越偏向于集体层面，扩散的可能性越小</td></tr>
<tr><td rowspan="3">按照知识的结构划分</td><td>架构知识</td><td>关于组织作为一个整体如何协调各部分以有效运行的图式与程序，是关于组织整体的知识</td></tr>
<tr><td>要素知识</td><td>关于组织特定部分如何运行的知识</td></tr>
<tr><td colspan="2">扩散性：要素知识常常储存于个体层面，常常随着个体的流动而发生扩散；架构知识主要处于集体层面，其扩散的速度相对较慢</td></tr>
<tr><td rowspan="3">按知识的专用性划分</td><td>专有知识</td><td>个别组织所特有的或只适用于特定组织的知识</td></tr>
<tr><td>公共知识</td><td>存在于公共领域，适用于大多数组织的知识</td></tr>
<tr><td colspan="2">扩散性：知识的专用性越强，表示该种知识的使用范围越小，其被传播的动力也就越小</td></tr>
</table>

注：本表由作者根据相关文献整理而成。

二、竞争环境的波动性与人力资源柔性

企业是否需要发展人力资源柔性与竞争环境的波动性有很大的关系，竞争环境的波动会提高企业工作任务的复杂性和变化性，这就需要企业具有与其匹配的柔性，尤其是功能柔性来适应这一变化。在波动性较低的市场环境中，人力资源柔性并不是一个十分重要的人力资源产出，此时企业更加强调在人力资源管理内部的各项职能以及人力资源管理与其他管理职能之间建立匹配关系，而在波动性较高的市场环境中，企业的人力资源柔性则是企业适应环境波动、完成不同任务的重要能力（Wrigh & Snell，1998）。

我们在前面已经提到，企业的人力资源柔性可以分为数量柔性与功能柔性两类，而这两类柔性的产生机理有着很大的区别。前者是通过劳动力市场来短期雇佣员工，通过劳动力数量的变化应对工作任务的波动；而后者则是通过企业对员工的长期雇佣与培训，提高员工技能的多样化程度，使其可以具有完成不同任务的能力。需要说明的是，培育这两种不同类型的人力资源柔性的雇佣策略存在着很大的不同，企业必须根据自身的需要来确定人力资源柔性。虽然同时获得两种柔性是一个诱人的选择，但已有的研究发现在很多企业中这两种柔性是一种负相关的关系。实际上，这是两种柔性背后的雇佣管理模式的冲突所导致的。

三、环境动态性的构型分析

自 20 世纪 90 年代之后，一些学者开始使用构型法（configuration）来研究人力资源管理的问题，构型法是指把若干人力资源活动集合在一起开发与实施，以使不同活动之间产生内在联系并因此相互补充与支持。通过这种方法构成人力资源管理活动的不同理论框架或模型，并比较不同模型之间的区别与联系（李新建等，2011）。

本书为了探讨不同性质的环境动态性对企业组织所产生的复合影响，将动态环境的两个维度结合起来进行构型分析，并以此来阐明不同环境区域的特征，以及处于特定区域中的企业所需要的适应环境的知识管理能力和人力资源柔性，如图 6-1 所示。

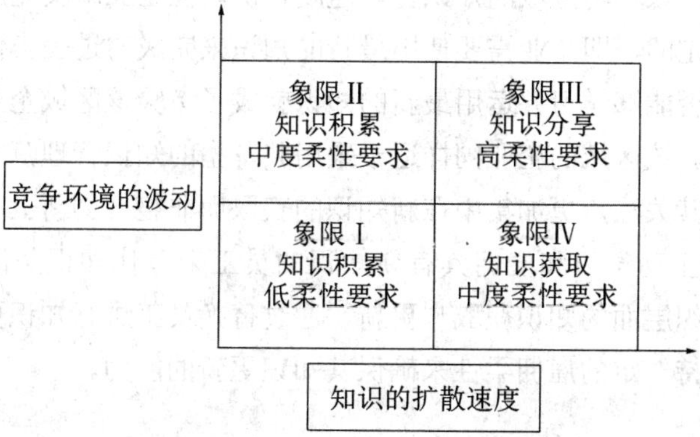

图 6-1　企业环境动态性构型和适应能力的匹配关系

象限Ⅰ：该象限属于动态性程度最低的环境，该区域中的企业所面临的工作任务比较稳定，并且企业核心知识在行业中的扩散速度也很慢。处于该区域的企业因为较低的环境动态性，不需要发展人力资源柔性，人力资源管理工作更加强调管理职能之间的匹配。同时，知识的缓慢扩散意味着企业适宜采取积累型的知识管理范式，企业知识管理的重点集中在对已有知识的深入开发与保护（Nesheim，2003），企业通过深化专有知识来形成竞争优势，并通过防止知识的泄密来获得长期的垄断收益。

象限Ⅱ：处于象限Ⅱ中的企业面临的环境变化主要来自市场对其产品或服务需求的数量或功能的变化。由于该环境区域中的知识更新速度也较为缓慢，所以这些变化没有对企业的现有知识形成挑战，企业可以通过对已有知识的重新配置来应对工作任务的变化。在这一环境区域中的企业需要发展人力资源柔性来应对竞争环境波动的要求，而其知识管理的重心依然属于知识的内部开发与积累，同样适用于积累型的知识管理范式。

象限Ⅲ：处于该区域的企业面临着双重的环境动态性，竞争环境的波动和知识的快速扩散共同影响处于该区域的企业。在这种情况下，企业不但面临着市场对产品数量与功能调整的要求，也面临着知识快速更新的挑战，这两方面的要求常常会结合在一起出现。所以处于该区域的企业，一方面需要通过共享型的知识管理来快速地吸收与整合企业外部的知识，发展企业快速创新的能力；另一方面需要建立具有高度柔性的员工队伍来适应环境动态性的复合影响。

象限Ⅳ：该环境区域的知识变化速度较快，但企业所要完成的工作任务是相对稳定的，即企业需要使用最新的知识来完成与过去类似的工作任务，企业是否能够学习并运用最新的知识就成了考验该区域企业能力的一个关键标准。该区域的企业同样适于采用共享型的知识管理范式，但与象限Ⅲ相比，其关注点更加集中在新知识的获取而非整合创新上。企业可以通过员工的主动学习和雇佣具有新知识的员工来替代知识陈旧的现有员工，实现组织层面的知识获取与更新，通过替换员工进行知识更新的方式需要企业维持一定的雇佣柔性来确保其知识更新的能力。

第三节　不同动态环境区域中的企业雇佣策略

处于不同动态环境区域中的企业所需要具备的知识管理能力和人力资源柔性存在着明显的差别，企业需要选择匹配的雇佣策略来发展这两方面的能力以提高企业的环境适应性和竞争优势。本节将重点探讨在不同的动态环境中企业应如何选择匹配的战略性雇佣策略来提高所需要的能力。本书所设定的雇佣策略不仅包括企业选择的雇佣模式，也包括与这种雇佣模式相关的员工管理政策，以此来明确在不同的战略目标下企业雇佣策略存在的具体差异。本书将各区域与雇佣策略有关的因素列于表 6-2 中。

表 6-2　不同动态环境区域中的企业雇佣策略

象限	象限Ⅰ	象限Ⅱ	象限Ⅲ	象限Ⅳ
发展方式	内部积累	柔性积累	柔性分享	知识获取
知识管理重点	组织内的知识开发	组织内的知识开发	知识的获取与整合	知识的学习与获取
人力资源柔性	不需要	功能柔性	多种柔性	数量柔性
培养方式	内部培养	内部培养	交互学习	外部获取
员工知识管理	员工知识的深度	员工知识的广度	员工的学习行为	员工知识的更新
雇佣模式	长期雇佣	长期雇佣	多元雇佣	短期雇佣
人力资源模式	强调匹配的承诺型人力资源管理模式	强调柔性的承诺型人力资源管理模式	合作型人力资源管理模式	依附型人力资源管理模式

一、象限Ⅰ：内部积累型的长期雇佣策略

处于象限Ⅰ中的企业不需要人力资源柔性，企业更加重视人力资源管理职能之间的匹配关系，同时企业需要满足积累型知识管理的要求。在这些管理要求下，企业会注重工作任务的细化和员工知识专业化，企业的知识积累会以员工专业知识深化的方式来达成，这类企业在组织结构和知识积累方式上都更加具有机械型组织的特性。

适用于这一区域的企业雇佣策略是以长期雇佣为主的雇佣模式，通过在企业内建立稳定的雇佣关系来发展承诺型的人力资源系统。因为企业的知识积累和员工知识的深化是一个长期的过程，企业需要采用长期雇佣模式来强化与员工之间相互信赖和投入的关系，并通过内部的培训与激励机制来鼓励员工不断学习和深化企业所需要的专有知识，以此来培养出具有高承诺、高技能的专业化员工队伍，从而实现其通过知识积累来构建长期竞争优势的目的。柯林斯（Collins，2006）的研究发现，企业的高承诺人力资源实践能够提高组织内部信任与合作的社会氛围，而这对组织内部的知识分享与积累起到了促进作用，并进一步提高了企业的经济绩效。此外，知识员工在行业中的流动是导致企业知识外泄的重要原因，所以企业也需要通过使用长期雇佣来防止其知识资产流失。

二、象限Ⅱ：柔性积累型的长期雇佣策略

处于象限Ⅱ中的企业面临着知识积累和人力资源柔性的双重要求。在这种复合要求下，企业的雇佣策略同样适宜采取以长期雇佣为主的雇佣模式，并通过建立承诺型的人力资源系统来促进企业的知识积累。但与象限Ⅰ不同的是，企业的知识积累主要是以提高员工知识技能的广度，即技能的多样性来实现的，并以此来发展人力资源的功能柔性以应对竞争环境的波动。企业的知识积累在员工层面主要表现为员工知识技能的多样化和工作能力的柔性化，企业的知识积累方式和组织结构等方面也都会具有有机型组织的特性。

该环境中的企业选择发展功能柔性的主要原因在于功能柔性与积累型知识管理都是建立在长期雇佣模式的基础上，这种共同性决定了适合该环境区域的雇佣策略。而数量柔性主要是通过短期雇佣的方式来实现的，与倾向于采用长期雇佣方式的积累型知识管理有着内在的冲突：第一，以短期雇佣为特征的数量柔性会增加知识外泄的风险，这与积累型知识管理中防止知识扩散的要求相违背；第二，在知识扩散缓慢的环境中，企业需要使用的知识常常会具有很强的专有性，知识一般会集中在企业内部而非企业外的公共领域，所以在劳动力市场中难以招募到企业需要的员工。

三、象限Ⅲ：柔性分享型的多元雇佣策略

处于该区域的企业面临着共享型知识管理和发展企业人力资源柔性的双重要求。在该领域中企业知识管理的关键在于整合内外部知识并进行快速创新，而知识员工个体的关键行为表现为员工之间的知识分享和相互学习。为了满足这些需要，企业应通过短期雇佣的方式吸纳外部的知识员工，并安排他们与企业的核心员工共同工作，通过员工之间的知识共享来使企业中的员工得到学习外部知识的机会，实现知识向企业内的迁移与整合，促进企业内部知识的快速创新（陈文春、袁庆宏，2010）。在知识快速更新的环境中，虽然这种工作方式会增加知识外泄的风险，但企业在知识创新上所带来的收益是大于这一弊端的。一些研究也证明了这一点：戴尔和辛格（Dyer & Singh，1998）的研究发现在动态性程度高的环境中，让临时员工与企业内的典型员工共同工作有可能会起到更新企业知识储备的作用，并且短期雇佣的员工会为企业带来更多的创意与想法，为企业的知识创新提供帮助（段光、杨忠，2014），康等（Kang et al.，2007）的研究认为短期员工与核心员工之间在知识上的相互学习能够有效地提高企业探索式创新的能力。

在人力资源柔性方面，该区域中的企业需要具有高度的人力资源柔性来适应两种不同类型的环境动态性的复合影响。企业可以通过同时发展功能柔性和数量柔性来提高对环境变化的适应性。此时企业的数量柔性起到两方面的作用：一方面，可以应对工作任务的波动；另一方面，保证了企业具有一定程度的雇佣柔性来维持通过人员变动吸收外部知识的能力。

因此，与该环境区域相适配的雇佣策略属于多元雇佣模式，在多元雇佣形态中属于均衡型的多元雇佣，即除了对企业的核心知识员工使用长期雇佣外，也通过短期雇佣方式雇佣一定数量的知识型员工。这一雇佣策略的机制在于：一方面，企业通过对外部知识型员工的短期雇佣快速获取与整合行业中的公共知识，并保持雇佣的数量柔性；另一方面，企业通过对知识员工的长期雇佣来保护其核心知识，并通过发展这些员工的多元化技能提高企业的功能柔性，以应对环境的波动。内什姆（Nesheim，2003）的研究发现，在这一类型的动态环境中多元雇佣能够更好地适应环境的变化，并为企业带来竞争优势。

四、象限Ⅳ：知识获取型的短期雇佣策略

该区域中竞争环境的波动性较小，企业需要应对的主要是知识快速更新的挑战。处于这种环境中的企业管理特征主要表现在两个方面：第一，由于竞争环境的稳定性，企业所面临的工作任务是相对固定的，企业可以通过工作任务的细化和员工知识的专业化来提高人力资源管理的匹配性；第二，企业需要拥有快速吸收外部新知识的能力来抵消知识更新对其现有知识储备的侵蚀。企业的知识更新主要通过员工的自主学习和吸收具有新知识的员工这两种方式来实现，所以能够在多大程度上吸纳具有新知识和高度学习潜力的员工成为企业取得成功的关键因素，并且企业会用新员工来替换在这两方面不再具有优势的现有员工以保证企业知识快速更新的能力。处于该环境中的企业与员工都比较倾向于采取以短期雇佣为主的雇佣策略：对企业而言，短期雇佣可以避免雇佣期限的限制，使企业能够具有一定的雇佣柔性来确保员工的替换能够随时进行；对员工而言，他们可以将在某一组织中的工作经历作为学习新知识的重要机会，并在自身的知识价值提高之后快速地寻找到更好的工作机会。

在对不同类型的动态环境与企业雇佣策略的适配关系做出分析之后，我们可以发现环境的多重动态变化对企业的雇佣策略有着深刻的影响。不同的环境动态特征对企业的知识管理和人力资源柔性产生了差异化的要求，而这些要求成为企业在核心层的雇佣动因，并共同作用于企业的雇佣策略。

五、战略性雇佣策略的研究总结

本节从环境的动态分析入手，探讨了当今企业如何在不同的环境动态区域中选择能与自身适配的雇佣策略。这里面有几个问题需要进行说明：

首先，当前所提到的雇佣策略属于企业对核心员工的雇佣策略，而非整个企业的雇佣策略。正如前面对雇佣动因的分类为战略性与非战略性一样，企业对核心层面的员工与边缘层面的员工的雇佣策略常常是分离的。同时，这部分的分析还说明了一个问题，那就是虽然核心员工对于企业具有重要意义，但由于环境不同和员工自身选择的差别，并非对所有核心层面的员工都会长期雇佣。

也许对于企业是否会对核心层面的员工实施短期雇佣存在疑问，因为从早期的多元雇佣模型到李派克和斯奈尔的人力资源构型都强调对核心员工的长期雇佣。本研究的解释是这些既有的研究模型实际上都是基于长期雇佣来进行的推演，在逻辑内核上还是属于长期雇佣，对于当前出现的知识快速更新环境中的企业创新需求没有进行较多的探讨。

其次，在知识整合的问题上，本章主要是针对如何促进知识在企业中的保留和流动这两方面的平衡来进行雇佣策略分析的，但实际上雇佣策略的调整会内在地改变企业内部的知识分享机制。当企业的雇佣策略调整时，企业对知识员工的短期雇佣带来了知识流动性的变化，为知识的整合提供了平台，但这也改变了企业中知识分享意愿和员工内部社会网络的变化，所以实际的知识分享效果具有更大的复杂性，这一部分主要是从企业雇佣策略选择的视角展开的分析。康等人（Kang et al.，2007）在研究中具体地分析了不同雇佣类型的员工在社会网络中存在的差别及其对知识分享的影响，但他的分析缺乏对员工的知识分享意愿和员工群体间知识分享差异的思考，本书会在后续的章节中对这一问题继续进行探讨。

最后，人力资源柔性是一个多面的问题，这在雇佣策略的研究中需要得到注意。企业在使用非典型雇佣方式的时候，有时获得的是人力资源数量的柔性，有时是财务上的柔性，有时是工作时间的柔性，所以在研究中需要根据研究的问题做出具体的区分。如果不对人力资源柔性进行准确的界定，会使这一部分的研究内容充满混淆不明的问题。

第七章　企业非核心层的雇佣策略选择

本章将主要探讨战术性的雇佣动因，即降低成本和人力资源柔性两方面，与制度规避性的雇佣动因在雇佣策略选择中的特点，在完成这部分的探讨之后，对组织整体的雇佣策略形态进行整合分析。

第一节　边缘层：基于人力资源数量柔性与成本的企业雇佣策略选择

一、边缘层雇佣动因的环境分析

（一）概述

针对边缘层的企业雇佣动机，本章使用与上一章相同的环境构型分析来研究在不同的边缘层动因下企业的雇佣策略选择。需要指出的是，核心层的雇佣动机分析是基于动态环境的两个维度做出的，并且主要针对的是知识密集型企业的核心知识员工；而边缘层的人力资源柔性和降低成本两项动机分别对应的是环境的短期波动和行业中的成本竞争压力，并且主要针对的是具有一般性技能或企业临时需要的特殊员工。这两种群体对企业而言在重要程度上有很大的不同，前者与企业的竞争优势密切相关，而后者能为企业带来的收益则是有限的。这种差别决定了后者比前者更容易被替代，也决定了二者之间在雇佣策略层次上的差异。

（二）与边缘层雇佣动因相关的环境分析

本书认为边缘层的雇佣动因，即降低成本和人力资源柔性也会受到环境的影响。

首先，本书将企业面临的行业成本竞争压力作为影响企业降低成本雇佣动机的环境因素，当企业所处的行业具有明显的价格竞争特征时，企业会有较高的成本竞争压力。通过对日本的文献研究发现，随着经济全球化的深入和日本经济的不景气，企业越来越多地强调降低成本的重要性，开始关注企业经营重组，即人、物、资金的减量化（王阳，2011）。而这正是日本的企业开始广泛使用非典型雇佣方式的重要原因，同时美国的相关研究也认为很多企业进行产业转移和使用非典型雇佣员工的主要目的是为了降低成本。

其次，本书认为企业所面临的环境短期波动常常会要求企业保持一定的人力资源柔性，这种柔性要求主要来自与短期雇佣相关的数量柔性。这里提到的环境短期波动与上一章提到的环境动态性有所不同，前者只是环境某些方面的暂时变化，而后者则代表了环境的动态变化的程度与趋势。在后一种情况下企业需要具备与这种环境变化相适应的人力资源柔性，其对人力资源柔性有着一定程度的质的要求，这需要企业通过发展员工技能的多样化来实现这一要求；而前者仅需要企业能够通过一些方式来实现环境波动对人员需求的变化，而企业解决这一问题的主要方式就是通过短期雇佣来应对。

二、基于边缘层动因的企业雇佣策略选择

本书根据这两方面的环境特征及其对企业雇佣动因的影响，通过构型的方式对其进行分类分析，如图 7-1 所示。需要指出的是，核心层的雇佣动机选择显得更加复杂，因为基于不同动因的雇佣方式选择存在明显的差别，所以不同区域中的雇佣策略选择存在较大的差异。而边缘层的雇佣策略选择机制要比核心层简单很多，其原因在于不论是成本压力还是人力资源柔性的动因，其解决方式最后都指向了增加非典型雇佣方式的使用，在分析思路上二者是一致的，区别在于选择非典型雇佣的具体情况不同。基于人力资源数量柔性与成本的雇佣策略选择如表 7-1 所示。

象限Ⅰ：象限Ⅰ代表了企业所处的环境既没有人力资源柔性的要求，也不存在降低成本的压力。因为此时企业会采用何种雇佣方式是不确定的，所以在这种环境中不同的雇佣方式差别对企业而言是不重要的。虽然已有研究认为对于非核心员工，企业基本上采用非典型雇佣方式，但本书认为在这种情况下企业选择的雇佣策略是由其他方面的因素决定的。在没有成本压力和柔性要求时，企业与工作岗位的特征、企业的管理惯例和制度要

求、员工与管理者的选择偏好等相关因素就可能起到重要的影响作用。此时，企业可能采取的雇佣策略包括以下三种。

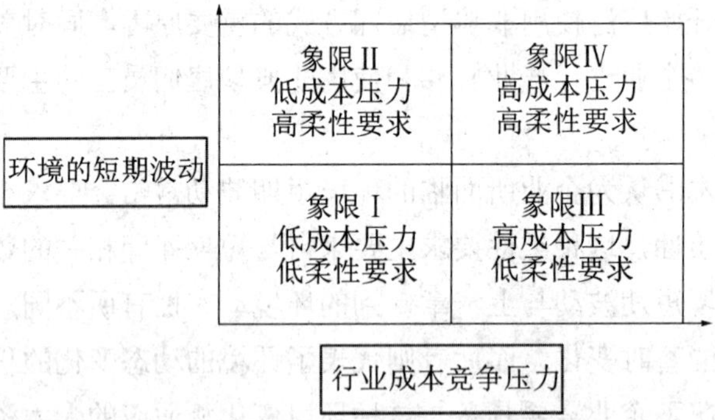

图 7-1　环境短期波动与成本竞争压力的环境构型分析

表 7-1　基于人力资源数量柔性与成本的雇佣策略选择

环境象限	雇佣动因	雇佣导向	雇佣策略
象限Ⅰ	低成本压力 低人力资源数量柔性	无	长期雇佣 短期雇佣 多元雇佣
象限Ⅱ	低成本压力 高人力资源数量柔性	强调雇佣的灵活性	短期雇佣 多元雇佣
象限Ⅲ	高成本压力 低人力资源数量柔性	强调雇佣的低成本	短期雇佣 短期雇佣占主导的多元雇佣
象限Ⅳ	高成本压力 高人力资源数量柔性	同时强调低成本与灵活性	短期雇佣 短期雇佣占主导的多元雇佣

第一，长期雇佣策略。该环境中的企业比较倾向于采用长期雇佣，因为企业可以通过长期雇佣减少员工行为的不确定性，提高员工对企业的忠诚度，并且这一部分工作岗位上的长期雇佣很可能是企业内部劳动力市场的低端部分，属于核心层长期雇佣模式向下延伸的部分，员工可以此获得相应的发展与晋升的机会。

第二，短期雇佣策略。虽然处在这一环境中的企业没有成本与柔性的压力促使其选择非典型雇佣方式，但企业中的员工可能会由于缺乏足够的发展机会而只在企业工作较短的时间，这一点在一些技能水平需求较低的服务业和生产企业中较为常见。

第三，多元雇佣策略。在这一环境中使用的多元雇佣策略是以上二者基于某些限制条件的结合，企业通过长期雇佣来培养一部分尚处于非核心岗位的典型员工，但由于名额的限制企业需要通过短期雇佣的方式来弥补其他岗位的空缺。

象限Ⅱ：从象限Ⅰ到象限Ⅱ的环境变化过程代表企业开始面临环境短期波动的影响，在这种情况下企业需要发展人力资源柔性来适应这一变化。需要注意的是，边缘层的雇佣动机主要的针对对象是技能水平相对较低的员工，或企业暂时需要的特殊性知识型员工（如企业的法律顾问等）。对这些员工，企业会通过提高人力资源数量柔性而非功能柔性来应对其所面临的短期环境波动，所以该区域的企业会根据环境短期波动的变化程度来选择适合的雇佣期限和雇佣数量，并以此来确定雇佣策略。此时企业能够使用的策略主要是短期雇佣策略或多元雇佣策略，在从象限Ⅰ到象限Ⅱ的变化中，逐渐加强的数量柔性的要求否决了象限Ⅰ中长期雇佣策略的适用性，而短期雇佣策略或多元雇佣策略所形成的雇佣灵活性则可以在该象限中保持适用性。

象限Ⅲ：从象限Ⅰ到象限Ⅲ的环境变化表明企业开始面临降低成本的压力，在这种情况下，企业通常会选择人工成本较低的雇佣方式达到降低成本的目的。已有的很多研究都表明，典型员工的人工成本常常要高于非典型员工，所以很多企业都通过大量使用非典型雇佣的方式来降低成本，并且在各种非典型雇佣方式的选择上也会更加倾向于能够实现降低成本目的的方式。所以，当企业从象限Ⅰ迈向象限Ⅲ时，企业雇佣策略会向能够降低成本的短期雇佣方式靠拢，在这一过程中，在象限Ⅰ实施长期雇佣策略和多元雇佣策略的企业也会由于成本的压力而转向短期雇佣体系主导的多元雇佣策略，并且企业所面临的成本压力会使短期雇佣体系逐步侵蚀长期雇佣体系，使这两种策略不断地向短期雇佣策略的方向发展。

象限Ⅳ：处于象限Ⅳ中的企业同时面临高成本压力和高人力资源柔性的需求，但由于二者的解决方式都是使用非典型雇佣员工，所以具有这种复合型雇佣动因的企业会同时兼具象限Ⅰ和象限Ⅲ中雇佣策略的特点。当企业所处的环境从象限Ⅰ向象限Ⅳ发展时，对原本采用多元雇佣或长期雇佣策略的企业而言，会迫使其用非典型员工来替代典型员工，所以企业的雇佣策略会不断地接近短期雇佣策略；原来使用短期雇佣策略的企业也会不断地寻找能够进一步降低成本的雇佣方式来替代现有的非典型员工。同时，由于两方面的共同要求，企业在选择具体的非典型雇佣方式时必须要兼顾雇佣时限的短期化程度和人工成本节约的程度，所以这一环境区域中的企业所采取的雇佣策略将会同时兼具象限Ⅱ和象限Ⅲ的特点，适合的雇佣策略主要是短期雇佣策略和不断接近短期雇佣的多元雇佣策略。并且，这一区域的企业很可能会采取一些外部化程度较高的雇佣方式或替代性的方案来解决其所面临的环境压力，或通过外包某些不重要的业务和工作岗位来替代对员工直接或间接的雇佣。这些雇佣策略在很大程度上满足企业所面临的柔性与成本要求，但对劳动者而言常常意味着雇佣的不安全和收入的不稳定。

从这些分析可以发现，在边缘层的雇佣策略选择上，随着成本压力的增加和环境短期波动的加剧，企业会更加倾向于通过非典型雇佣来应对环境的约束，并且不同环境的外在约束成为企业选择非典型雇佣方式的具体内在标准。这里需要注意的是，即使在成本竞争压力与人力资源柔性要求较低的环境中，企业也可能会选择非典型雇佣方式。因为对企业而言，即使成本竞争的压力较小，企业也存在通过非典型雇佣的方式来降低人工成本进而提高企业利润的内在动机。但这种动因受其他方面的因素影响，动机强度难以具有一致性，这不是本书需要考察的内容。我们关注的是环境的波动与成本竞争的压力在企业内部形成较为一致的提高人力资源柔性和降低成本的雇佣动因。

第二节　多层面雇佣策略复合使用的企业整体雇佣形态

在前面的章节里，我们探讨了不同层面动因的雇佣策略选择机制，但在现实的企业中，它可能会同时存在着不同层面的雇佣动因。所以这一节主要考察当企业同时存在多层面动因时的雇佣策略形态。

一、多层面雇佣策略体系的构建

本书根据企业雇佣动因的层面与性质分别对基于核心层、边缘层和制度层的雇佣策略选择进行了分析。如前面的分析，不同层面的雇佣动因针对的是不同类型的群体和目标：核心层主要针对的是企业的核心员工或典型员工；边缘层则主要针对的是从事边缘性或临时性工作的非典型员工；而制度性层面的情况一般可以视作企业的一种特殊的人力资源柔性需求。如果组织只存在核心层或边缘层的雇佣动因，可以参照前两章的雇佣策略选择机制进行分析，本节主要探讨如果同时存在两个层面的雇佣动因时组织的雇佣策略形态。

本书对这一问题的分析参考了早期的雇佣策略模型中的“核心—边缘”模式，通过分析的方式进行理论推演。这种推演的可行性和必要性主要在于不同层面动因的雇佣策略在选择机制上存在的本质差异，因而需要根据各自内在运行逻辑有针对性地谈论，以避免出现理论分析中的混淆。当企业同时具有多个层面的雇佣动因时，需要对不同层次的员工采用不同的雇佣策略，而两个层面的雇佣策略在具体结合时会存在更加复杂的形态。本书将这种情况用图 7-2 表示：当企业同时存在两个层面的雇佣动因时，核心层的雇佣动因存在于企业的核心，表明了其雇佣策略和所代表的员工的战略地位，非核心层的雇佣动因和其代表的边缘性或临时性的非典型员工则处于企业的外围。

当企业基于不同层面的雇佣动因同时出现时，企业的整体雇佣形态会变成什么样子？这是需要重点分析的问题，因为 20 世纪 70 年代之后，很多企业不但面临着环境动态性的影响，也面临着降低成本的压力，所以不同层面雇佣动因的综合作用导致了企业中雇佣策略的复杂性。对核心层或非核心层的雇佣策略分析能够阐述其中某一部分的内在运行逻辑和选择机制，但还需要将二者相结合来说明企业多层面雇佣策略的具体形态，如表 7-2 所示，企业多层面雇佣策略结合在一起的形态主要包括三种可能的类型，根据第四章的雇佣策略类型阐明相关动因下的雇佣策略形态，并进行分类说明。

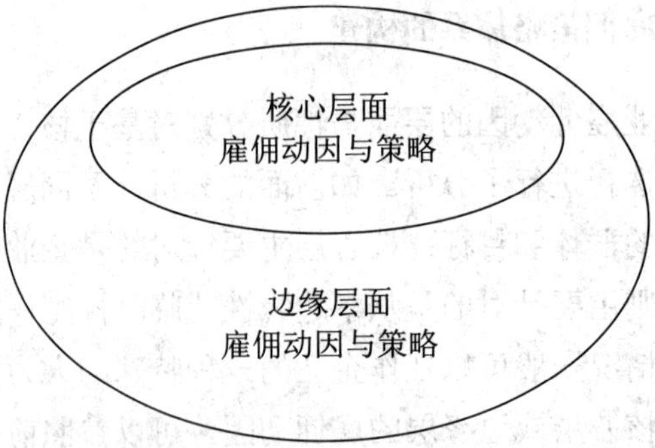

图 7-2　核心层与边缘层雇佣动因与策略的整合

表 7-2　多层面（企业整体的）雇佣策略的形态

多层面的企业雇佣策略			实现的雇佣动因
核心层	边缘层	整体的雇佣策略形态	
长期雇佣	长期雇佣	长期雇佣策略	知识积累，人力资源功能柔性
	多元雇佣	补充型多元雇佣	知识积累，多重人力资源柔性
	短期雇佣	隔离型多元雇佣	知识积累，多重人力资源柔性和成本
均衡型多元雇佣	长期雇佣	均衡性多元雇佣	知识整合与创新，多重人力资源柔性
	多元雇佣	具有补充型特点的综合型多元雇佣	知识整合与创新，多重人力资源柔性
	短期雇佣	具有隔离特点的综合型多元雇佣	知识整合与创新，多重人力资源柔性，成本
短期雇佣	长期雇佣	不存在	——
	多元雇佣	不存在	——
	短期雇佣	短期雇佣策略	知识获取，人力资源数量柔性，成本

二、核心层为长期雇佣的整体雇佣形态

当核心层采用长期雇佣时，企业的边缘层可能采用的雇佣策略包括长期雇佣、多元雇佣和短期雇佣。

第一，边缘层为长期雇佣策略。这种情况主要有两种可能：第一种是企业对核心员工使用长期雇佣时，由于制度限制的原因也必须对非核心员工使用长期雇佣；第二种可能是企业将核心层与边缘层通过长期雇佣模式有效地连接在一起，企业通过深化内部劳动力市场满足员工发展和晋升的要求，并通过长期培养来不断提高员工的技能水平和企业的知识积累。这种企业整体雇佣策略的形态与20世纪70年代之前的日本大型企业相似，典型员工在进入企业的初期常常从事较低的工作岗位，在长期的工作过程中得到发展和提升，成为企业的核心员工。这种雇佣策略形态代表了企业没有人力资源数量柔性和成本这两方面的压力，并且边缘层的员工是作为潜在的核心员工来培养的，企业的雇佣管理等同于建立在长期雇佣上的承诺型人力资源管理模式。

第二，边缘层为多元雇佣策略。此时企业的整体雇佣形态是第一种类型的变形之一，核心层的员工通过长期雇佣完成知识的创新与积累，而边缘层提供的人力资源数量柔性应对环境的短期波动，企业是为了柔性而非成本来进行非典型雇佣。在这种情况下边缘层的典型员工可能从事与非典型员工类似的工作，但他们却分属于不同的人力资源管理体系。非典型员工只是作为典型员工的补充和保障而出现的，企业的整体雇佣形态表现为补充型多元雇佣策略，企业在获得人力资源柔性的同时也可能将部分表现优异的非典型员工转为典型员工。

第三，边缘层为短期雇佣策略。企业的雇佣形态属于隔离型多元雇佣策略，它是为了应对环境中的人力资源数量柔性和成本的要求而出现的。在这一形态中典型员工与非典型员工会从事完全不同类型的工作岗位，并在很大程度上隔离于不同的人力资源管理体系。例如日本企业在20世纪70年代之后，由于经营成本的压力而大量使用非典型雇佣方式，并且不同类型的员工之间存在着明显的雇佣身份差别，同时企业一般不会用非典型员工来替代典型员工以避免对典型员工产生负面影响。

三、核心层为多元雇佣的整体雇佣形态

当在核心层使用的是均衡型多元雇佣时，企业通过这种方式来吸纳与整合外部的知识，以此来促进知识的快速创新，而在边缘层同样可能存在三种雇佣策略。此时核心层的动因是知识的快速创新而非知识的积累，这与其所处的环境有关，而整体的雇佣策略形态表现为以下三点：

第一，边缘层为长期雇佣。企业的雇佣形态依然是均衡型多元雇佣，

企业通过建立在长期雇佣基础上的承诺型人力资源管理来培养员工的技能，这种方式贯穿了企业的核心层与边缘层；同时，企业也在核心层通过非典型方式雇佣一些拥有新知识的高水平员工，以此来吸收外部的重要知识。此时企业将长期培养和吸收外部知识结合在一起，但就适应性而言，二者存在矛盾，有可能仅适用于特定的情况，或其中一种仅仅是作为补充而存在。

第二，多元雇佣策略。企业的雇佣形态表现为综合型多元雇佣，即除了贯穿于两个层面的长期雇佣体系外，企业同时使用两个层面的非典型员工，其中一个层面表现为具有丰富知识或高新技能的重要员工，另一个层面则是技能相对较低或只具有一些通用技能的一般员工，这种用工方式与李派克和斯奈尔的人力资源构型的多元雇佣策略结构类似。企业在边缘层对非典型员工的使用主要是基于提高人力资源柔性的动因，同时在边缘层面的长期雇佣员工可以有机会转为核心员工。企业的整体雇佣策略属于综合型的多元雇佣策略，但其内部具有补充型的特点，非典型员工属于典型员工的补充。

第三，短期雇佣策略。企业的整体雇佣形态同样表现为综合型多元雇佣，与上一种雇佣形态相比，它强调在边缘层降低成本，所以在边缘层的岗位全部使用非典型员工而非两类员工的混合，这也减少了两类员工在边缘层的互动。这种类型的雇佣与三叶草组织的结构非常类似，此时企业属于综合型多元雇佣，内部存在着员工的隔离，并非是典型员工与非典型员工的隔离，而是核心层的典型员工和非典型员工共同工作，并且都与边缘层的非典型员工相隔离。

四、核心层为短期雇佣的整体雇佣形态

当企业在核心层使用短期雇佣时，我们认为除了特殊情况外，企业在边缘层能够实施的一般只有短期雇佣策略。这是因为边缘层存在长期雇佣的员工一般是企业将其作为潜在的核心员工来培养的，这些员工是可能转为核心层员工的。在这种情况下，企业必须在核心层也存在长期雇佣的形式，否则将难以留住长期培养的进入核心层的员工。所以，在核心层没有长期雇佣的企业是不可能在整体雇佣形态中发展出长期雇佣形式的长期雇佣策略和多元雇佣策略的，企业在这种情况下可能的整体雇佣策略应该是

在两个层面同时实施短期雇佣。

以上这些内容说明了具有多个层面动因时企业的雇佣形态，之前对不同雇佣动因下的企业雇佣策略选择机制的分类阐述可以从理论的视角解释其中存在的相应机理，而对使用不同层面的雇佣动因的企业雇佣形态的说明则可以更加深入地解释企业实践中存在的复杂情况。

第三节 基于制度合法性动因的雇佣策略选择

一、制度约束对企业雇佣策略的影响

规避制度限制的雇佣动因可以视作企业的一种特殊的人力资源柔性需求，这种对柔性的特殊需求是企业所面临的制度性约束造成的。现实中的企业在制定政策时常常会面对各种制度性因素的限制，它们既包括企业内的制度和惯例的制约，也包括企业外的制度环境的影响，如预算的限制、用工编制的限制、企业雇佣制度中已经形成的惯例、工会对企业提出的雇佣要求或劳动法律法规的限制等。这些制度性的约束因素主要是通过规制机制来影响企业的雇佣决策的，企业在制定相关的雇佣策略时必须考虑如何规避这些制度的强制力量。

新制度理论认为企业的管理实践必须要遵循制度理性的要求使企业获得制度上的合法性，在这一过程中，面对相同的制度环境和关系形态的企业变得越来越相似，这种组织间的趋近被称为制度性同构（DiMaggio & Powell，1983），制度性同构是通过规制机制、模仿机制和规范机制这三种机制来实现的（斯科特，2010）。根据新制度理论的观点，国家层面的制度环境差异会对人力资源管理有制度性同构的影响，而这一点在企业雇佣策略的制度限制上表现为基于国别的差异性制度限制因素：美国在这方面的限制性因素主要来自产业工会的力量，美国在二战前后通过法律形成的产业层面的集体谈判制度使工会对企业制定的决策具有一定的影响力；而欧洲国家除了工会的限制作用之外，很多南欧国家中严格的劳动保护立法和政府的就业保护政策也是限制企业用工的重要因素；而日本在这方面则更加复杂，除了政府的劳动保护法规之外，日本的企业内工会、终身雇佣制

度形成的制度惯例和企业间高度的技术专有性都是限制其用工灵活性的重要因素。

虽然引起制度限制的制度性因素在不同的国家情境中有所不同，但它们都有着维护原有的长期雇佣体制和该体制下典型员工利益的作用，这是制度的惯性造成的，二战之后很多国家都建立了维护长期雇佣体制的制度，这些制度有些属于国家法律方面，有些来自产业方面，还有一些来自企业的制度管理。这些制度性因素在不同方面使企业在雇佣策略的选择上受到了限制，造成了雇佣制度上的刚性，也在特定的历史时期为企业提供了制度合法性和经济合理性。

如本书在第二章所述，随着20世纪70年代之后的经济全球化和新技术革命的兴起，原有的长期雇佣体制在很多国家受到了巨大的冲击，很多企业面临环境动态性和降低成本的压力，而刚性的长期雇佣体制在这一过程中也呈现出越来越突出的负面影响。这些变化使企业开始寻找能够规避已有的制度性约束的雇佣策略，虽然对企业造成约束的制度存在国别差异，但很多国家的企业基本上以增加非典型雇佣方式来解决由于制度约束所产生的特殊的人力资源柔性的需求。

二、中国企业所面临的制度性约束

中国企业所面临的制度性约束具有独特性，并且存在着基于所有制的制度性差异。根据第二章的国际比较分析我们可以发现，中国雇佣方式的多元化过程与其他国家不同，其他国家的这一进程主要是由于国内的政治经济环境变化和国际上的新技术革命与经济全球化等因素共同推动的，外部任务环境的变化在这一过程中起着更为主要的作用，各国政府面对环境趋势的变化逐步削减对非典型雇佣方式使用的限制，从而推动了雇佣方式多元化的进展。

中国虽然也受到了经济全球化和新技术革命等外部环境的影响，但其主要的推动力量则是来自国内经济体制改革和对外开放的政策，所以具有制度变迁的特点。正是在这一制度变迁的背景下，中国企业的构成发生了重大变化，代表公有制的国有企业数量大幅减少，而其他非公有制企业则占据着愈来愈大的比例。不同所有制的企业所面临的制度环境存在着巨大的差异，这在一定程度上导致了相同所有制企业内部雇佣策略的制度性同构和不同所有制企业之间的体制性差别。陆铭（2003）的研究认为国有企业与非国有企业有着完全不同的工资和就业决定机制，在这种机制下的国有企业在员工的选、育、用、留方面的弹性远小于非国有企业。

中国企业的所有制差别表现在雇佣策略选择中所面临的制度环境的差异，在分析中国企业面临的制度性约束和雇佣策略时必须对这两种所有制企业进行分类分析。

（一）私营企业雇佣策略选择中的制度约束分析

对于中国的私营企业而言，它们受到的制度性约束主要来自日益规范和完备的劳动法律体系。在改革开放前，中国政府对企业的管理主要是通过行政管理方式进行的，中国的劳动立法是在改革开放的过程中逐步建立起来的。在这一过程中，政府陆续出台了一系列和劳动有关的法律、行政法规和部门规章以及一些地方性法规，它们共同构成了中国的劳动法律体系，也代表了中国劳动立法的完善和政府对企业管理方式的转变，其中与雇佣有关的主要法律是1995年的《劳动法》和2008年的《劳动合同法》及其后续出台的补充规定。

对于私营企业而言，劳动立法的完善增强了对企业用工制度和雇佣政策的制度性规制，这一点在《劳动合同法》对《劳动法》的补充上有着明显的体现；同一时期发达国家的企业经历的则是严格的劳动立法在逐步放松限制的过程。即便如此，中国的劳动法律在完备程度和执行的严格程度上与发达国家还存在着一定的差距。总体而言，中国的劳动法规建设在雇佣方式上并没有对私营企业形成太大的约束，只是在一些方面强化了企业雇佣的规范性，绝大部分的中国私营企业在雇佣策略的选择上并没有受到太多的来自劳动立法的制度性约束。

（二）国有企业雇佣策略选择中的制度约束分析

国有企业面临着原有的管理体制留存的制度惯例和新出现的法律法规的双重约束，这使国有企业在雇佣策略的选择上面临着更加复杂的制度性约束，这种情况是当前中国新旧体制交替造成的。

国有企业中旧有的管理体制和制度惯例带来了雇佣管理上的稳定性和低弹性。在计划经济时代，国家对国有企业的人、财、物统一管理，国有企业没有自主用工的权利，并且当时的公有制企业基本上实施的都是长期雇佣策略，这些严格的制度使劳动者缺乏自由流动的权利，国有企业自身也存在着用工僵化的问题。而随着国有企业改革的逐步推进，这种传统的员工雇佣模式也开始发生了转变，这种转变不仅体现在对原有用工体制的调整上，也表现为很多国有企业开始大量采用非典型雇佣方式，前者依然深受原有的管理体制的影响，而后者则更多地体现了市场化雇佣的特点：

第一，国企改革下的长期雇佣体制的变革。

中国的国有企业对雇佣体制的改革主要来自政府对国有企业改革所出台的政策。1992 年，国家劳动部、国务院生产办、国家体改委、国家人事部和中华全国总工会联合发布了《关于深化企业劳动人事、工资分配、社会保险制度改革的意见》，文件指出："从整体看，企业内部'铁交椅''铁饭碗'和'铁工资'的弊端没有完全破除"，因而要"深化企业劳动人事、工资分配和社会保险制度改革""在企业内部真正形成'干部能上能下，职工能进能出，工资能升能降'的机制"。这份文件具有提高国有企业用工灵活性的目的，但原有管理体制根深蒂固的影响和当时相关配套措施与社会保障制度的缺乏，这项政策对中国国有企业用工体制和雇佣政策的影响相对偏小。

2002 年国家经贸委等发布了《关于国有大中型企业主辅分离辅业改制分流安置富余人员的实施办法》，国有企业员工身份置换工作在国有企业正式开始，"通过企业对员工一次性补偿，无论改制分流出去的员工，还是继续留任的员工，都置换了职工的全民身份，解除了国家对国有企业职工承担的无限责任和职工对企业的依赖"。这项政策改变了国有企业与其员工之间雇佣关系的性质，提出了国有企业员工的退出机制，在一定程度上建立了典型员工从"国有企业人"向"市场人"的身份转换机制。

这些政策的出台在一定程度上为解决国有企业中存在的雇佣过度刚性的问题提出了制度上的依据，增加了国有企业中管理层对员工解雇和管理的权限，为长期雇佣体制的消解提供了制度上的依据，但这些制度的具体执行情况则和具体企业所面临的市场竞争情况密切相关。大部分非垄断性的国有企业面临着较大的市场竞争压力，它们根据这一制度削弱了原有管理体制的影响来适应竞争环境，并且由于竞争性同构的作用在雇佣策略上开始向私营企业接近；而那些处于垄断地位的国有企业由于缺乏这种压力，在长期雇佣体制管理方式和雇佣策略上的变化相对较少，这些政策对它们来说更多的是形式上的意义。

但这种管理体制的分化随着中国政府的进一步改革而逐渐消失了，在之后中国政府对国企进行了“抓大放小”的战略调整，很多没有处于战略性地位的非垄断企业通过关停并转的方式消失了。垄断性的国有企业开始占据了主要部分，这些企业对有编制的典型员工的雇佣管理方式依然在很大程度上受到原有雇佣管理方式的影响，新出现的劳动法规虽然带来了变化，但并没有对其产生根本性的影响。

第二，国有企业在典型员工之外的市场化雇佣体系的发展。

在改革开放之前，很多国有企业一直以临时工的方式进行短期雇佣，但其在国企中所占的比例较低。在国企改革过程中国有企业，尤其是垄断性国有企业一方面没有深入解决长期雇佣体制的低用工弹性问题，另一方面人员编制的限制又使其必须控制典型员工的数量。

为了解决这两方面的问题，这些企业开始大量使用非典型雇佣来提高雇佣的灵活性，并规避人员编制的限制，以临时工为主的非典型雇佣方式就成为解决这一制度约束的途径。随着非典型雇佣员工的不断增加，国有企业里形成了具有不同雇佣身份的员工群体，他们在经济与社会地位上存在着明显的区别：有编制的典型员工在雇佣管理上享有稳定的雇佣与较好的员工待遇；而没有编制的员工基本上通过非典型雇佣方式招收，他们的管理方式更加市场化，薪酬水平也主要由劳动力市场来决定。由于这两类员工在国有企业中分属于具有不同性质的人力资源管理体系，在招聘、培训、薪酬、福利等方面都存在着相当多的不同，所处的工作岗位也常常会存在明显的不同，这就在垄断性的国有企业中形成了基于雇佣身份的员工差别。

这一情况在 2008 年《劳动合同法》颁发之后发生了新的变化，该法中有连续工作十年或连续签订两次合同之后继续雇佣属于无固定期限合同的条款，这一条款本来是针对私营企业中存在的雇佣不稳定的问题提出的，但受到影响的却是长期在国企中工作的临时工人员。恰恰是国企而非私企中的很多非典型员工符合这两项要求，他们因国有企业编制的限制或其他方面的原因而没有转为典型员工的渠道，而《劳动合同法》中的这项规定则意外地给这些员工增加了一项身份转换的机制。所以此时国有企业中原有的管理体制明显地受到了新出现的劳动立法的冲击，这两种新旧制度之间的冲突带来了国有企业雇佣管理制度的困境。中国的国有企业在当时采取的解决方式是变换非典型雇佣方式，主要开始使用不产生直接雇佣关系的劳务派遣方式来替代临时工制度，这一情况极大地促进了劳务派遣的发展。根据全国总工会“国内劳务派遣调研报告”的统计，到2010年底，中国的劳务派遣职工已经达到6000万，远高于之前人力资源和社会保障部公布的2700万，并且劳务派遣员工的主要使用者并不是私营企业而是国有企业，有些国企的使用比例甚至高达70%。

对于由此产生的劳务派遣员工的过度使用问题，2013中国政府又专门进行了讨论，并于2013年底由人力资源和社会保障部发布《劳务派遣暂行规定》。该规定针对大量的国有企业过多使用劳务派遣的问题，进一步明确了同工同酬的原则，对“三性”（临时性、辅助性和替代性）的内涵进行了更为明确的界定，并明确指定了劳务派遣员工不能超过典型员工10%的红线。在这一新规定为国有企业带来制度约束的影响下，很多国有企业重新开始进行非典型雇佣方式使用的调整，以解决原有的管理体制与新出台的劳动法规之间的制度性冲突，使国有企业在双重制度约束的限制下保持其合法性和雇佣的灵活性。

综上所述，从对中国的企业制定雇佣策略所面临的制度约束来看，中国的私营企业面临的制度约束较少，这主要是由于中国劳动立法的滞后性，而随着劳动法律法规的完善，它们所面临的制度约束会呈现逐渐加强的趋势。中国的国有企业在当前新旧制度交替的过程中正经历着原有的管理体制与制度惯例和新出现的劳动立法的双重规制，这两种制度之间的替代与冲突构成了国有企业雇佣策略上所特有的制度规制问题，这是当前中国企业面临的制度层面的雇佣策略问题的主要方面，对这一问题的探讨具有重要的理论意义和现实意义。

三、制度性约束下的中国企业雇佣策略选择

（一）基于制度规避动因的企业雇佣策略共性分析

企业所面临的各种制度性约束会影响企业雇佣策略选择，主要体现在这些约束作用会保护长期雇佣制度和在该制度下典型员工的权益，例如日本的企业内工会和欧美的产业工会主要是由典型员工构成的，所以它们更加关心如何维护典型员工的利益。在这种情况下，企业会因解雇典型员工的成本与限制而对典型员工的雇佣持谨慎的态度。这些维护长期雇佣模式

的相关制度性因素会提高员工对企业的忠诚度，但也会限制企业雇佣的灵活性，这在环境动态性较高的情境中会表现得更加明显。企业面对这些问题时的主要解决方式基本都是依靠雇佣更多的非典型员工，这一点在中国的国有企业中表现得十分明显。而欧洲一些劳动保护程度较高的国家也在近些年逐渐减少了对非典型雇佣的法律限制，使企业能够获得更多的雇佣的灵活性；日本对典型员工的保护主要来自长期以来形成的包括企业内工会和终身雇佣制等在内的管理惯例，它们常常通过减少对典型员工的招聘，并将典型员工和非典型员工的岗位进行隔离的方式来解决。总体而言，这些企业虽然面临的制度情境有所不同，但在解决方案上选择了以长期雇佣为主导的多元雇佣策略。

（二）中国国有企业基于制度规避动因的雇佣策略分析

与很多发达国家所面临的劳动立法对雇佣选择限制的减少不同，中国企业在劳动法律与法规逐渐建立健全之后，面临的是劳动立法对雇佣选择约束的增加，而国有企业则面临着原有的管理体制和新出现的法律法规的双重约束，这为国有企业维持自身的合法性带来了很大的困难。

国有企业所面临的双重制度性约束与其他国家存在着很大的不同，虽然其他国家的企业面临的问题与中国国有企业有一定的相似性，如日本的很多企业也是对典型员工与非典型员工使用多元雇佣策略，但这种相似的背后是二者面对的制度性约束的差异。这主要是因为国有企业面临的两种制度性因素都来自政府，并且它们之间还存在一定的冲突。为了能够维持其合法性，中国国有企业只能在这两项制度性约束的夹缝中寻求可行的雇佣策略，其雇佣策略的特点主要表现为：

第一，国有企业常常通过二元的用工模式来解决其所面临的雇佣刚性问题。这种二元的模式表现为：以典型员工为主导的长期雇佣体系占据着主导位置，而处于短期雇佣下的非典型员工则处于从属地位，前者的雇佣政策与原有的管理体制有很紧密的联系，后者在雇佣与管理上具有更强的市场化特点。这两类员工之间存在明显的雇佣身份的差别，而国有企业内的这两种雇佣身份之间是不能够进行转换的。国有企业的这一雇佣策略属于上一章中分析的长期雇佣占主导地位的多元雇佣方式，并且属于隔离性的多元雇佣架构。

在一些国有企业中，这种二元的用工模式有着更加复杂的表现。第一种情况是更多层级的内部用工模式，除了典型员工所代表的长期雇佣体系之外，企业使用的非典型雇佣的员工内部也存在不同层级的用工模式和雇佣身份，并且这种身份差异主要是通过雇佣方式的差异来体现的，如合同工、劳务派遣工等非典型雇佣方式代表的差别。这可以视作对原有的二元用工模式的内部细化，并且与二元的用工模式一样，这种更加多元的模式中不同的雇佣身份的员工在从事的岗位、工作待遇等方面也存在明显区别。第二种情况是二元用工模式向企业外的发展，有些国有企业会建立一些为其提供服务的劳务派遣公司或分包、外包公司，并将自身的部分辅助性或边缘性业务工作外包或分包给它们。而这些业务企业在用工模式上既会在一定程度上受核心企业影响，也会体现出比核心企业更加市场化的特点，其程度则由业务企业与核心企业的层级依附关系来确定。这实际上是处于核心的国有企业通过业务外部化的方式使其二元用工模式跨越了原有企业的限制，发展成了企业间的用工模式差别。

第二，通过变换非典型雇佣方式的类型来回避新旧体制冲突的影响。如前所述，《劳动合同法》中的相关条例干扰了国有企业中分割的二元用工模式，从法律上为其中的非典型员工增加了新的雇佣身份转换机制，面临这一问题国有企业主要是通过将临时工转为劳务派遣工这一方式来解决，并在新的补充条例出台后做出调整。国有企业随着《劳动法》的完善而不断对非典型雇佣方式进行调整的方式体现了其在雇佣策略选择中所面临的制度约束的困境，而这种情况在私营企业中是没有的。

本书认为，劳动立法并不能从实质上解决国有企业中劳务派遣过度使用的问题。虽然《劳动合同法》有对劳务派遣的使用进行了重新规定，并且在这一影响下很多国有企业开始减少对劳务派遣员工的使用，但造成国有企业大量使用非典型员工的根源在于用工体制，而这方面的改革常常是需要政府层面的制度变迁来配合完成的。所以在这项制度变迁完成之前国有企业会通过一些权变的方式来规避制度冲突带来的影响，如在不同的非典型雇佣方式之间进行相互替代，或使用分包和外包的方式来变相地减少各种非典型员工的雇佣数量等。

所以，本书认为当前双重制度约束的限制是国企选择隔离型的多元雇佣策略的重要原因，在这些制度因素没有发生重大变迁之前，中国的国有企业会具有较大的惯性继续选择这一策略。同时，国有企业也需要解决由二元用工模式所产生的组织内员工雇佣身份差距过大所带来的公平问题和合法性问题。

第八章　企业雇佣策略的实施效果

本章主要探讨各类雇佣策略实施后对企业运行所产生的综合性影响，主要是对影响机制尚不明确的多元雇佣策略进行探究。已有研究发现企业在进行雇佣策略的调整之后所面对的是多方面变化，既包括组织运行层面的成本与柔性等方面的变化，也包括员工行为和群体互动的变化。这些变化的复合影响导致了一些研究者和企业管理者预料之外的新情况，使评价雇佣策略，尤其是评估多元雇佣策略的实际效果变得更加困难。所以本章的分析将集中在新出现的多元雇佣策略上。

第一节　雇佣策略对企业运行的复合影响

一、企业雇佣策略实施效果的多重性

企业会出于自身的目标而选用相应的雇佣策略来提高企业运行效率，即企业的有效性。本书认为衡量企业雇佣策略的实施效果主要可以从两个方面进行分析：一是雇佣策略在多大程度上具备了实现雇佣的动因 ，这是很多雇佣策略相关研究中主要关注的问题；二是雇佣策略为企业带来的潜在变化，最为明显的就是企业雇佣策略的调整对员工与企业的雇佣关系和员工之间互动关系的潜在影响。这些方面是组织行为领域的学者主要关注的内容，这些影响虽然产生于个体层面，但在很多方面影响企业运行的方式和功效。

应该说，当前的研究对这两个方面的探讨常常是分裂的：人力资源管理的研究者主要关注第一方面的企业运行，但这造成的结果是忽视了企业中雇佣关系和员工行为机制变化对企业运行所造成的潜在影响，这种影响常常会干扰企业雇佣动因的实现；组织行为与劳动关系领域的研究者常常

关注第二方面的结果，即在雇佣策略的影响下员工的工作态度与行为，这些研究很早就发现了企业雇佣策略变化之后所带来的雇佣关系和员工行为的深刻变化，但他们的大多数研究仅局限于探讨在特定的雇佣策略下员工态度和行为的变化，表明雇佣策略调整后出现的各种变化，没有和企业的雇佣策略的相关内容有效结合起来，难以有效给出适当的管理建议。总体而言，已有的研究主要集中在雇佣关系或管理策略中的一个方面，缺乏将二者结合来分析雇佣策略对企业的综合影响的研究，这实际上忽视了雇佣策略调整为企业带来的多重影响，妨碍了该领域研究的进一步发展。

这种情况在企业实践中表现为企业在制定与实施这些雇佣策略时常常忽略了其对雇佣关系和员工互动关系的潜在影响，而这些影响的负面效应实际上已经妨碍了企业原有雇佣动因的实施效果，从而出现了“动因—雇佣策略—实施效果与目标偏离”的情况，如图 8-1 所示。一些研究已经注意到了这个问题，但还需要更多的研究来充实这一部分。

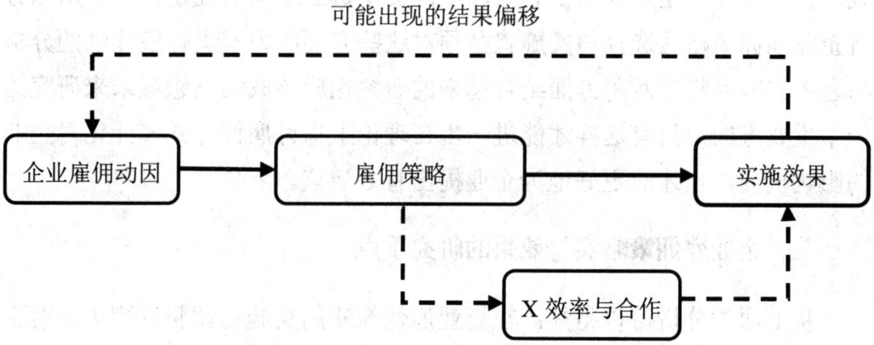

图 8–1　企业雇佣策略调整的多重影响

在降低成本的雇佣动因方面，徐淑英（Tsui，1997）和艾伦（Allan，2000）的研究发现很多企业通过非典型雇佣方式来实现降低直接人工成本的目的，但是他们常常忽视了使用非典型雇佣方式所带来的隐性成本及其对工作关系产生的负面影响。

在提高人力资源柔性的雇佣动因方面，很多学者建议可以同时发展两种柔性，但同时实现两种柔性的人力资源管理战略并不成功（Quinn，1992；Matusik & Hill，1998），在已有的实证研究中，仅有很少的一部分证明企业能够同时获得两种柔性（Kalleberg，2000）。并且，除了一些日本企业之外，在大多数企业中这两种柔性之间常常存在着明显冲突，这是因为管理者对非典型员工的使用加大了典型与非典型员工之间的紧张与冲突（Geary，1992）。

在知识整合的雇佣动因方面，康奈利和科乐威（Connelly & Kelloway，2003）的研究认为公司采取整合战略的目的是为了促进知识的分享，但企业中存在的敌对氛围降低了知识分享的可能性。典型雇佣的员工不愿意与非典型雇佣员工分享知识（Connelly，2000），而非典型雇佣的员工因为缺乏心理安全感也不愿意进行知识的分享（Sias，Kramer & Jenkins，1997）。这是多元雇佣中知识分享的内在悖论：增加了员工间知识分享的机会，却降低了分享的意愿。

总之，本书认为这两方面的结果实际上都是影响企业运行有效性的关键性因素，并且第二方面的内容常常会潜移默化地影响雇佣策略第一个方面的真实效果。企业选择某种雇佣策略不仅意味着选择了人力资源管理方式，也是选择了企业与员工之间和不同类型员工之间的互动关系，所以分析企业雇佣策略的选择与实施就必须对这些方面的因素进行整体性的分析与思考。因而将这两种方面结合起来的研究也应该成为该领域未来研究的一个重要方向，只有这样才能进一步在理论上探讨雇佣方式多元化对企业的影响机理，也才能更好地为企业提出有效建议。

二、企业雇佣策略实施效果的研究重点

从上面的分析可以得知：在企业雇佣策略的实施与调整过程中会对企业运行产生多重影响，这既包括企业为实现雇佣动因而做出的运行方式的调整，也包括受雇佣策略调整影响的企业内部关系（主要表现为雇佣关系和员工间的关系）的重构，并且企业内关系的变化会在一定程度上影响企业雇佣策略发挥作用的实际效果，影响企业初始目的的达成。所以要想有效地分析雇佣策略实施的综合效果，就有必要建立结合二者的整体研究框架，而从目前的研究来看，完成这一任务需要对以下三项关键性的问题进行探讨。

（一）组织层面的雇佣策略实施效果

根据图 8-1 所示，本书已经完成了从雇佣动因到雇佣策略的研究，但雇佣策略的实施效果，尤其是组织层面的最终效果应该如何来界定是需要

进一步讨论的内容。在组织层面的研究中，比较常见的方式是将企业的经营业绩作为结果变量来体现其绩效，如李派克和斯奈尔（Lepak & Snell et al.，2003）的研究中就使用了这一结果变量来探讨不同类型的雇佣模式对企业业绩的影响，但这种方式存在两个缺陷：首先，经营业绩会受到很多内外部因素的干扰，并且其影响效果也存在着明显的时滞性，难以准确地测量雇佣策略与效果之间的影响关系；其次，经营绩效作为结果变量难以准确体现企业选择和制定雇佣策略所希望实现的特定目标，即雇佣动因。

针对这些问题，另一种方式就是根据雇佣动因来界定效果，企业的雇佣动因是为了提高其在特定环境中的适应性和竞争优势，而雇佣策略则是实现这一目的的工具，所以从理论逻辑上看，雇佣策略的效果应是其在多大程度上实现了动因。但企业的雇佣动因实际上是一个受环境影响的因素，在不同的环境中企业对雇佣动因有不同的要求。此时所衡量的结果很可能并不是企业最终的经营绩效，而是实施了这些雇佣策略后所具有的相关功能或这些功能的直接结果，如人力资源柔性功能、知识整合功能以及这些功能带来的知识创新能力和对环境动态变化的适应能力，这在马丁内斯-桑切斯等（Martínez-Sánchez et al.，2009、2011）的实证研究中有所体现，他们研究了雇佣方式与人力资源柔性类型对企业创新能力这一特定绩效的影响。使用雇佣动因的衡量方式在理论分析上更为精准，本书也倾向于使用这一方式对雇佣策略的实施效果做出有效的分析，但这种方式会增加实证研究的难度。

从总体的研究情况来看，由于之前的研究大多是基于“雇佣策略—实施效果”这一视角，很少从雇佣动因的视角来构建实施效果的衡量标准。而本书正是基于雇佣动因来探讨了企业的雇佣策略，所以对前一章的雇佣策略选择机制中就已经对实施效果的衡量标准进行了回答，其实施效果就是雇佣策略实现雇佣动因的程度，可以用具体的动因来考察结果，而其难点在于测量引起的研究困难，不仅仅是多重动因带来的测量困难，也包含了衡量某些方面效果的内在困难。

（二）多元雇佣中员工行为机制的构建

除了雇佣动因之外，雇佣策略的调整也带来了员工行为机制的变化。在雇佣格局的变化中，很多企业同时使用多种不同的雇佣方式，并通过差异化的雇佣管理方式对待不同雇佣类型的员工。企业雇佣策略的变化，一方面，使企业与一些员工之间的雇佣关系呈现出短期化趋势；另一方面，差异性的雇佣管理政策使企业内部形成了基于不同雇佣类型的员工身份差异，这一身份差异带来了企业内员工群体的分化，不同雇佣身份的员工不仅在雇佣关系上存在明显差别，工作态度和工作行为也呈现出多样化的特点。

虽然当前对新雇佣策略下的员工行为机制进行了较多的研究，但并没有得到了明确的结论，而员工行为机制多样化及其潜在影响恰恰是分析雇佣策略实施的关键。造成员工行为多元化的原因主要在于当前的雇佣策略大都使用了非典型雇佣方式，非典型雇佣方式将形色各异的员工都带到了企业中来，他们不仅与典型员工不同，其自身内部也存在较大的差异，而这些差异是造成员工行为机制多样化的主要来源。本章基于新的多元雇佣策略的员工行为机制，分析不同雇佣类型的员工在工作态度与工作行为上的差异及其内在的行为机制。

（三）探讨组织层面与微观层面影响的互动关系

雇佣策略对企业运行的影响是多重的，但当前常常将这些影响分开进行研究，这导致的直接后果就是雇佣策略的相关研究在这两个领域中出现停滞和碎片化的状态，并且这也使研究者难以准确地对雇佣策略选择机制和影响机制进行有效分析。因为企业在选择一项雇佣策略时必须综合考虑其产生的多方面影响，企业在选择雇佣策略时不仅是选择了企业的运行方式，也是选择了企业与员工间的雇佣关系，这两方面存在着重要的交互作用，已有研究中的分裂是当前难以准确认识雇佣策略影响机制和实施效果的重要原因。所以，本书希望将这两个方面的潜在影响进行综合分析，探讨其中存在的互动机制，即雇佣策略如何影响企业内的雇佣关系和员工关系，并间接地对雇佣策略的实施效果产生影响，这是图 8-1 中虚线划出的部分。只有完成这些相关部分的研究才能准确地构建雇佣策略选择机制的研究模型。

通过对这三方面研究内容的阐述，本书划定了这一章主要的研究内容，即通过将组织层面的雇佣策略和员工层面的个体行为相结合，构建基于雇佣策略的员工行为机制研究。本书思考的是如何在其中选择对企业运行和实现雇佣动因具有重要影响的关键行为。这一部分的研究目的在于探讨雇佣策略的间接影响所引发的员工行为变化，也探讨其中的关键行为对雇佣策略实施效果的扰动。所以，选择员工关键行为的标准应该与员工的工作和企业的雇佣动因都有一定的联系。员工行为的机制可以视作企业雇佣策略在个体层面的运行与实施，只有将其同组织层面的实施结合起来，才能更加完整有效地对其作用机制进行理解和分析。

第二节　基于雇佣身份的员工行为机制的构建

一、多元雇佣中雇佣身份与员工行为

随着多元雇佣策略的广泛使用，很多研究者发现企业出现了基于雇佣方式的员工经济与社会身份的分化，典型员工与非典型员工之间在工作条件和工作待遇上存在明显的差距，这些差距在很大程度上是由企业对不同类型员工的差别化管理，尤其是对非典型员工的歧视性管理政策造成的。

由此可见，多元雇佣策略不同于之前的长期雇佣策略和短期雇佣策略，其中固有的按照员工雇佣类型进行差别化区分的人力资源管理政策导致了员工群体的分化，也导致了员工工作态度与行为的差异化。虽然学者们对雇佣身份的关注主要来自员工层面的个体行为机制的变化，但这些变化的形成与表现形式是深深嵌入在组织情境之中的。员工雇佣身份的形成在很大程度上来自新型的多元雇佣策略，尤其是其中的差别化待遇。所以，本书在构建多元雇佣中的员工行为机制时除了需要考虑员工层面的相关影响因素外，还需要将其与多元雇佣的政策进行有效的结合，这是之前大部分研究所缺乏的内容，也是导致研究结论不一致的一个重要原因。

二、员工个体层面：基于雇佣身份的员工行为差异化

（一）雇佣身份与员工行为研究的总结

在很多的已有理论中，如内部劳动力市场与劳动力市场的分割理论、人力资本理论，都认为非典型雇佣的员工属于边缘化的群体，相比于典型员工，企业对这些员工的投入是较低的，这表现在工资收入、晋升机会和培训机会等很多方面。所以非典型雇佣常常代表了“坏的工作”（bad jobs）（Kalleberg et al.，2000；McGovern et al.，2004）、低技能职位（Kalleberg et al., 1997)、缺乏工作安全和不确定的工资收入以及获得福利的限制(Harrison, 1997)。所以已有研究大都认为，员工的雇佣方式会在较大程度上代表了其在企业中的经济与社会的身份，而不同雇佣身份之间的差别则被认为是造成基于雇佣身份的员工工作态度与行为分化的主要原因。

基于此，很多研究通过比较非典型员工与典型员工在工作态度、行为和绩效等方面的差别来研究员工行为差异的机理，通过文献分析来看，已有研究大都将雇佣关系理论、组织公平理论和工作压力理论作为分析员工行为差异来源的理论基础。

1. 雇佣关系视角下的员工行为机制

雇佣关系是员工与企业之间的社会和经济方面的交换关系，基于这一视角的研究认为不同雇佣身份的差别是导致员工行为分化的主要原因，他们通常使用心理契约作为分析雇佣关系的主要工具。心理契约最早由阿吉里斯（Argyris, 1960）提出，主要是用来分析雇佣双方的隐性交换关系，是一种有别于正式合同的隐性的未明确说明的双方协议。很多已有的研究对比了典型雇佣与非典型雇佣的员工在心理契约内容和特征上的差异后发现，企业雇佣员工的方式会影响员工心理契约的内容与特征，这意味着不同的雇佣方式可以体现出员工与企业之间交换关系的差别（Dick, 2006; Guest et al., 2006)。雇佣方式对心理契约的影响主要表现在以下两个方面:

第一，雇佣的稳定性是决定企业与员工之间心理契约性质的重要因素。典型雇佣与非典型雇佣的一个主要差别在于典型雇佣的持续时间较长，具有较高的雇佣稳定性，而大多数非典型雇佣则相反。雇佣稳定性是企业与员工之间建立高度信任与相互投入关系的必要条件，在短期雇佣中，企业与个人出于风险的考虑均不愿向对方做出长期的投入，这造成了非典型员工与企业之间的雇佣关系呈现出短期和有限投入的特征。

卢梭（Rousseau, 1995）根据绩效标准的明确程度（Performance）与雇佣的时间框架（Time Frame）将心理契约分成交易型、变动型、平衡型与关系型四种类型。其中，关系型的心理契约代表了员工与企业之间高度的和广泛的相互投入，而交易型心理契约则意味着双方的投入较为有限并具有短期化的特点。卢梭认为雇佣方式影响了员工心理契约的性质，随着非典型雇佣方式的大量使用，企业与员工的雇佣关系开始从关系型向交易型转变。而之后的一些实证研究也证明了这一观点，本佐尼和卢梭

（Wade-Benzoni & Rousseau，1997）认为，以非典型雇佣方式雇佣的员工比以典型雇佣方式雇佣的员工更倾向于交易型心理契约；麦克莱恩·帕克斯（McLean Parks et al.，1998）也认为非典型雇佣的员工更符合交易型心理契约的特点。但麦克唐纳和梅金（McDonald & Makin，2000）的研究结果则显示这两类不同的员工没有表现出心理契约上的差别。

第二，当员工的雇佣方式发生变化时也带来了企业与员工之间雇佣关系的再调整。不同的雇佣方式所产生的雇佣身份常常意味着员工在企业中的经济待遇和社会地位，而当雇佣方式发生变化时，这种身份的变化会带来员工对企业心理契约的调整与重建（Pearce，1998）。在这一过程中，员工心理契约的性质与状态都会因为雇佣方式调整带来的工作安排和人力资源实践变化而变化（Guest & Conway，2002；Sels et al.，2004）。

2. 工作压力理论视角下的员工行为机制

从工作压力理论出发的研究者认为，与典型员工相比，非典型员工在工作中面临着更多的压力源，这些来自不同方面的压力容易导致非典型员工主观幸福感的降低，并带来负面的态度与行为。这些压力主要来自以下方面：

首先，与典型员工相比，非典型员工能够在工作中得到的支持相对较低。学者们发现非典型员工所从事的岗位常常具有缺乏控制力、较多的角色压力和有限的组织支持等负面的工作特征（Benach et al.，2002；Hall，2006），很多非典型员工在工作过程中难以得到企业给予的与典型员工相等的组织资源。此外，非典型员工也很少能够在共事的典型员工中得到工作上的支持（Byoung-Hoo & Frenkel，2004）。这些因素增加了非典型员工完成工作的难度，成为了他们应对工作时的重要压力来源。

其次，缺乏雇佣的安全感也是非典型员工工作压力的一个主要来源。非典型雇佣方式常常意味着雇佣的短期性和不稳定性，这使非典型员工经常面临着继续寻找工作的压力，并始终存在着不安全感。已有的研究认为雇佣的不安全感会降低员工的组织承诺（Sverke，2004），导致对企业管理层的不信任（Ashford et al.，1989）、较低的工作绩效（De Witte，2000），并增加员工的离职倾向（Davy，1997）。所以，工作压力视角的研究认为非典型员工所面临的雇佣不安全感会明显高于典型员工，这是造成其在工作中出现各种负面问题的重要原因。

3. 组织公平视角下的员工行为机制

还有很多学者从社会比较理论的视角出发，将公平作为研究员工行为中介机制的主要工具。这些研究认为，员工常常会把自己的投入与产出和其他人进行对比，而在雇佣身份存在明显差别的企业中，非典型员工由于在工作收入、培训、晋升机会、组织支持等很多方面都受到了歧视性的待遇，所以他们更容易产生负面的组织公平感知，进而导致非典型员工消极的工作态度与行为（Feldman & Turnley 2004；Thorsteinson，2003；Kalleberg & Reynolds，2003）。

针对企业内部出现的员工群体基于雇佣身份的分化及其带来的员工工作态度和工作行为多样化，已有的研究将雇佣关系理论、组织公平理论和工作压力理论作为导致不同雇佣身份的员工在心理状态、工作态度和工作绩效中存在差异的中介机制，并从不同的视角对导致员工群体中存在的基于雇佣身份的多样化态度与行为的机理予以解释，如图 8-2 所示。

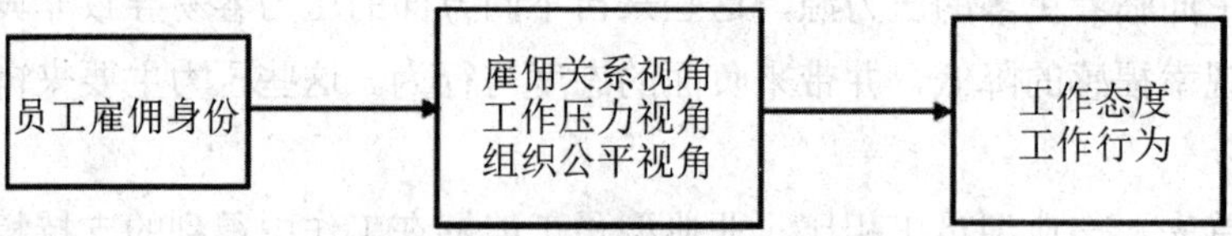

图 8-2 基于雇佣身份的员工行为中介机制模型

基于这三种理论分析，学者们在实证研究中假设典型员工与非典型员工在工作态度与行为方面存在明显差异，但实证研究结果却常常是不一致的。组织承诺是该领域被研究最多的态度类变量，学者们研究了典型雇佣和非典型雇佣的员工在组织承诺上的潜在差别，但这些研究没有得到一致的结果（Pearce，1993；Van Dyne & Ang，1998；McDonald & Makin，2000）。这种情况也出现在其他的研究中，康奈利、加拉格尔（Connelly & Gallagher，2004）与德・吉佩等人（De Cuyper et al.，2008）总结了已有的对典型员工与非典型员工的比较研究，这些研究比较了不同雇佣类型下员工的态度（承诺、工作满意度、心理契约、角色矛盾与角色冲突）、幸福（安全、健康、工作家庭冲突）和行为（知识分享行为、组织公民行为、绩效等）。研究结论相互矛盾的困境成了这一研究领域亟须解决的重要问题，这一问题的有效解决不仅涉及对员工行为多样化机制的探讨，也影响了对不同雇佣类型员工整合管理的研究进展。

（二）基于雇佣身份的员工行为比较研究及其缺陷分析

面对研究结论难以取得一致的情况，学者们开始反思已有研究中存在的不足。康奈利认为之所以出现这种情况的原因是：学者们对非典型雇佣的界定不统一，员工接受非典型雇佣方式的原因不同和企业中情境因素的差异。德·吉佩等人认为造成这种情况是理论框架和研究设计两方面的缺陷造成的，其中研究设计的缺陷包括：非典型员工群体内部的多样性，使用非典型员工对典型员工的影响和研究设计中对问题的复杂性考虑不足等。其他一些学者也对这一情况提出了自己的观点。本书在对这些观点进行总结后认为，非典型雇佣方式在使用过程中存在较多的复杂性，而对这些复杂情况的认识不足导致了研究中存在的问题。本书将学者们的观点归结为以下几个方面：

1. 非典型员工群体构成的多样性

非典型雇佣的员工本身是一个非常复杂的群体，这种成分上的多元是员工行为多样化的一个基础。孔达（Kunda，2002）对非典型员工群体的研究存在两种不同的视角：雇佣关系视角（Employment relations）和自由代理（Free agent）视角。前者主要针对的是低技能劳动者，学者认为随着非典型雇佣方式的大量使用，越来越多的劳动者常常不得不面临缺乏工作保障、较低的工资水平等不利条件，非典型雇佣方式的广泛使用既恶化了员工的工作待遇，也降低了员工对企业的忠诚与投入（Osterman，1996；Cappelli，1999；Tsui，1997），这一部分占了非典型员工群体的大多数；而后者针对的主要是企业中的知识型或高技能员工，研究发现这些员工会主动选择非典型雇佣方式来寻求更多的收入、自身职业技能的发展和自由的工作环境，对企业而言，他们是可以快速获取的外部人力资本，企业也会给予他们较为优渥的待遇，所以这一部分的劳动者对非典型雇佣方式持有乐观的态度（Bridges，1994；Pink，1998；Beck，1992；Darby，1997），这些人的工作态度、行为与绩效也是较为积极的。

非典型员工构成的多样性说明了很多研究的潜在假设的局限性，非典型雇佣的员工并非全部都从事质量较低的工作或一定处于企业员工中较低层次的群体。这两类差异极大的群体虽然都是非典型雇佣的员工，但在企业中的身份和待遇却截然不同，对这一复杂情况的忽视是造成已有研究存在矛盾的重要原因。

2. 非典型员工选择意向的多样性

雇佣关系视角下技能相对较低的非典型员工是否在工作态度与行为上是一致的呢？答案依然是不确定的，这涉及员工接受非典型雇佣方式态度上的多样性。很多研究的潜在假设都认为员工并不愿意接受非典型雇佣方式，后来的研究发现虽然这一态度符合大多数劳动者的情况，但并非绝对。针对这一情况，学者们将“意向”（volition）这一概念引入到研究之中。“意向”在心理学上表示为个体对控制与选择的感知，并由此产生证明的态度和建设性的行为（Beard & Edwards，1995；Krausz，2000）。在这一领域中，“意向”表示员工接受特定的雇佣方式是出于自身意愿还是其他原因，或是符合自身意愿的程度。

对非典型员工意向的研究表明，他们接受非典型雇佣方式的原因十分复杂。一些学者对个体选择临时工作的原因进行了调查，发现个体主动选择临时工作的动因包括发展技能、额外收入、希望能变成典型员工等（Feldman et al.，1995；Bernasek & Kinnear，1999；Marler，Barringer & Milkovich，2002；Hardy & Walker，2003）。有学者（Tan & Tan，2002）总结了已有研究中员工接受非典型雇佣方式的原因，将其分为了自愿与非自愿两类；还有学者（De Cuyper & De Witte et al.，2008）根据自我决定理论将这些原因划分为自愿选择、被迫选择、工具性选择三类。本书在对这些因素进行了分类整合，如表 8-1 所示。

表 8-1　员工接受非典型雇佣方式的原因

意向（volition）类别	具体原因
工具性选择 instrumental motive	家庭责任
	获得额外的经济收入
	自我提升，获得培训与经验的机会
踏脚石 stepping-stone motive	先通过非典型雇佣方式获得工作机会，而后以此为跳板成为典型员工
自愿选择 voluntary motive	出于个人偏好，喜欢受控制程度较低和工作的时间、地点或方式较为灵活的岗位
非自愿选择 Involuntary motive	无法找到相对满意的正式工作
	不具备正式工作所要求的资格和技能

意向不同的非典型员工在工作态度上存在显著差异，当员工对其雇佣方式持正面的态度时可以引发其积极的工作态度与行为，所以非典型雇佣员工意向上的多样性意味着非典型员工群体中存在明显的工作态度与工作行为的差异（Connelly & Gallagher，2004；De Cuyper et al.，2005；Guest，2004），而这在一定程度上可以解释为什么很多研究中典型员工与非典型员工行为比较的结果会出现自相矛盾的情况。因而一些学者认为，意向是比雇佣方式更能够预测员工态度与行为的效标（Isaksson & Bellaagh，2002），所以之前的一些研究可能存在的问题是忽视了意向对非典型员工的工作态度与行为产生的差异性影响。

除了以上两个方面的原因之外，非典型雇佣形式的多样性也是一个重要因素。非典型雇佣方式指的是除长期雇佣外的一系列雇佣方式的总称，从之前的分析可以发现非典型雇佣方式之间也存在一些差别，这些差别虽然没有正式雇佣与非典型雇佣之间的差别明显，但也在一定程度上影响了员工的态度与行为。

在对已有研究及其存在问题的分析之后我们认为，之前的很多研究从多个理论视角对导致不同雇佣身份的员工行为差异的机制做了较为全面的论述，但由于忽视或低估非典型雇佣中存在的复杂性和不同雇佣类型的员工之间的互动效应的影响，造成了在研究设计上的缺陷，并使实证研究难以在结论上取得一致。

三、员工群体层面：员工群体的内部冲突与合作

不同类型的雇佣策略对员工群体会有差异化的影响，这种影响在人力资源多元化的介绍中已经提到了，前面的部分主要是从个体层面讨论这种差异化的表现与来源。但雇佣策略对员工行为的影响不仅仅体现在个体层面，还具有群体层面的影响。这种情况在多元雇佣中更为明显，因为它将员工制度化地分为了两类不同的亚群体。

典型员工与非典型员工之间的互动关系也带来了员工行为的复杂性。已有的研究对不同雇佣类型员工的互动影响的探讨主要集中在组织公平方面，并且主要思考的是这种互动对非典型员工的负面影响，但实际上这只是问题的一个方面，当典型员工与非典型员工共同工作时，非典型员工也对典型员工产生了多方面的影响。

第一，当企业为了降低人工成本而使用非典型员工替换典型员工时，会使典型员工感到雇佣安全和组织地位受到威胁，进而产生负面的工作态度与行为。当企业大量使用非典型雇佣员工常常会使典型员工感到雇佣的不安全，担心会对典型员工的工作保障和收入造成损害，进而使其感到心理契约的违背，并弱化了与企业的情感依附和信任（Broschak & A. Davis-Blake，2006），提高了典型员工的离职和缺勤等负面行为（Way et al.，2010）。乔治（George，2003）验证了雇佣外部化的程度与范围对企业典型员工所产生的负面影响，并发现雇佣的安全感在这一关系中起到了调节作用，企业可以通过增加典型员工的雇佣安全感来减少这些负面的影响。

这一替代关系的效果实际上类似于多元雇佣策略中的典型员工转为非典型员工的逆向转换机制，当这种机制是正向时，主要影响的是非典型员工的行为，为逆向时则会对典型员工的行为产生影响。

第二，非典型雇佣员工的使用对典型员工的工作负荷和职责结构产生了负面影响（Pearce，1993；Geary，1992；Twiname，Humphries & Kearins，2006）。当不同雇佣类型员工共同工作时，企业倾向于将重要的、职责更高的工作分配给典型员工（Geary，1992；Smith，1994），这常常增加了典型员工的职责与工作负荷，但其回报却没有相应地增加，并且还要为临时工或合同工所犯的错误负责（Pearce，1993）。这种无偿的工作负荷与工作责任的增加会使典型员工对共事的非典型员工和企业管理者产生负面情绪。早在20世纪70年代布若威在对工厂体制进行的“民族志研究”中就发现：“岗位之间的流动性越大，发展可以抵消工人之间紧张与竞争关系的必要信任关系的可能性就小。”（布若威，2008）当时布若威是在研究二战之后工人流动性降低为企业带来收益时提出这一观点的，而在短期雇佣被大量使用的今天则是从相反的一面对这一观点进行了验证。

第三，雇佣身份差别的存在不仅恶化了不同雇佣类型的员工之间的合作与信任关系，也对典型员工和管理者之间的关系造成了负面的影响（Broschak & Davis-Blake，2006）。根据人力资源多元化理论，不同类型的群体会因为价值观念、地位等方面的差别而产生冲突，而典型员工与非典型员工因为工作观念和雇佣身份的差别而产生矛盾与冲突。当这些冲突没有得到及时有效的解决时，员工会将这些不满延伸到对管理者的态度上。一些研究已经发现典型与非典型员工共同工作不仅会带来典型员工态度和行为的负面影响（David，2005；Davis-Blake，Broschak & George，2003；Pearce，1993），也会影响员工与管理者之间的关系（Davis-Blake et al.，2003）。组织人口学的研究也发现工作群体中的多元化会限制团队间的交流，增加冲突，并对彼此的不同点产生更多的负面评价（Tsui & O'Reilly，1989；Zenger & Lawrence，1989），所以企业的多元雇佣策略常常会使团队成员对他们的同事、管理者和工作团队产生负面的社会与心理反应（Blalock，1967；Hoffman，1985）。

从以上的研究情况来看，典型员工与非典型员工之间的互动常常具有负面的影响，而造成这种情况的原因主要来自多元雇佣策略的结构，其中第一点与第三点代表了多元雇佣中雇佣身份差别和逆向身份转换机制两个方面，而第二点是多元雇佣的工作整合机制中产生的负面影响。典型员工与非典型员工群体间的矛盾不仅仅是由于个体上的差别，更多的是由于企业雇佣策略所产生的制度性差别。所以，对这一问题的分析需要建立在雇佣身份的基础上，以此来探讨由雇佣策略导致的雇佣身份在员工个体行为和群体互动中的复杂影响，进而准确地分析出对组织运行和雇佣策略实施效果的干扰，而这些问题恰恰是之前人力资源管理领域的学者所忽视的内容。

四、基于雇佣身份的员工行为机制的重新构建

在对已有研究的梳理和剖析之后，本书将通过改进原有的中介机制和增加相关的调节因素来完善对这一行为机制的分析，并以此来构建基于雇佣身份的员工行为机制的整体框架，如图 8-3 所示。需要说明的是，图 8-3 中采用雇佣策略的第一个特征，即员工雇佣身份而非雇佣类型作为自变量，原因在于雇佣方式的差别难以准确地表现出不同企业间的典型员工与非典型员工的身份差别，以此作为自变量可以更加准确。

（一）中介机制的整合研究

本书在对雇佣关系理论、组织公平理论和工作压力理论进行整合的基础上，将员工雇佣身份与行为之间的中介机制分为雇佣关系和工作情境两类，其中雇佣关系机制代表了不同雇佣身份的员工与组织的交换关系，而工作情境机制代表了不同雇佣身份的员工对工作环境中氛围的感知，这两项机制共同作用于员工的工作态度与行为。

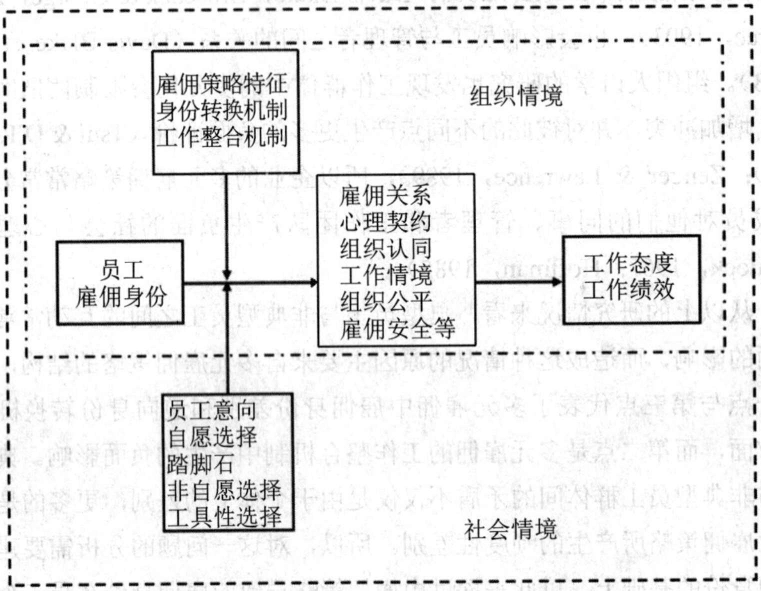

图 8–3　基于雇佣身份的员工行为机制的整体框架

1. 雇佣关系的中介机制

本书认为，对雇佣关系机制的分析应加入组织认同作为与心理契约并重的分析工具。心理契约是目前研究雇佣关系的主要分析工具，通过这一构念可以分析出员工个体与组织之间的社会交换关系。一些学者提出心理契约主要是研究个体与组织之间直接的、人际性的交换模式（Sluss，Klimchak & Holmes，2008），但个体与组织之间还存在着间接的、非人际的交换模式，这种交换模式从另一个角度对雇佣关系产生影响，而组织认同则是分析该种关系的主要工具。霍曼斯（Homans，1961）指出要完整地理解双方交换关系的实质，研究者必须要考虑间接的、非人际的交换模式。所以本书认为，采用心理契约和组织认同来分析企业与员工之间的雇佣关系能够更全面地解释不同雇佣身份的员工在行为上所产生的差异。

2. 工作情境的中介机制

本书将组织公平理论和工作压力理论的成果整合为工作情境这一中介机制。雇佣关系的中介机制代表了员工个体与组织之间的交换关系对员工态度和行为的影响，而工作情境的中介机制代表了员工对组织公平、雇佣安全[①]和组织支持等方面的感知对工作态度和行为产生的影响。

工作压力视角下的研究认为，工作压力导致了员工幸福感的缺乏和消极的工作态度与行为，而非典型员工的工作压力主要来自缺乏组织支持和雇佣安全。基于此我们认为直接通过组织支持和雇佣安全来分析其对员工行为的影响可以取得更好的效果，因为这样可以排除一些组织外工作的压力源的影响，使研究更为准确。此外，本书认为需要对多元雇佣中的组织公平问题进行重新界定，原因在于本书所要探讨的组织公平问题主要来自多元雇佣策略中的待遇差别，需要集中对其所产生的制度性公平问题进行考虑，而非组织中一般性的公平问题。

（二）调节机制的整合分析

本书认为针对非典型雇佣中存在的多样性问题，应该在研究模型中加入相应的调节机制来予以完善，而这正是以往研究中关注不足的部分。费尔德曼（Feldman，1990）认为在考察不同雇佣类型员工的工作态度与行为时，应该考虑到个体的人口学变量和组织中工作情境所起到的调节作用，这一结论对后来的研究是很有启发性的。但由于费尔德曼的研究模型缺乏对员工行为的中介机制的思考，并且对起调节作用的个体与组织因素的考察局限于表层，所以难以对之后的研究产生更多的指导作用。后来德·吉佩等人（De Cuyper et al.，2008）在对已有研究的整理与反思中认为未来的研究设计应该注意引入有意义的调节因素，以避免因研究设计而难以应对非典型雇佣中存在的多样性问题。本书在对已有研究进行梳理之后，认为需要加入员工意向和企业的雇佣管理策略两个方面的调节因素。

1. 个体调节机制：员工意向

根据前面对非典型员工意向的多样性论述可以发现，接受非典型雇佣员工意向的差异甚至要大于正式工与非典型雇佣之间的差异，并且相对于雇佣身份，员工的意向有时对员工态度和行为具有更为明显的影响，如有些学者认为，非典型员工的意向对其公平感和工作绩效具有调节作用。所以本书将意向作为调节员工行为机制的个体性调节因素。一些研究已经开始关注意向在非典型员工中的作用，但这些研究对意向的界定与测量上存在一些问题：意向被描述成单维度的概念，但实际上员工的选择意向会受

① 在相关的文献中，主要使用的概念是工作安全，工作安全感中使员工不安的因素可能来自各个方面，而这里指的是员工对雇佣的不稳定而产生的不安全感，所以本书认为换做雇佣安全更加适当。

很多不同因素影响，所以将意向作为多类因素更加符合员工的实际情况（De Cuyper et al.，2008）。本书根据已有研究的整理将意向重新划分为自愿选择、踏脚石、非自愿选择、工具性选择四类，以此来分析具有不同意向的员工在行为上的差异。

此外，一些学者也在探讨是否应该关注典型员工的意向问题，并认为这是很多既有研究中被忽视的问题。本书认为这主要取决于典型员工中是否也存在着明显的意向差异，但从已有的情况来看，典型员工内部的意向差别并不像非典型员工那样具有明显的区别，典型员工拥有更加自主的选择权，所以意向的调节作用还是放在非典型员工内部进行考察。

2. 组织调节机制：企业雇佣策略的特征

本书将在这里加入雇佣策略的后两项特征作为影响员工行为的调节机制。在已有的员工行为机制的研究中，学者们通过雇佣方式和员工的意向类型等具有个体特征的因素进行研究，但这造成了对员工行为机制研究中雇佣管理因素影响的关注不足。大多数的行为研究都假定不同雇佣类型的员工之间具有明显身份差别，即企业会对非典型员工采取低于典型员工待遇的歧视性管理政策。但根据第四章的内容，雇佣策略主要具有两部分的特征：第一部分主要体现在雇佣方式的选择上，也就是雇佣安排的特征；第二部分则是在相同的雇佣安排下企业的雇佣管理特征，即雇佣方式的差别虽然可以代表不同雇佣类型的员工在雇佣身份上的区别，但它只是雇佣策略中的部分内容，难以完全表明企业雇佣管理工作的全部内容，且其代表的雇佣身份差别也与企业的雇佣动因有着明显的关系。所以，本书在这里加入了雇佣策略的具体特征作为员工行为的机制，并在此基础之上将企业的雇佣管理因素和员工的个体行为结合起来，构建整体性的分析框架。

本书的这个模型主要是针对多元雇佣的特点而设定的，雇佣策略的特征主要包括雇佣身份差别、工作整合机制和身份转换机制三项。其中，雇佣身份作为自变量进行具体的衡量；身份转换机制的雇佣特征意味着员工之间是否能够进行身份的转换，这种转换可以是正向的（非典型员工转为典型员工），也有可能是逆向的，这两种机制分别会对非典型员工和典型员工的行为具有调节作用；而工作整合机制的作用在于共同工作有可能会扩大两类员工群体之间的矛盾，使其更加的表象化。

雇佣策略中的雇佣管理特征在这里作为调节机制出现，它既会影响与员工雇佣关系的性质，也会调节不同雇佣身份的员工对雇佣安全和组织公平的感知，进而影响员工的工作态度与工作行为。本书将其作为员工雇佣类型与员工行为的中介机制之间的调节因素来完善对员工行为机制的分析。

第三节　多元雇佣中的知识分享机制与效果

本节主要分析多元雇佣中员工知识分享的机制与特点。如前所述，多元雇佣对于员工的知识分享具有多重的影响，一方面提供了不同类型员工的接触机制，促进了知识的流动；另一方面却降低了员工知识分享的意愿。这种直接的积极效应与间接的消极效应与图 8-1 中所示的情况十分吻合，同时由于知识分享这一动因具有战略意义，且在之前的研究中缺乏对两种效应的整合分析，所以我们将在本节完成这一任务。

一、多元雇佣中的知识分享特点

本书前面的章节已论述了企业应该如何根据知识变化的速度来选择合理的雇佣策略，这部分的论述主要是以知识的流动性作为分析的基点，它意味着不同的雇佣策略蕴含着差异性的知识分享与创新机制。很多企业从长期雇佣转向多元雇佣的一个主要原因就在于改变员工群体内部的知识分享方式，提高创新的速度，以应对环境中知识快速更新的要求。需要说明的是，虽然员工间的知识分享行为也属于员工工作中的关键行为，也符合上一节构建的员工行为模型，但这种员工间的知识分享不同于一般的员工行为，它对企业具有战略性的影响，也是雇佣策略和人力资源管理模式研究的重要内容，所以本节将单独对这一部分进行分析和阐述。

学者们已经从个体、团队和组织多个层面对知识分享进行大量的研究，但这些研究大多认为知识员工群体处在相同的人力资源管理体系之中。多元雇佣中员工群体的知识分享机制存在着多样性和复杂性，不同于之前的同质化人力资源管理系统，当前逐渐成为主流的多元雇佣恰恰意味着企业对不同类型员工的待遇和管理方式存在明显的制度性差异，这也使企业中的知识分享因员工群体的分化而呈现出复杂多样的形态，这是现有研究中被忽视的研究问题。

针对这一问题，首先需要分析典型员工群体与非典型员工群体内部的分享机制，而后再分析两类群体之间的分享机制。前一部分主要以过去的知识分享研究作为基础，后一部分需要以对多元雇佣策略的特征的分析作为基础，以此来探讨群体间互动关系对知识分享的影响。

二、群体内部的知识分享机制

员工之间的知识分享是企业创新的重要来源，在已有的研究中知识分享既需要员工有分享的意愿，也需要员工有分享的渠道，很多的知识分享研究都从分享意愿和社会资本这两个方面进行探讨。本书之前针对企业基于知识分享动因的雇佣策略选择机制进行了较多的探讨，但对于知识员工的分享意愿和社会资本在雇佣策略调整中的变化没有进行阐述。所以这一部分，针对影响员工知识分享意愿的关键因素和社会资本因素来对学者们的已有观点进行总结，考察两类员工知识分享的行为与效果差别化的机制，并构建出相应的模型，如图 8-4 所示。

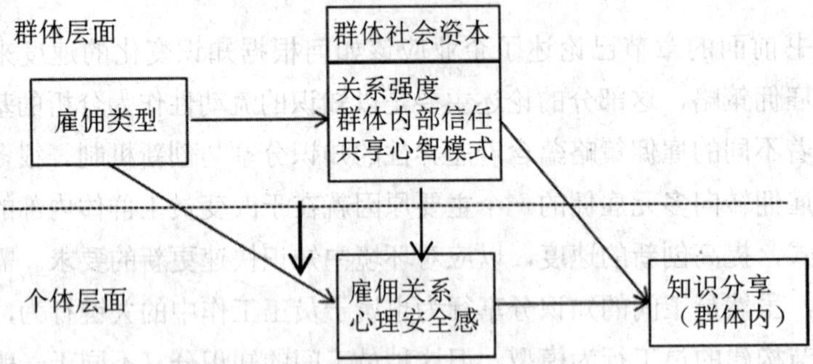

图 8-4　群体内部知识分享机制

（一）个体层面：影响员工分享意愿的中介机制

在员工的个体心理层面，之前的研究提出了多种会影响员工知识分享意愿的心理因素，如互惠、乐于助人等，我们在这里主要选择了雇佣关系和心理安全感，因为这两项与多元雇佣的企业情境更加契合。

1. 员工与组织关系对知识分享的影响

员工与组织的关系会影响知识共享，员工对企业的感情会激发员工自觉进行知识共享。雇佣关系是从社会交换的视角考察企业与员工之间的相互投入关系，在对雇佣关系的测量上一般使用心理契约这一构念，企业与员工的关系越紧密，员工对企业的投入程度越高，其知识分享行为也会有更高的表现。廖等（Liao et al.，2004）的研究发现，雇佣关系的质量会决定员工知识分享的意愿，在好的雇佣关系中员工会自发地进行知识分享，反之员工则缺乏分享的意愿或进行有条件的知识分享。国内的学者也在这一方面进行了较为充分的研究：心理契约的差别会导致知识分享行为的不同，关系型的心理契约比交易型和发展型的心理契约更能提高企业中的信任，进而促进员工的知识分享行为（何明芮、李永建，2011；卢福财、陈小锋，2012），社会型的心理契约在对员工知识分享的促进上要优于经济型心理契约（冯帆、杨忠，2013）。

2. 心理安全感对知识分享的影响研究

知识分享需要考虑到权利在知识分享中的作用，员工的权利与价值来自其所具有的知识，知识的外泄会导致其在企业内部地位的下降，这种内在的威胁使员工不愿意进行知识分享（Gupta & Govindarajan，2000）。苏兰斯基（Szulanski，1996）的研究也表明，由于害怕失去因拥有知识而获得的晋升优势，或者感知无法获取足够的奖励等原因，个体往往不愿与其他成员共享知识（Bogenrieder & Nooteboom，2004），会出现知识隐藏行为（knowledge hiding）。这说明，对于知识员工而言，知识分享并不是一个自发的现象，知识分享行为常常需要适当的环境来推动。组织内的信任氛围是解决这一问题的关键（李卫东、刘洪，2014），它能够为员工提供心理安全感，促进知识分享的成功（Zellmer-Bruhn & Gibson，2006）。

3. 多元雇佣中心理安全感与雇佣关系的中介机制

在对已有研究进行梳理之后，本书认为典型员工与非典型员工在群体内部知识分享上的差别是通过心理安全感和雇佣关系两个方面发生的。

第一，雇佣关系在员工雇佣类型与群体内知识分享之间的中介作用。已有的研究认为员工与知识之间的关系是影响知识分享的重要因素。典型雇佣与非典型雇佣最主要的区别就在于雇佣的稳定性与长期性，长期稳定的雇佣关系是企业与员工之间进行深入合作的基础，能够避免短期投机行为的出现，因而非典型员工由于与企业缺乏长期的合作关系，不会为企业进行过多的投入，所以知识分享的程度与深度都相对有限；而典型员工则会为企业贡献出更多的知识分享行为。

第二，心理安全感在员工雇佣类型与群体内知识分享中的中介作用。与典型员工不同，非典型员工对知识分享存在较多的心理不安全感，这种不安全感来自对知识优势丧失的担心。很多企业雇佣非典型知识员工的主要原因在于其具有独特的、企业所不具有的知识，因而对于非典型员工而言，无论是在现有企业中的地位还是之后在其他企业中的职业发展，都与其知识所产生的优势密切相关，所以对任何可能导致知识优势降低的知识分享活动会存有排斥的心理；而典型雇佣的知识员工在这方面的担心较少，原因在于其在企业中有着稳定的雇佣关系和内部职业发展通道，并且企业会对其进行长期的培训和投入，不需要担心因知识分享而产生负面的后果。所以，两类员工在心理安全感上的差异导致了知识分享活动的区别。

（二）群体层面：群体内部社会资本的中介机制

员工的知识分享实际上是嵌入在群体的社会资本之中的，企业中的社会资本对知识的共享与整合具有促进作用（Tiwana & Ramesh，2001）。社会资本是员工进行知识分享的重要渠道，社会资本的三个维度从不同的方面对知识分享产生影响。

1. 结构维度：关系强度对知识分享的影响研究

在社会资本关系强度对知识分享的影响上存在着相反的观点：一些学者认为弱关系对于企业中的知识分享作用更大，格兰诺维特的理论表明弱关系可以带来更加多样化的信息，而强关系中的信息常常是重复的，因而弱关系能够为企业提供更加新颖的知识（Petersen，Saporta & Seidel，2000）；相反的观点则认为，强关系会提高个体之间的信任程度，使员工具有更高的知识分享意愿，进而提高知识分享的质量和深入程度（Inkpen & Tsang，2005）。

这两方面的观点都具有一定合理性，后续的研究认为两种关系在分享不同类型的知识上具有各自的优势。汉森（Hansen，1999）的研究表明，弱关系有利于显性知识或复杂程度较低知识的分享，而强关系在隐性知识和复杂知识的分享中具有更大的优势（McEvily & Marcus，2005；金辉等，2010），这是因为在强关系中由于个体之间的频繁交往更容易形成高水平的信任关系（Gulati，1995），所以知识的隐性化程度越高，越需要通过强关系来进行知识分享（Reagans & McEvily，2003）。

2. 关系维度：信任对知识分享的影响研究

当前的大部分研究认为，信任的水平可以提高员工知识分享的意愿（Lu et al.，2006；Levin & Cross，2004），信任对于知识共享双方具有至关重要的作用，如果没有信任的存在，知识共享就不会发生（Andrews & Delahaye，2000）。原因在于员工群体中的信任可以降低心理的不安全感，降低知识分享者对另一方产生恶性投机行为的忧虑（Chiang et al.，2011），降低分享知识的潜在风险，使员工认为知识分享不会给自己带来负面的结果（Mayer & Davis，1999）。实证研究的结果表明，组织成员信任度越高，员工之间知识分享的意愿就越强烈（Minbaeva et al.，2012）。

3. 认知维度：共享心智模式对知识分享的影响研究

认知维度意味着组织内的认知主体在长期的发展和实践过程中形成的知识积累、固有观念、思考和解决问题的方式、习惯等（金辉等，2010）。在这一维度中，学者们使用共享价值观、共有语言与编码、共享心智模式（shared mental models）等称呼来形容员工之间的共同认知，它代表了员工进行知识分享的认知基础。知识的分享与有效整合需要通过员工间的共有知识来促进理解（Nonaka，1994）。从这个角度来说，共有知识的基础越好，意味着员工之间的信息沟通和知识分享程度越能够深入（Nahapiet & Ghoshal，1998），这对于分享复杂性和隐性程度较高的知识来说具有更好的优势，也有更有利企业进行高水平的知识创新。就企业的雇佣管理政策而言，共有知识基础的建设是一个需要长期投入的过程，以长期雇佣为基础的承诺型人力资源管理是最适合的构建方式（Collins & Smith，2006）。

需要注意的是，在多元雇佣策略中社会资本存在着比较复杂的状态，不同雇佣类型员工群体内部的社会资本存在明显不同，并且这种不同会对员工间的知识分享产生影响，这与之前的许多研究中默认企业内部的社会资本的同质性有所不同。康等学者（Kang et al.，2007）的研究已经探析了多元雇佣策略中存在的不同雇佣类型员工之间的多种社会资本关系，并分析了其对知识分享与创新的影响。如图 8-4 所示，在多元雇佣策略中，典型员工与非典型员工在社会资本的三个维度上存在显著的区别：关系强度代表了员工在社会资本中进行知识分享的机会，弱关系提高了连接的广度，可以使员工有更多的知识分享机会，强关系则通过更加频繁的互动提高了深度知识分享的机会；员工群体的内部信任代表了知识分享的氛围，现有的研究大都将信任作为知识分享能够发生的基本条件，信任能够提高员工之间知识分享的水平，这里的信任不是指个体间的人际信任，而是员工群体中的整体新人氛围，因此处于群体层面；共享的心智模式（KMM）代表了员工对知识的共同理解程度，共享心智模式越好，员工群体中的知识分享能力越强，高复杂性或高隐性化的知识分享都需要以深层次的共享心智模式为基础。

在柯林斯等学者（Collins et al.，2006）的研究中，承诺型人力资源管理中的社会资本主要表现为强关系、高信任水平和深层次的共享心智模式，这三项特点的培养是需要员工群体的长期互动来形成的，因而符合多元雇佣中典型员工群体的特点。而非典型员工的社会资本则相反，表现为弱关系、低信任水平和浅层次的共享心智模式（Kang et al.，2007）。这两类员工群体中社会资本特点的差别来自雇佣关系稳定性的差异，因而不同的雇佣类型可以影响其内部的社会资本的特点，进而使其表现出的知识分享行为也存在差异。

三、不同雇佣类型员工的群体间知识分享机制

在战略性雇佣动因中，企业会为知识整合的需要而从外部短期雇佣知识员工，以此来实现快速创新的需要。而这一过程分为两个步骤：第一步是通过短期雇佣来获取外部知识，第二步是通过知识分享来整合知识。这种不同类型员工之间的知识分享行为是企业快速创新的关键。

（一）不同雇佣类型员工之间的知识分享研究综述

不同雇佣类型员工之间的知识分享十分重要。但事实上，很多时候这种分享是存在阻力的，其中部分阻力来自多元雇佣策略自身的特点。

1. 群体间地位差别对知识分享的影响研究

在多元雇佣中，典型员工与非典型员工在企业中的地位会存在差别，这种差别会对员工的知识分享行为产生影响。

一些学者认为，地位不同的员工在合作与知识分享的行为表现上存在差别，但在行为机制上存在争论：邦德森和里根（Bunderson & Reagans，2011）认为，地位高的员工更愿意进行知识分享，原因在于地位低的员工

能够作为自身优势的知识量相对较少，更有可能将一些独特的知识进行保留，避免进行知识分享；而莱文和陶伯（Leeuwen & Tauber，2011）认为地位较低的员工更愿意进行知识分享，这是因为通过知识分享可以获得企业与其他员工的认可，避免在企业中被边缘化（Marr & Thau，2014），提高自身在企业中的地位（Scheepers & Ellemers，2005），而地位高的员工没有这种顾虑，他们会因为担心知识流失而回避知识分享。

这种矛盾性的观点可以通过加入地位的稳定性来予以解释。舍佩斯（Scheepers，2009）发现，地位差异对高地位员工群体和低地位员工群体的影响取决于群体间地位的稳定性，地位稳定性的差异会逆转地位差异对员工心理状态和行为动机的影响，进而影响其知识分享行为（Sligte et al.，2011）。在地位差异相对稳定的群体中，高地位的员工群体的知识分享受到了保护，在分享过程中有着更高的心理安全（Nembhard & Edmondson，2006），所以表现出了积极的知识分享行为，而地位低的员工群体的知识分享行为难以改变其现状，所以知识分享行为相对较少；而在地位差异缺乏稳定性的情况下，地位高的知识员工会倾向于知识隐藏以维护现有优势，地位低的员工会倾向于积极的知识分享以改善自身地位（胡琼晶、谢小云，2015）。此外，相关的研究还表明，当存在地位转换机制时，地位较低的成员在有机会进入高地位团队的情况下会呈现出团队外偏袒（favoritism），团队成员在试图进行身份转换时会诋毁现有团队（Tajfel，1978），但地位较高的典型员工则表现出了较高的团队内偏袒。

这部分研究中提到的团队中的地位差别、地位稳定性和转换机制对知识分享的影响，对于多元雇佣中对知识分享的研究具有借鉴作用。在多元雇佣策略中，典型员工与非典型员工存在待遇和雇佣稳定性的差别，而转换机制会对其知识分享的行为起到调节性的作用。

2. 群体间互动氛围对知识分享影响的研究

不同雇佣类型员工之间的互动氛围对其知识分享活动也存在重要的影响。康奈利和科乐威（Connelly & Kelloway，2003）的研究发现在采取知识整合策略的企业中，不同雇佣类型的员工之间的敌对氛围降低了知识整合的有效性：典型员工会因为担心知识整合的过程中导致企业知识外泄而不愿意与非典型雇佣员工分享知识（Connelly，2000），而非典型雇佣的员工因为缺乏工作安全感也不愿意进行知识的分享（Sias，Kramer &

Jenkins，1997）。典型员工与非典型员工的工作整合机制会提高这两类员工群体之间的互动，但这种互动带来的是积极效应还是消极影响需要依据情况来确定（Connelly et al.，2012）。此外，赵斌等（2010）的实证研究结果表明：作为个体因素的外部知识员工雇佣年限和柔性雇佣的外部知识型员工与企业内部员工的沟通程度、互信程度、情感程度和认知程度等社会嵌入因素，均会对企业中的知识分享与知识贡献表现出积极的影响。

这里提到的互动氛围与前一部分中分析的群体内部的社会资本是类似的，不同之处在于它所衡量的是典型员工与非典型员工两类群体之间所共存的信任与合作的氛围，这种群体间的互动氛围是受多元雇佣的特征影响的。

3. 员工的组织认同趋向对知识分享的影响

组织认同作为雇佣关系的另一个方面同样对知识的分享与整合存在重要的影响，问题在于不同雇佣身份的员工为什么愿意进行知识的分享。组织认同的特殊之处在于它反映的是一种非对称性的雇佣关系，意味着员工基于自身的认同对企业进行超出对等范围的投入。所以当企业希望群体间的知识分享发生时，员工会基于此与不同雇佣身份的员工进行更多的知识分享。这部分的研究结论有两方面的认识，关键在于员工所认同的组织类型。

第一，当社会认同主要存在于员工所在的组织时，组织认同在知识整合中起到了十分关键的作用，其效果超过了社会网络中的人际互动作用（Ashforth & Mael，1989；Shumate & Pike，2006）。首先，组织认同能够促进知识分享活动，泰勒和布雷德（Tyler & Blader，2001）的研究发现基于社会认同的合作行为的效果要强于基于社会交换关系，因而社会认同能够直接导致更高的合作行为，产生高水平的知识整合，并且这种合作行为和知识整合不受环境与外源性动机的影响（Cabrera et al.，2002）；其次，组织认同还创造了良好的知识整合环境，在间接上推动了知识整合，威勒姆等（Willem et al.，2006）认为组织认同还会促进组织内集体心理和知识结构的形成，共同的知识基础对于员工群体共享隐含的知识和通过共同解决问题来进行知识的整合；最后，基于社会认同的忠诚对于企业防止知识外泄具有重要的作用（Robertson & Swan，2003），社会认同使员工忠于组织，从而影响企业中的知识整合过程，耶尔文佩和斯特普尔斯（Jarvenpaa &

Staples，2001）指出员工认为他们的知识是属于组织的资产时才会愿意与他人进行知识的分享。

第二，当员工的认同来自外部的组织与专业机构时，员工会倾向于保留自身的知识，而这会影响组织内部的知识整合（Liebeskind，1996）。在这种情况下，知识的整合更有可能发生在外部组织和专业机构之中，而非员工所在的企业（Alvesson，2000）。总体而言，当组织层面社会认同起主导作用时，社会认同会促进知识的内部整合；而由外部组织主导认同时，就变成了对企业的威胁。

总而言之，当企业采用多元雇佣或短期雇佣时，比较常见的情况是会使非典型员工对企业的社会认同降低，降低企业中的信任，员工知识的分享与整合意愿也会随之降低。同时，很多员工承诺的重点已经从组织转向了职业，而其对组织的认同也更多的是倾向于与职业相关的组织或专业机构，这种变化在当前的组织承诺研究的发展趋势中可以窥见。

（二）多元雇佣中群体间知识分享机制的构建

根据前面的总结分析，本书结合多元雇佣的情境来构建知识分享模型，如图 8-5 所示，典型员工与非典型员工之间的跨群体知识分享取决于两个群体之间的互动关系，而这种互动关系的状态在很大程度上受企业多元雇佣策略影响。所以这部分需要以对多元雇佣策略内部结构特征的分析为基础，根据多元雇佣策略的特征及其对不同雇佣类型员工的互动影响来分析群体间的知识分享行为。这些内部结构特征包括：第一，群体间的地位差别，企业对典型员工与非典型员工的差别化待遇与管理方式是两类员工之间产生地位差距的主要原因，这意味着两类员工之间存在制度性的不平等；第二，典型员工与非典型员工之间的雇佣转换机制，这一机制意味着员工会通过雇佣类型的变化改变在企业中的地位，这一机制既可能是单向的，也可能是双向的；第三，工作整合机制，它代表着组织选择何种方式来使典型员工与非典型员工共同工作，并进行交流合作。其中，本书将导致群体间地位差别作为影响群体间知识分享的主要效应，后两项机制作为调节效应。

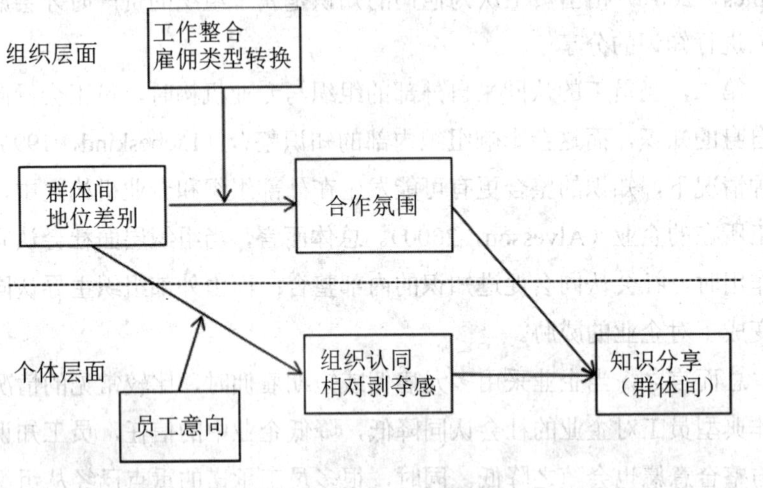

图 8-5　群体间的知识分享机制

1. 群体间地位差别对知识分享个体层面的影响机制

在个体层面，本书从社会比较理论的视角展开研究。在知识分享的研究中，组织公平是影响员工之间知识分享的重要因素，但公平是指个体自身的公平感知，而本书考察的是不同雇佣类型员工之间的、由群体间地位差别导致的制度化的不公平，它属于群体性的差别，并且这种差别来自多元雇佣策略。本书认为这一部分的影响机制如下：

第一，群体间地位差别对知识分享的影响是通过组织认同和相对剥夺感的中介机制来实现的。群体间地位差别意味着员工感知到企业中存在着制度化的不公平，这一感知会降低员工对企业的积极心理情感，即组织认同，进而减少了员工的知识分享行为；相对剥夺感意味着非典型员工发现与典型员工的待遇差别后所产生的不公平感，由于这种不公平是制度性和群体性的，所以选择了相对剥夺感这一构念而非组织公平。

第二，员工的意向类型在这一机制中起调节作用。我们认为，需要考虑到员工内部的多样性对员工态度与行为的影响，不同类型的员工具有不同的心理选择倾向，即意向，该因素会调节群体间地位差别对组织认同的影响，如希望能够转正的非典型员工更容忍这种差别，其组织认同受到的影响也更小。如前所述，员工的个体意向差异是影响组织认同的一项重要因素，这与上一节构建的员工行为机制模型是相同的。

2. 群体间地位差别对知识分享组织层面的影响机制

在组织层面，本书从人力资源多元化的理论视角进行分析。根据之前章节的文献综述可知，多元雇佣提高了企业人力资源多元化水平。在认知方面提高了员工群体的知识丰富性，有利于企业内部的创新；在资源分配（D 型多元化）和价值理念（S 型多元化）中，提高了员工群体中的不平等程度和价值观念的差异，这两方面的多元化常常会带来员工之间的冲突与相互竞争，影响了企业内部的合作。根据这些观点，本书认为影响机制如下：

第一，群体间地位差别对知识分享的影响是通过合作氛围的中间机制来实现的。根据人力资源多元化的理论，多元雇佣策略在提高了员工群体的知识丰富性的同时，也在其他两个方面产生了不利于员工之间合作的因素，群体间的地位差别正是其中的一个主要方面，因而本书认为它会对企业中的合作氛围产生负面影响，进而降低典型员工与非典型员工之间的具有合作性质的知识分享行为。

第二，雇佣身份转换机制中的调节作用。雇佣身份的转换意味着员工的地位是能够改变的，即具有地位不稳定性。已有的研究已经发现该因素能转变员工的知识分享行为，如给予非典型员工成为典型员工的机会会使其更加愿意进行合作，从而表现出更多的知识分享行为。但雇佣类型的转换机制可能具有多种形式，包括典型员工转为非典型员工、非典型员工转为典型员工和两种雇佣类型的双向转换。不同形式对员工行为的具体影响需要进一步的考察。

第三，工作整合在这一机制中的调节作用。工作整合机制很可能存在多种调节作用。一方面，典型员工与非典型员工之间的互动程度会加深他们之间的矛盾，更加降低了企业中的合作氛围；另一方面，雇佣身份转换机制的不同形式具有不同的调节效果，工作整合机制所起到的作用也会因此发生改变。所以，对工作整合机制的分析将在后续的研究中做进一步的分析。

这一部分主要说明的是多元雇佣策略中的企业内部知识分享机制的变化，由于多元雇佣导致了员工群体之间的分化，这种分化也延续到了员工群体的知识分享之中，不同类型的亚群体内部与亚群体之间的知识分享机制都存在差别，这与过去的同质化的人力资源管理中的单一知识分享机制不同。研究中需要同时注意个体的影响和群体间的影响，这是由于既存在着典型员工与非典型员工的群体间差异，又存在员工个体，尤其是非典型员工个体的行为差异，综合这两部分才能更加有效地分析知识分享机制。

第四节　多元雇佣策略实施效果的综合评价

这一章探讨了雇佣策略实施过程中对企业运行的多重影响，并以此来分析雇佣策略，主要是多元雇佣策略的实际运行效果，我们将在这一节对其效果进行总结。多元雇佣策略实施的直接效果实际上就是各项雇佣动因的实现程度，我们在这里进行的综合评价主要是分析间接效果和受到间接效果影响后的直接效果，即实际效果。

一、间接效果分析：多元雇佣对员工行为的影响

本书将雇佣策略对员工行为的影响视为间接效果，并认为这种间接效果会对最终的雇佣策略效果具有干扰作用。在长期雇佣模式中，员工会有高度投入与高度一致性的行为，并且具有高度的内部信任与合作，这些因素提升了企业的整体效率，而多元雇佣的情况则较为复杂。

（一）个体层面：员工行为与X效率

对于员工个体层面发生的行为变化，本书借鉴X效率理论来进行说明。X效率是由哈维·莱宾斯坦1966年提出的，它强调人在生产过程中的作用。莱宾斯坦认为个人行为与企业目标的不协调造成了X低效率，企业与个人签订的雇佣合同只能规定工作的时间，而不能规定努力的大小，个人对努力程度是可以自行抉择的。X效率的关键在于这种努力程度的大小，而这种努力程度又取决于企业内部的管理与协调性。

对比长期雇佣与短期雇佣我们可以认为，前者企业与个体的目标协调性更高，也更加具有效率，但这种雇佣模式投入的成本也更高。长期雇佣策略实际上体现了高投入成本与高效率的特点，企业对员工进行高度的投入，提高了员工的X效率，这种模式的要点在于员工的技能水平和工作的效率能够弥补企业的投入成本，所以企业运行过程中更愿意使用长期雇佣来培养和留住工人。

另外，随着企业雇佣策略的调整更多地使用了非典型雇佣方式，很多短期雇佣的员工降低了自己对企业的投入程度，会更多地出现员工X效率降低的情况，这是短期雇佣难以避免的问题。很多学者发现，随着短期雇佣方式的使用，员工的工作投入会有所下降。这个问题从X效率的角度分析，实际上是一个正常的现象：当企业选择短期雇佣时，意味着与员工之间存在着的只有短期的利益交换关系，难以带来和保持员工的高度忠诚和高水平的工作投入行为。此外，交易成本理论认为，与长期雇佣相比，短期雇佣将难以避免员工行为的不确定性，会增加企业的运行成本，因而也更加建议使用长期雇佣来避免这种情况。

因而，雇佣策略的调整带来了员工行为的X效率和行为不确定性程度的变化，这种个体层面的行为变化影响是难以界定的，需要根据具体的工作情况来予以考察，但可以认为其确实是企业雇佣策略的实施效果的一个重要部分。

（二）群体层面：群体的内部冲突与合作效率

雇佣策略对员工群体的内部关系具有重要的影响。根据前面的分析可以发现，长期雇佣制度不仅可以培养员工的忠诚度，还可以提高员工的一致性。实际上现有的人力资源管理理论的很多内容都是建立在这一基础之上的。这种一致性包括价值观念的一致性，它可以提高员工与企业的整体契合程度，并且长期的互动也提高了员工群体内部的信任程度和合作水平；它也包括群体知识的一致性，可以使员工之间进行深度的交流，有利于进行深度创新；还包括收益的平等性，避免企业中出现过多的以身份和利益为焦点的矛盾。

与单纯的长期雇佣和短期雇佣不同，多元雇佣策略中存在着更加复杂的群体互动关系，并且这种关系对雇佣策略的实施效果有着重要的影响。第四章的研究表明，随着企业开始更多地使用短期雇佣策略和多元雇佣策略，员工群体内部的人力资源多元化的水平也在不断提高。在价值观念和组织认同方面，典型员工具有很高的一致性，非典型员工常常与他们存在较大的区别，并且非典型员工内部也可能存在较多的差异，这种差异是导致群体冲突的来源；同时多元雇佣带来了员工之间的雇佣身份差别，这种差别会产生组织公平的问题，因为多元雇佣策略代表企业内部存在多种人力资源管理系统，所以这种公平不仅仅包括人力资源管理系统内的公平问题，也包括了人力资源管理系统之间的公平问题，属于制度性的不公平。此外，典型员工与非典型员工之间还存在着工作负荷与雇佣安全等方面的矛盾。

因而，从这方面的分析可以发现，多元雇佣策略的实施会引起员工群体内部多个方面的人力资源多元化水平的上升，并且这些多元化会提高群体中的冲突程度，降低群体内部的合作水平。这些冲突不属于有益冲突的范畴，如果不能妥善处理，将会给组织带来负面的影响。这些情况会影响雇佣策略的最后实施效果,尤其是在一些强调合作与信任的工作场合之中。

二、雇佣策略的实际效果评价

如前所述，企业选择雇佣策略的动因实际上是衡量雇佣策略实施效果的有效标准,但是之前研究的问题只关注了雇佣策略可能出现的直接效果,而对其产生的间接效果缺乏足够的认知，这导致了对雇佣策略有效性考察的偏差。在对雇佣策略的间接效果进行分析之后，本节从整体的角度来予以评价。

（一）降低成本的实际效果

降低成本，尤其是直接人工成本，是企业采用非典型雇佣方式的主要原因，但这种动因的效果是存在争议的，因为它有时会以X效率和员工的忠诚为代价。企业采用非典型雇佣方式降低成本的研究过于关注直接降低成本的作用，忽视了其中存在的X效率降低的问题，而这一点被组织行为领域的很多学者关注到了。但是新型雇佣策略所降低的直接成本和产生的负面作用相互抵消之后的利弊关系还是不明确，这一方面是由于X效率难以准确地衡量出数字，并且很多的间接性成本也是难以估计的。另一方面则是由于二者在不同的行业或工作岗位的对比关系是不一致的，在一些要求高质量、高投入、高复杂程度的工作岗位上，这种置换常常是不合适的;而在一些边缘的、绩效考核明确的工作岗位上，问题相对会小一些。同时，企业在使用非典型雇佣方式时会带来员工工作产出的降低，这种降低不仅可能出现在员工的直接工作水平上，也有可能体现在那些与岗位任务和工作回报缺乏直接联系的部分，即组织公民行为或周边绩效。

总之，考虑直接成本而忽略雇佣策略带来的潜在影响是有缺陷的，这仅仅是从个体层面进行的分析，实际上雇佣策略带来的变化是多层面的，所以组织是否需要通过非典型雇佣来降低成本是一个需要仔细考虑的问题。

（二）知识分享与整合的实际效果

知识的获取与整合的动因是本书重点分析的雇佣策略实施效果的内容，并且对它的分析需要深入考察雇佣策略的直接效果和间接效果的交互影响。

在第六章的分析中我们认为，一些知识快速更新的行业需要企业具备快速创新的能力，处于这一环境的企业需要通过短期雇佣的方式来获取外部知识，在这种情况下短期雇佣获得的数量柔性可以成为知识获取的柔性，典型员工与非典型的知识员工之间的互动可以促进知识向企业内的转移，并且两类员工的知识分享也是企业快速知识创新的关键。所以，在知识快速更新的行业，多元雇佣是企业快速创新的有效途径，这是该策略的直接效果。

在间接效果方面，多元雇佣中存在妨碍知识分享的因素。在知识整合的动因中，需要企业通过短期雇佣的方式促进内部的知识流动和知识创新，而这在员工的个体行为上就涉及知识分享的意愿和知识分享的行为，所以企业需要促进员工的知识分享来帮助知识整合动因的实现。从现实的情况来看，在这一点上恰恰存在着隔阂：非典型员工与企业之间淡薄的关系影响了知识分享行为，出于维护自身知识优势的需要这类员工会更多地做出知识隐藏的行为，而企业中的典型员工也由于担心知识的泄露而回避与非典型员工的知识分享。两类员工间的不匀称的社会资本形态也在一定程度上影响了知识分享的水平和深度。

所以，基于知识分享与整合的多元雇佣策略中存在矛盾，直接效果和间接效果之间也存在内在的不一致，如何有效地弥补二者之间的矛盾对于多元雇佣的实施效果具有重要的影响。这部分的相关情况在第三节中已经做了较为充分的说明，不再赘述。

（三）人力资源柔性的实际效果

对新型雇佣策略中的人力资源柔性的效果需要进行更加细致地分析，原因在于人力资源柔性具有两种不同的性质，并且不同性质的柔性的生成机理也存在非常大的差异。

根据前面的分析可知，人力资源的功能柔性一般只能来自长期雇佣或多元雇佣中的长期雇佣部分，这种柔性与员工之间的技能和行为的多样性有较大的关系；而人力资源的数量柔性则来自短期雇佣策略或多元雇佣中的短期雇佣部分，其所能带来的是企业用工的灵活性，不过在知识整合的动因中，这种灵活性也意味着知识获取的柔性。从实现的方式来看，人力资源的数量柔性实际上是非常容易实现的，只要通过短期雇佣方式来实现雇佣的弹性就能够做到[①]，而人力资源的功能柔性则相对困难，它针对的是较为复杂的工作，既需要员工愿意接受企业的调配，也需要员工具有多样化的技能，而这些条件一般在长期雇佣中更能够得到实现。

所以，长期雇佣策略实现的一般是人力资源的功能柔性，而短期雇佣策略实现的则是人力资源的数量柔性。需要注意的是多元雇佣中的人力资源柔性特征，由于多元雇佣策略同时兼具长期雇佣与短期雇佣，所以很多学者认为依靠多元雇佣策略可以同时实现人力资源的数量柔性与功能柔性。本书对这一问题的看法是，多元雇佣具有多种形态，不同形态中的内部结构差异决定了所能实现的柔性上的差异。事实上，很多欧美学者的研究发现，之前设想的同时获得两种柔性在现实中是难以实现的，本书对这一问题的看法是需要考虑多元雇佣的内部管理特征。在欧美国家的雇佣方式多元化过程中，典型员工与非典型员工之间属于替代关系，非典型雇佣带来的人力资源数量柔性削弱了典型雇佣中员工对企业的忠诚与信任，所以人力资源的数量柔性削弱了功能柔性的产生与发展；而在日本企业中，非典型雇佣是作为典型员工的保护层出现的，企业很少用非典型员工来直接替代典型员工，在这种情况下日本的企业实际上做到了同时获得两种柔性。

总体而言，基于长期雇佣的功能柔性能够有效地适应环境的动态变化，但维持长期雇佣制度的成本是较高的；基于短期雇佣的数量柔性可以使企业适应环境的短期波动，并且有利于节约人工成本，但非典型员工的使用可能在其他方面产生潜在的成本。此外，企业可以通过短期雇佣来进行知识的获取与更新，可以将其视为知识获取的柔性，这实际上是数量柔性的一种特殊形式。而多元雇佣中的人力资源柔性具有更多的复杂性，原因在于：第一，它不同于长期雇佣或短期雇佣发展的是单一性质的人力资源柔性，它可以同时发展两种柔性，而这两种柔性之间可能是替代关系，

---

① 在企业中有时会存在雇佣的制度性约束，在这些企业中人力资源的数量柔性的实现会有一定的困难。

也可能是互补或其他的关系，这主要取决于不同的多元雇佣策略中的管理结构的差异，并且两种柔性之间可能存在着干扰，即数量柔性影响功能柔性的实现；第二，在多元雇佣中，非典型员工可能会对典型员工产生影响，此时企业需要负担额外的管理成本和企业运行成本。这两方面的因素体现了在人力资源柔性动因中多元雇佣策略间接效果对直接效果的影响。

三、总结

根据本书的前期研究工作，我们将“动因—策略—实施结果”进行整合，如图 8-6 所示，图 8-6 是对第七章图 7-2 的细化，主要分析了雇佣策略实施的间接效果的影响机理。如图 8-6 所示，一方面，雇佣策略改变了企业内部的运行方式，这是企业层面的直接效果。另一方面，雇佣策略的出现使员工群体内部出现了身份的分化，改变了个体与组织的关系，也改变了员工内部的关系，使员工中出现了基于雇佣身份的行为变化，这些行为在个体层面影响了员工的工作投入水平，出现了 X 效率的下降；在群体层面主要导致了群体间合作效率的下降，这是雇佣策略实施的间接效果。这两种效率的下降影响了雇佣策略的实际实施效果，本书在这一章主要通过对多元雇佣中员工行为机制和知识分享机制的分析来阐明了这一点。

通过进一步的分析发现，多元雇佣策略中直接效果与间接效果相互影响所产生的困境：在成本节约的动因上面临着员工投入与效率降低和其他的潜在成本提高的困境；在知识整合的动因上面临着员工缺乏知识分享动力的困境；在人力资源柔性的动因上面临着数量柔性与功能柔性相互干扰的潜在困境。这些都是多元雇佣策略实施中间接效应对直接效应的干扰，最终造成了多元雇佣策略实施结果的偏差，同时也是在雇佣策略的选择之时就需要予以考虑的部分，我们认为通过本书的研究可以更加清晰地认识到这一点，这也是图 8-6 中虚线所代表的影响。

在本章开始，我们提到对雇佣策略实施效果的准确分析需要完成三个问题，即构建员工基于雇佣身份的行为机制、分析群体互动的相互影响和对雇佣策略实施效果的有效界定，我们完成了对前两个问题的探索，对于第三个问题，正如在前面提到的，这种效果的界定并非易事，需要根据雇佣动因来寻找适合的具体评价标准。我们认为需要在后续的研究中根据具体的研究内容来进行调查，而这里已经基本完成了对雇佣策略实施的多重影响的分析，对直接效果和间接效果的探讨可以在较大程度上帮助我们理解雇佣策略实施的实际效果，所以这一部分的探索性研究已经达到了预期的目的，剩余的部分将依靠之后的研究来进一步补充和完善。

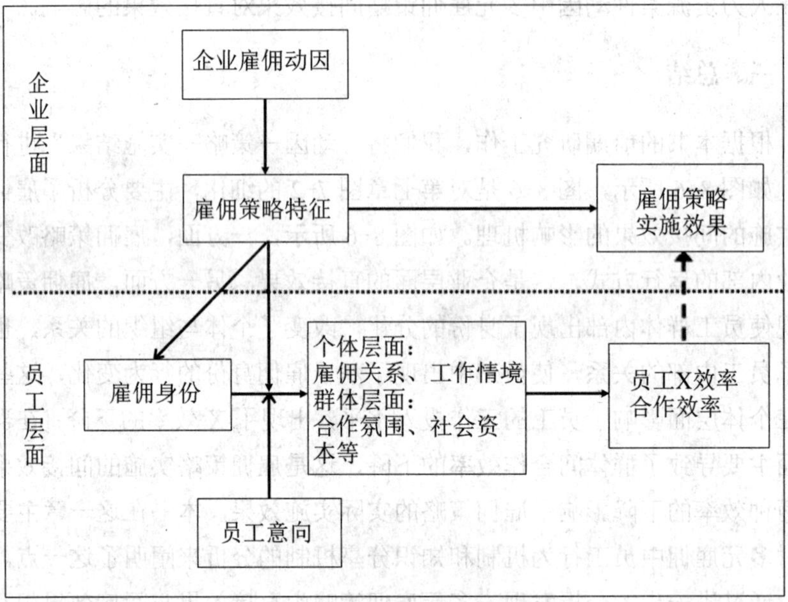

图 8-6　雇佣策略的运行效果

第九章　构建基于多元雇佣的人力资源管理模式

本书认为雇佣策略是人力资源管理模式的一部分，当企业的雇佣策略发生变化时，也会带来人力资源管理模式的匹配性转变。基于此，我们在这一章对人力资源管理模式的相关文献进行总结，并分析其与雇佣策略的关系。我们认为，当前较为成熟的人力资源管理模式研究主要是针对基于长期雇佣的人力资源管理体系。这些研究不仅将员工的心理与行为纳入人力资源管理系统，并且在理论逻辑中体现出了组织政策与员工行为的一致性。另外，对于当前已经得到广泛使用的基于多元雇佣策略的人力资源管理体系，学界尚缺乏充分而有效的研究，本章将重点讨论如何构建基于多元雇佣的人力资源管理模式。

第一节　人力资源管理模式中的雇佣策略

学术界对于人力资源管理模式并没有形成统一的界定，当前的人力资源管理模式的研究和分类主要是从整体观、局部观和角色观三个视角来进行的，在对这些人力资源管理模式的分析中发现，很多的人力资源管理模式都与特定的雇佣策略有着较强的内在联系。

一、整体观视角下的人力资源管理模式

整体观视角的人力资源管理模式是该领域早期的研究成果，主要从要素、结果、作用关系和机理进行归纳与提炼。

（一）哈佛模式与德万纳模式

整体观视角的人力资源管理模式研究是从哈佛模式开始的。美国哈佛大学贝尔等（Beer et al.，1984）基于 Y 理论，提出了由情境因素、利益相关者、人力资源管理政策选择、人力资源效果、长期影响因素构成的人力

资源管理分析框架，被称为哈佛模式。该模式的特点是充分考虑了企业生存与发展的各种制约因素，将各个利益相关者纳入了人力资源管理模式的范畴。之后，德万纳提出了人力资源管理圈，包括筛选、绩效评估、开发和奖励四个关键部分，该模式强调人力资源管理内部职能的一致性，揭示了人力资源管理因素的相互作用，被称为德万纳模式，该模式的缺点在于忽视了不同主体的利益、情景因素以及管理的战略选择。

这两项人力资源管理研究的关注点与雇佣策略缺乏明确的关系，但是德万纳提出的人力资源管理政策的内部一致性对于人力资源管理模式的研究有着重要的启示作用。

（二）盖斯特模式和斯托瑞模式

盖斯特（Guest，1987）比较了人力资源管理与传统人事管理的不同，提出了由人力资源管理政策、人力资源管理结果、组织结果、系统整合四部分构成的人力资源管理模式，被称为盖斯特模式。盖斯特模式将人力资源管理定义为追求战略整合、忠诚、灵活性和品质的管理活动，强调雇员的重要性，将雇员忠诚视为绩效的关键因素，隐含价值观是雇员行动的导向，倡导公司和个人的长期成长。但该模式过于理想化，缺乏实践性。

在盖斯特之后，斯托瑞（Stoery，1992）同样根据人力资源管理和人事管理的差异构建了人力资源管理模式，该模式克服了盖斯特模式的缺点，并且该模式将提高雇员信任和忠诚度视为“超越合同”的目标，认为人力资源管理是一种有机整体性的管理方式，根据外部环境变化适时从吸引、留住和激励员工等职能向提高企业竞争力转化，可成为企业竞争优势的来源。

这两个理论研究都强调了员工对企业的信任与忠诚的重要意义，但这种信任与忠诚不是凭空而来的，需要长期的相互投入来建立和形成。

（三）评价

从整体观视角下的人力资源管理系统的理论发展中，我们可以发现雇佣的稳定性在其中发挥着作用，并且这种作用越在后期的理论中越有明显的体现。在整体观视角下的几种人力资源管理模式中，盖斯特模式和斯托瑞模式体现了长期雇佣模式的特征。盖斯特所提出的模式中，忠诚成了人力资源管理的主要目的，并且认为员工的忠诚是组织希望获得的关键性要素，而这种员工的忠诚常常需要以长期雇佣作为基础；斯托瑞针对盖斯特模式缺乏实践性的缺点，提出了斯托瑞模式，该模式注重提高雇员信任和忠诚度，将之视为“超越合同”的目标，斯托瑞模式将信任和忠诚提到了更加重要的位置，并且认为企业与员工之间的关系是要超越合同限定的，而这种相互投入的关系也与长期雇佣有着紧密的联系。

由这两个模式可以发现，这两种人力资源管理模式都重视员工的忠诚，而这是长期雇佣模式所具有的特征，因而可以认为二者都是以长期雇佣作为人力资源管理模式基础的。

二、局部观的人力资源管理模式

局部观视角的人力资源管理模式研究主要是通过类型学的方法对人力资源管理模式的类型进行更为具体的归纳和提炼，学者们对企业中的人力资源系统进行了分类，根据不同理论视角和分类依据构建了不同的人力资源管理模式。虽然存在着很多不同的划分标准和分类，但主要还是基于两条主线——以资源为基础和以控制为基础（刘善仕等，2010），并且归属于不同的人力资源管理模式在雇佣策略上也存在明显的区别，这些研究主要有：

沃尔顿（Walton，1985）是较早进行人力资源管理模式分类研究的学者，他根据美国的经济环境变化进行研究，将人力资源管理模式分为控制模式和承诺模式。

亚瑟（Arthur，1992）也提出了将企业人力资源管理模式分为传统的降低成本模式与现代的提高员工承诺模式的观点，即控制型与承诺型，并在之后的研究中运用1988年至1989年美国30家小型钢铁企业的调查数据来研究不同的人力资源管理模式对企业绩效的影响。通过聚类分析，亚瑟证明了这两种人力资源管理模式存在明显的差别（Arthur，1994）。

杨特等（Youndt et al.，1996）依据人力资源实践对组织绩效的影响，将人力资源管理模式分为人力资本提升模式和成本缩减模式。

德利瑞和多蒂（Delery & Doty，1996）从人力资源市场的角度把企业的人力资源管理模式分为内部发展型和市场导向型，前者着眼于长期的观点来培养员工，通过开发企业内部员工的能力来获得竞争力，而后者着眼于通过市场价格从外部劳动力市场获取符合企业要求的员工。

李派克等（Lepak et al.，2005）建议根据人力资源系统的目标来进行定义，并认为人力资源系统根据内部架构可以分为依附型和承诺型两种，前者强调通过外部性激励和有效的监控来管理员工，后者关注通过内部性的激励来发展员工的能力。

局部观视角的这些研究虽然分类上有所不同，但基本都将其分为从长期视角出发，强调企业与员工之间进行高度合作的承诺型人力资源管理模式，以及从短期视角出发，强调对员工的行为和人工成本进行监控的控制型人力资源管理模式（刘善仕、刘辉健，2005；刘善仕等，2010）。这两种模式中的雇佣模式存在着本质差异：承诺型以资源基础观（RBV）作为理论的出发点，认为组织的人力资源是竞争优势的重要来源，因而强调通过长期雇佣来强化组织与员工之间的长期合作，并以此来提高员工的专业技能和对组织的忠诚与投入，进而提高企业的竞争优势；控制型强调通过外部化的短期雇佣方式来节约企业的各项人工成本，以及提高企业雇佣的灵活性。这两类人力资源管理模式的差别恰恰是以雇佣模式为核心特征的。

三、角色观的人力资源管理模式

除了整体和局部视角，还有部分学者是从人力资源管理所扮演的角色角度对人力资源管理的模式展开了研究，这些研究被称为角色观的人力资源管理模式。

徐淑英等（Tusi，1989）从多重利益相关者视角阐述了从人事管理阶段向人力资源管理阶段转变的趋势下，人力资源管理者应该扮演的新角色。在此基础上，泰森和费尔（Tyson & Fell，1986）以智力程度高低，提出了一个从雇员到契约管理者再到建筑师的人力资源管理角色模型。

戴尔和霍尔德（Dyer & Holder，1988）提出了帮助组织界定战略需求和满足战略需求，成为组织战略伙伴（strategic partners）的观点，并认为战略伙伴是人力资源管理新环境下的关键角色；舒勒（Schuler，1990）分析了在技术变革加速等背景下越来越多的组织将人力资源管理职能向直线部门转移的普遍趋势，提出了人力资源管理从业人员需要从“专业的个人贡献者”向“人力资源问题的领导者”转变，赋予了人力资源管理推动变革、规划战略等更为重要的职能角色。

1992年，通过对英国公司与公共服务部门的案例研究，斯托雷（Storey，1992）以人力资源管理的战略性整合为分析基点，依据战略性—策略性和干预性—非干预性两对交叉维度将人力资源管理风格和角色类型进行了划分，提出了变革者（changemakers）、建议者（advisers）、监督者（regulators）、仆人（handmaidens）四种角色。

乌利齐（Ulrich，2001）则从实践的视角分析了人力资源功能的价值本质与人力资源管理的角色类型，他主张对人力资源管理功能价值的思考应该关注它对组织的贡献，而非其功能性活动的内容，他提出了人力资源管理专业人员需要扮演的四种关键角色：战略伙伴（strategic partner）、变革代理人（change agent）、行政管理专家（administrative expert）、员工发言人（employee champion）。

与其他两种视角不同，角色观的人力资源管理模式专注于人力资源管理角色及其转变的探讨，对于人力资源管理中的雇佣管理模式进行的探讨相对较少，这主要与其研究视角有关。

四、人力资源管理模式与雇佣策略的内在联系

在对人力资源管理模式的研究进行回顾时发现，目前在西方学者关于人力资源管理模式的研究中，虽然存在很多不同的划分标准和分类，但从其中可以发现人力资源管理模式与雇佣策略的内在联系：在整体观人力资源管理模式的理论中，后期出现的盖斯特模式和斯托瑞模式都可以发现与长期雇佣策略的关系，企业通过长期雇佣可以获得员工的忠诚，并且与员工建立超越合同要求的相互深度投入的关系；局部观的人力资源管理模式中的研究基本都存在着二分式的人力资源管理模式的比较分析，它们分别是基于长期雇佣导向和以节约成本为目标的短期雇佣导向。

因而，本书认为雇佣策略与人力资源的管理模式有着紧密的联系，它既是企业发展内部劳动力市场的基础，也是区别不同类型的人力资源管理模式的重要表征，企业雇佣策略的调整常常会带来人力资源管理模式的整体变化。根据人力资源管理模式理论，人力资源管理内部之间存在着相互匹配的关系，即雇佣策略同其所属的人力资源管理模式的各项职能之间存在着内在的适配关系。所以，企业对雇佣策略的调整并不单纯是一个雇佣模式的变化，它在很大程度上也意味着人力资源管理工作的整体性调整，这也正是当前雇佣策略研究对人力资源管理理论发展的重要意义之一。

第二节　构建基于多元雇佣的人力资源管理模式的思考

一、变化时代中的人力资源管理模式重构

20 世纪 70 年代之后，企业所面临的环境已经发生了重大的变化，环境动态性的提高使很多国家的雇佣格局从长期雇佣为主转变为多种雇佣方式并重，很多企业开始使用新的雇佣策略，即多元雇佣策略。雇佣策略的这种变化对企业的人力资源管理实践和管理理论都提出了新的要求。根据人力资源模式中内部匹配的要求，雇佣策略是人力资源管理模式变迁的先行部分和主要标志，所以雇佣策略的调整会对人力资源管理体系产生根本性的影响。

这些变化也意味着需要对现有的人力资源实践和人力资源管理相关理论的适用范围进行重新思考。本书认为，有必要构建以多元雇佣为基础的人力资源管理模式，原因在于多元雇佣模式与当前既有的人力资源管理缺乏足够的匹配性。目前许多既有的人力资源管理理论更加适用于相对稳定的环境，其理论的假设条件也是建立在长期雇佣基础之上的。二战之后，美国和日本等国家的企业都以长期雇佣为基础建立了内部劳动力市场，培养出了具有高素质和高工作投入的员工队伍，学者们根据这些企业实践发展出了承诺型人力资源管理、高绩效工作系统和年功序列制等相关的人力资源管理理论。虽然学者们已经对人力资源管理模式进行了充分的研究，但这些研究都是基于长期雇佣策略和短期雇佣策略的，或者应该说主要是针对长期雇佣策略的，以短期雇佣为基础的控制型人力资源管理模式常常是作为被比较的对象出现的，这些既有理论对基于多元雇佣的人力资源管理模式是难以适用的。在当前，随着传统人力资源管理理论和企业实践的基石——长期雇佣开始向多元雇佣转变，企业需要在新型的雇佣策略中构建具有内在效率的人力资源管理模式，这就意味着需要对现有的人力资源管理理论进行发展与修正，构建基于多元雇佣的人力资源管理模式。

虽然这种对理论发展的需求已经出现了一段时间，但是新型的基于多

元雇佣的人力资源管理模式还没有得到全面的研究。从研究的整体数量来看，对基于多元雇佣的人力资源管理模式的研究还比较少。目前针对这一问题进行探讨的学者除了李派克和斯奈尔之外，主要是莫斯霍德等（Mossholder et al.，2011）学者的研究，他们根据企业在雇佣策略等方面的特点重新总结了不同类型的人力资源管理模式，将其分为以短期雇佣为基础的依附型人力资源管理模式、以长期雇佣为基础的承诺型人力资源管理模式和以多元雇佣为基础的人力资源管理合作型模式，具体特点如表 9-1 所示。莫斯霍德研究中的依附型模式在内涵上接近于控制型人力资源管理模式，而新加入的合作型模式则是对目前被越来越多的企业所采用的多元雇佣的一种理论探索，不过这种探讨不是针对所有形态的多元雇佣，只是针对其中的平衡型多元雇佣形态，并且强调其中存在的知识分享功能。

表 9-1　企业雇佣策略与人力资源模式的关系

人力资源模式的要素	依附型人力资源模式	合作型人力资源模式	承诺型人力资源模式
雇佣策略	短期雇佣（外部雇佣）	多元雇佣（内外部结合）	长期雇佣（内部雇佣）
雇佣关系	短期/交易型	长期与短期/平衡型	长期/关系型
组织内的信任基础	以功利为基础	以知识为基础	以认同为基础
交换的动机	个人利益	特殊的回报、知识分享	情感的纽带 共享的价值观念
工作设计	低度参与 限制员工间的互动	中度参与 整合员工的水平社会网络	高度参与 紧密的员工社会网络
培训与开发	个体的能力	个体的能力与社会技能 认知型社会资本	群体共享型能力 关系型社会资本
奖励的重心	以个体为重心	群体与个体相结合	以群体为重心

注：整理自 Mossholder K W, Richardson H A, Settoon R P. Human resource systems and helping in organizations: A relational perspective[J]. The Academy of Management Review (AMR), 2011, 36(1): 33–52.

从研究的成熟度来看，当前的学界对于多元雇佣模式以及以此为基础的人力资源管理模式尚缺乏有效的理解和充分的整合研究。比较成熟的人力资源管理模式理论的优点在于：一是形成了内部一致的政策导向，即人力资源各个职能的内部一致性；二是连接了组织层面和个体层面，现有的人力资源管理模式将员工的行为和组织的政策有机地结合在一起；三是构建出能够体现内部效率的人力资源体系。现有的盖斯特模式和承诺型人力资源管理模式理论较为充分地体现出了这些特征，该理论建立在长期雇佣的基础之上，与其相关的人力资源管理的其他职能也都具有长期导向，并且将员工的长期承诺与对企业的深入投入和企业的人力资源管理政策有效地结合在一起，表明了高素质和高承诺的员工队伍是企业竞争优势的来源。

当前对基于多元雇佣人力资源管理模式的研究并没有体现出这几个方面：在研究数量上，目前仅有少数的几篇文章探讨了这一问题，还处于人力资源管理政策的探讨和模式的初步构想阶段；从人力资源管理政策的内部一致性来看，虽然已经有对多元雇佣中人力资源管理措施的探讨，但这些研究并没有形成具有一致导向的政策体系；从政策与员工关系来看，当前多元雇佣模式在实施中存在直接实施效果和对员工的潜在负面效果之间的冲突；在基于多元雇佣的人力资源管理体系内部效率构建上，这一部分的研究无论是理论分析还是实证验证都较为混乱。所以，对基于多元雇佣的人力资源管理模式还需要进一步的研究，对此本书提出一些相关设想和思考。

二、思考Ⅰ：基于多元雇佣人力资源管理模式构建导向

构建与多元雇佣相适配的人力资源管理模式存在着内在的困难，其困难来自多元雇佣的特殊性。与以长期雇佣为基础的承诺型人力资源管理和以短期雇佣为导向的控制型人力资源管理模式不同，由于多元雇佣的内在动因存在较多内在差异，并且这些差异也会体现在多元雇佣的具体形态上，不同动因与形态的多元雇佣所产生的功能会有非常大的差异，所以需要根据其内在逻辑来构建不同导向的基于多元雇佣的人力资源管理体系，这是之前的人力资源管理模式研究中不存在的困难，也是本书在第四章中分析多元雇佣特征与形态的目的。

多元雇佣动因的复杂性造成了研究的困难，也造成了人力资源管理体系建设的混淆，所以我们认为需要根据不同动因的多元雇佣策略来厘清不同类型的多元雇佣人力资源管理模式。在本书，我们已经意识到了多元雇佣中主要存在着以成本和人力资源数量柔性为目的的企业运营动因以及以知识吸收与整合为动因的企业战略动因两种类型，二者在内在逻辑上存在着本质的不同。这一点在一些相关学者的研究中有了集中的体现，所以应

将它们分成不同的研究部分来予以剖析，并以此作为基础来构建具有不同特点的以多元雇佣为基础的人力资源管理模式。已有研究在一些方面阐明了其中人员管理方式的差别，如孔达（Kunda，2002）提出的关于非典型员工的雇佣关系和自由代理人两种视角等，但这些研究内容较为零散，也不够充分，尚不能上升到人力资源管理体系的层次。因而在这一部分，本书将基于对多元雇佣的系统性研究和动因分类的逻辑，来区分不同导向的多元雇佣人力资源管理体系。

（一）以成本与人力资源柔性为导向的人力资源管理模式

以成本和人力资源柔性，尤其是数量柔性为动因的多元雇佣中，经常会出现负面的员工行为，这种员工的负面行为既表现在非典型员工个体上，也体现在了典型员工与非典型员工之间的互动关系上。这是以长期雇佣为基础的承诺型人力资源管理模式和以短期雇佣为基础的控制型人力资源管理模式中不存在的复杂性问题，因而所产生的员工管理问题也显得尤为复杂。这一部分的雇佣管理问题基本都是如何缓解或降低员工的负面行为以及员工之间的互动行为，以此为导向的人力资源管理模式的主要目标也是在保证适当的人力资源柔性和成本的前提下降低这些负面行为的影响。

同时需要说明的是，虽然降低成本和提高柔性的动因是当前大多数企业选择多元雇佣和短期雇佣的主要原因，但其所产生的需要解决的理论问题则是相对简单的，这也是本书对与其相关的部分论述较少的原因。

（二）以知识为导向的人力资源管理模式

以知识为导向的多元雇佣人力资源管理体系的特点在于：一方面，由于针对的对象基本都是知识型企业中的核心知识员工和非典型知识员工，企业不会出于成本考虑而对非典型员工进行歧视性的待遇，双方的身份与地位差别相对较小，两类员工之间的潜在冲突要小于前一种动因的情况；另一方面，企业产生这一导向是为了更好地进行知识的快速创新，而这需要企业能够有效吸收和利用外部的知识，在内部进行知识的交流与互动，而这需要以不同雇佣类型的员工之间充分的知识分享为基础。

从研究的情况可以发现，多元雇佣在提供典型员工与非典型员工知识分享平台的同时，也产生了各种降低员工知识分享意愿的问题，尤其是典型员工与非典型员工出于对知识外泄的顾虑，在互动过程中常常会出现知识的隐藏行为而非分享行为。所以，这一部分主要探讨如何构建有效的、基于多元雇佣模式的人力资源管理政策来缓解两类员工之间的紧张心理，促进员工之间的知识分享活动。安德烈耶娃和瑟吉瓦（Andreeva & Sergeeva，2016）从能力—动机—机会理论的视角，提出构建能力促进、动因促进和机会促进的整体人力资源实践。本书认为可以将这一思路与多元雇佣的组织情境相结合，提高员工知识分享的动因、机会和能力，调节员工的态度与行为，构建能够有效促进员工知识分享的人力资源管理模式。

三、思考Ⅱ：基于多元雇佣人力资源管理模式内部管理结构

这部分是对人力资源管理模式研究的细化，前一部分本书将与多元雇佣适配的人力资源管理模式分成了不同的构建导向，不同的导向意味着内在构建逻辑的差别。而相同的构建逻辑中，也会存在多种不同的类型，这些差异会集中体现在人力资源管理模式的内部管理上，如与长期雇佣相适配的承诺型人力资源管理模式可以细分为强调人力资源管理内部职能一致的匹配模式（fitness）和强调发展人力资源功能柔性的柔性模式（flexibility），这两种形态的主要差别体现在雇佣管理特征上而非雇佣方式上，企业会根据环境的动态性程度来选择所需要的具体类型。

我们认为，多元雇佣动因的多样性与形态的复杂性是需要进行细分的重要原因，以此可以更加精确地分析基于多元雇佣的人力资源管理模式的内在差异，也可以更加准确地认识其适用的情境。例如，在知识导向的多元雇佣人力资源管理模式中，就会存在只吸收外部的知识员工短期使用的人力资源管理类型和侧重进行知识的吸收与整合的人力资源管理类型，这是在第六章的分析中发现的情况。所以本书对于这一问题的观点是，应当通过分析多元雇佣的人力资源管理模式的内部特征来进一步确定在两种导向下的人力资源管理模式的具体类型，以此来探讨基于不同多元雇佣形态的人力资源管理模式的类型。我们对这部分的具体思考如下：

第一，针对典型员工和非典型员工两类群体的配置和管理机制进行分类研究，即文献研究中的工作整合问题。从配置机制来看，在前述三种不同的动机背景下，企业对内部非典型员工群体可能会单独配置（如独立的工作单元或团队），也可能会与典型员工群体混合配置在相同的工作场所中共同工作；从管理机制来看，企业可能分别对典型和非典型员工群体采取分离型的两套人力资源管理体系，也可能针对二者设计整合型的统一人力

资源管理体系，还可能忽略非典型群体的特征而沿袭过去的针对典型员工的人力资源管理体系来进行统一管理，即忽略型。这些方面的差异会成为构成不同的人力资源管理模式特征的重要差别的来源。

第二，针对不同雇佣类型员工的身份转换机制进行研究。在非典型员工行为的研究中可以发现，当存在身份转换机会时，非自愿接受非典型雇佣的员工和以“踏脚石”为目的接受非典型雇佣的员工常常会有行为方式的改变，表现出更加积极的行为。这表明转换机制对员工的行为具有调节作用，也是人力资源管理体系构建中需要考虑的问题，因为在基于多元雇佣的人力资源管理模式中，需要考虑员工行为与企业管理措施一致化的问题。而需要注意的是，一方面，由于员工知识水平和意向的差别，以成本和柔性为导向的以及以共享为导向的人力资源管理体系中所起到的作用很可能具有较大的差别；另一方面，新进入劳动力市场的员工的工作价值观念已经发生了变化，对非典型雇佣表现出更多的接受性，这两个方面都是制约身份转换机制作用效果的重要因素。

第十章　企业雇佣策略研究的总结与展望

第一节　对本书研究的总结

一、本书的观点总结

（一）雇佣格局的演变趋势

根据本书对各国雇佣方式多元化的分析来看，因为各国推动雇佣方式多元化发展的国内环境与国际环境的变化都具有较强的长期性和持续性，也就是说雇佣方式多元化的进程是一个长期的进程，并且这个进程难以在短时间内逆转，由其所引发的企业雇佣策略的选择与调整也会是一个长期的问题。同时，由于国家间的情境，尤其是制度环境的差异，各国的雇佣方式多元化的具体情况也存在着较为明显的差别。

在这种长期的变化中，处于雇佣方式多元化下的企业如何进行雇佣策略的选择就成为一个关键性研究问题，这一问题具有重要的理论和现实意义。二战之后，长期雇佣格局的建立使管理实践和管理理论都有了新的发展，内部劳动力市场理论、战略人力资源管理理论和高绩效工作系统理论等很多经济学与管理学理论的出现和发展，正是源于当时的社会历史环境中长期雇佣主导的雇佣格局和采用长期雇佣的企业管理实践。

在当前世界格局变化的环境中，社会的雇佣方式格局与企业的雇佣策略都处于再次调整的过程之中，这意味着对企业的雇佣管理与人力资源管理的相关理论提出了新的挑战。这一转变在 20 世纪 80 年代已经有了明显的表现，当时的组织行为研究者发现员工与企业开始出现了新型的、更加短期化的心理契约，并且组织承诺这一显示员工对组织忠诚度的构念在效力上出现了下降，企业更希望员工承诺于工作绩效而非忠诚，而员工的承诺则更多地转向了不局限于对某一企业的职业承诺，这些变化都与新型的雇佣方式有着紧密的联系；与此同时，人力资源管理领域的一些学者也开始针对多元雇佣策略模型的研究，如柔性公司模式、人力资源构型等。这些发生在同一时期的管理研究虽然散落于不同的学科，但它们存在着内在的有机联系，雇佣格局的变化和企业雇佣策略的调整可以视为引起这些变化的基础和主要表征。

（二）雇佣方式多元化下的企业雇佣策略

在组织层面，本书认为在当前经济全球化和新技术革命兴起的大环境下，很多国家的企业面临着环境动态变化和成本竞争压力，这是企业所面临的共同问题，而各国雇佣方式多元化的进程使企业在雇佣策略的选择与调整上有了更多的选择空间。这两种环境变化使企业需要选择与其适配的雇佣策略来提高自身的竞争优势和对新环境的适应能力，企业在这一过程如何做出合适的选择需要新的雇佣管理理论来支持，这是当前人力资源管理理论研究的一个重要方向。

但当前的雇佣策略研究和人力资源管理理论还没有完成这一任务，已有的针对雇佣策略的研究存在以下几方面没有解决的问题：第一，在概念界定上，对雇佣策略的界定仅限于雇佣方式的选择，忽略了对与雇佣方式相适配的雇佣管理方式的整合思考；第二，在研究视角上，主要针对雇佣策略本身或其产生的影响进行研究，而对企业选择雇佣策略动因的关注有所不足，缺乏从雇佣动因的角度进行雇佣策略选择机制的探索；第三，在研究的完整性上，对雇佣策略影响机制的研究存在着分裂，人力资源管理和组织行为学的研究只关注了雇佣策略调整所带来的某一方面的影响，忽视了雇佣策略影响的多重性以及这些影响之间的互动关系，妨碍了对雇佣策略实施效果的准确判断。

二、本书解决的主要研究问题

针对这些研究中存在的问题，本书首先对雇佣策略和雇佣动因进行了重新界定与归类，之后通过“动因—策略—效果”的逻辑顺序将已有研究的成果进行整合思考，探讨各部分之间的内在联系。

首先，企业的雇佣动因和雇佣策略的调整与其所处的环境有着紧密的联系。企业需要在适应环境的过程中获得发展，企业的雇佣动因是在特定的技术环境和制度环境中形成和增强的，而当前很多企业之所以需要调整其雇佣策略也恰恰是为了提高其环境的适应能力。所以企业选择雇佣策略是在环境的影响下，基于特定的雇佣动因或动因组合而展开的，并且不同的动因代表了不同的选择逻辑。

其次，雇佣策略对企业运行效能的影响是多方面的，既包括实现功能的直接效应，也包括对企业内部关系调整的间接效应，企业在雇佣策略的选择与调整时需要对这些方面进行全面的考察，避免间接效应妨碍正常功能的实现。但这部分的研究较为复杂，涉及多个层面的互动研究，虽然能够在结论上通过理论推演进行分析，但实证研究存在一定的困难。

对这一思路展开研究后，本书的贡献主要体现在以下四个方面：

第一，分析了中国雇佣方式多元化的演进历程，并通过与美日等发达国家的比较分析找出了中国雇佣格局变化的特点。雇佣方式的多元化就其本质而言，是社会层面的雇佣系统所发生的制度性变迁，美日等国在这一过程中原有的支持长期雇佣体制的各项制度基础被弱化了，而中国的特殊性在于其雇佣格局变化的基础来自由经济与社会体制转型带来的根本性的制度环境变迁。与其他国家相比，中国的雇佣方式多元化具有更强的制度转型的特点，而其渐进性的制度变迁方式也决定了中国雇佣方式多元化发展中受到新旧制度交替的影响，因而具有基于劳动力市场多重制度分割的主要特征。对中国雇佣格局转变这一制度性变化的研究，既可以发现中国社会层面雇佣系统的变化，也是分析中国企业雇佣策略选择的重要依据。

第二，重新界定了雇佣策略的含义，并对新出现的多元雇佣策略进行了特征分析和类型归纳。在当前的研究中，雇佣策略这一核心概念并未得到准确有效的界定，很多研究将企业选择的雇佣方式等同于雇佣策略，这在一定程度上造成了研究中的混淆与杂乱。针对这一问题，本书在整合已有研究的基础上，根据研究的需要将雇佣策略分为雇佣方式特征和雇佣管理特征两个维度，从而在研究中能够准确区分不同类别的雇佣策略和同类型雇佣策略的多种形态，提高了对雇佣策略研究的效度。同时，相对于被广泛研究的短期雇佣策略和长期雇佣策略，多元雇佣策略这一新出现的类型在特征和形态上具有更多的独特性，但缺乏足够深入的探讨，本书在这里对其内部特征和多种形态进行了深入的分析，为之后的研究奠定了基础。

第三，拓展了雇佣策略的研究思路。之前的雇佣策略研究过多地关注了雇佣策略的模型，主要的研究思路为“策略—效果”，但这种研究思路的问题是忽视了环境的影响和处于特定环境下企业的意愿。所以，本书将研究的思路转变为“动因—策略—效果”，在研究中从雇佣的动因出发，探索企业如何根据环境的特征和自身发展的需要来选择和制定与其适配的雇佣策略，并分析雇佣动因与雇佣策略对企业内部的雇佣关系和员工行为机制的潜在影响。这些方面的研究内容是已有研究忽视或缺乏整合性思考的部分，本书将这些研究问题统一起来，建立了整体性的分析框架，从而促进了对雇佣策略研究的发展。

第四，在动因研究的基础上，重新构建了雇佣策略实施效果的研究。本书对新出现的多元雇佣策略的实施效果进行了研究，构建了基于雇佣身份的员工行为机制和多元雇佣策略中的知识分享机制。对于新出现的多元雇佣策略对企业的影响进行分析，我们认为由于多元雇佣自身的复杂性，它对企业的运行也具有多重效应，我们试图通过对间接效应的分析来探讨其所具有的真实效果。在这两方面，由多元雇佣产生的员工基于雇佣身份的行为是所有使用多元雇佣的企业所面临的共性问题，它涉及员工行为机制的变化，这种变化既有个体与组织关系的影响，也有不同雇佣身份的员工互动的影响。本书在员工行为机制的基础上，探讨了知识分享动因的多元雇佣策略实施效果。与过去的处于相同管理政策下的员工不同，多元雇佣带来了员工知识分享意愿的分化和社会资本的不匀称，因而典型员工与非典型员工之间的知识分享机制也带有特殊性，我们分别对两类员工群体内和群体间的知识分享机制进行了分析，以说明问题产生的根源，其他方面的实施效果将在后续研究中继续进行探讨。

三、本书存在的不足

本书主要阐明了两个方面的问题，第一个是中国雇佣方式多元化的进程，并与其他国家进行了比较，以此来分析雇佣方式多元化的趋势以及各个国家的共性与差异；第二个是转换研究的思路，整合了现有的关于雇佣策略的研究，以“动因—策略—效果”的思路构建了整体的分析框架，并研究了其中的内在逻辑。整体而言，本书对雇佣策略的相关问题进行了有效的整合，探析了其中的重要问题。但本书中存在一些没有解决的问题。

首先，本书是围绕“动因—策略—效果”这一基本思路进行研究的，但并没有完全完成这部分的研究，这主要是雇佣策略实施效果的部分，针对雇佣策略实施的多重效果，本书主要分析了其中存在的间接效应，而对直接效应和两种效应交互作用所产生的最终结果的分析是不完整的，主要探讨了知识分享动因中两种效应的关系。

其次，本书对于基本思路之外的一些重要问题提出了观点，但是没有进行深入的阐述。这些问题主要有雇佣策略与人力资源管理模式的匹配关系、不同性质的人力资源柔性的有效组合问题。应该说这些问题都是当前研究中所关注的重要问题，也是本书希望进行探讨的问题，但是由于本书探讨的重点和研究思考的局限，对这些问题的分析不够深入和准确，这些部分会成为本书在将来要继续进行分析的内容。

最后，对于中国情境的雇佣策略的特殊性研究相对不足。由于中国的特殊情境，其在雇佣策略问题上具有很多需要特殊关注的部分，这主要体现在了制度背景的影响上，如受到户籍制度影响的农民工在雇佣方式选择上的特殊性，不同所有制的企业所面对的制度性力量对雇佣策略选择的影响，国有企业中雇佣身份的制度背景问题等，这些问题对于丰富中国企业雇佣策略的研究起着重要的作用。

四、尚需解决的研究内容

本书所进行的研究属于整合性的探索研究。在雇佣方式多元化的这几十年中，来自人力资源管理、组织行为和雇佣关系等相关领域的学者已经对企业雇佣策略的相关问题进行了一定的研究，但这些研究散落于不同的学科，本书在转换研究视角的同时，用新的思路将这些研究进行了整合。这种以动因作为出发点，并考虑雇佣策略的多重影响机制的思路是本书的探索性部分，而对不同学科研究的整理则属于整合性的部分。由于本书的很多内容进行的是探索性质的研究，没有办法对其中的所有主要问题都进行探讨，而仅对其中的基本概念和雇佣策略的选择与实施效果进行了研究，遗留了一些尚需要探讨的重要研究问题。

首先，本书的研究偏重于总体性的归纳与分析，从总体方面归纳了雇佣动因，并探讨了基于动因的雇佣策略选择机制和影响机制，并未专门针对某一层面动因的企业雇佣策略选择与实施进行深入探讨和研究，而对基于特定动因的雇佣策略选择与实施的针对性研究存在不足，这导致的问题就是对某些雇佣策略的较为细致的研究不够充分，这一情况主要体现在人力资源柔性的动因部分。

其次，本书的研究更多的是关注企业雇佣策略选择中面临的共性问题，对中国情境中所具有的特殊性影响关注较少。本书在第三章中提到，在当前大环境的变化下，既有受环境中共同因素影响的企业在雇佣策略选择中面临的共性问题，也存在着由于各国的内部制度环境导致的特性差别，本书在对中国企业面临的共性问题和特性问题进行了区分后，主要针对共性问题展开研究。但事实上，由于中国的雇佣方式多元化具有制度转型的深刻背景，所以存在着很多影响企业雇佣策略选择和实施效果的制度性因素，这部分影响主要集中在中国的国有企业。因此，具有多重制度约束的国有企业的雇佣策略问题是本书没有进行深入分析的重要问题，而这也将是我们在后续的研究中持续关注并将进步探讨的问题。

最后，对一些与雇佣策略相关问题的研究。本书主要是通过对雇佣策略选择机制的研究来整合相关的研究问题，研究的重点在于雇佣策略的选择，所以主要内容都是关于雇佣策略选择机制的论述，对一些较为重要但与雇佣策略选择机制相关性较低的部分则论述较少，如不同类型的柔性组合等，在未来的研究中将会对这些与雇佣策略相关的重要问题进行更为细致深入的研究。

总之，企业雇佣策略的研究是当前日益重要的研究领域，本书所提供的思考和分析可能存在不少疏漏与偏颇，甚至是逻辑上的错误，但希望能以此来对这一领域进行开拓，也希望能够为其他学者在该领域中的思考提供借鉴。

第二节　新环境中的企业雇佣策略

本节主要针对最近新出现的一些环境因素及其对雇佣格局和雇佣策略可能产生的影响阐述看法。我们认为各个国家的雇佣方式多元化的发展将是一个长期的趋势，因为决定这一趋势的主要环境是超出国家范围的，经济的全球化与以互联网为代表的新技术革命的发展是难以阻挡的。而我们需要进一步思考的问题是，在这样的长期变化下，企业的雇佣策略会有什么样的变化，我们应当如何研究它。但是一些新出现的环境性因素引起了较多的争论与思考，对我们之前的一些看法形成了冲击，我们认为有必要对这些因素进行分析和思考。

一、新经济模式对雇佣格局的影响

（一）共享经济的影响

本书的主体部分完成于 2015 年，当时滴滴打车方兴未艾，共享经济这一词汇在当时也还没有得到广泛的认知。所以笔者依然将企业中的多元雇佣与非典型雇佣方式作为主要的关注点，但出乎预料的是随着共享经济的兴起，各种基于平台的工作方式开始大量出现，这种变化是笔者写作中没有预料的，因而在这一部分将补充对这些问题的探讨。

1.“共享经济”的含义与讨论

共享经济的概念是由美国社会学家马科斯·费尔逊（Marcus Felson）和琼·斯潘思（Joel Spaeth）于 1978 年提出的，一般是指以获得一定报酬为主要目的，基于陌生人且存在物品使用权暂时转移的一种新的经济模式，其主要特点是包括整合线下的闲散物品、劳动力、教育医疗资源，并且通过一个由第三方创建的、以信息技术为基础的市场平台来实现共享。虽然这一概念来自美国，但使这种经济形态获得重大发展的却是中国，在中国出现的以淘宝和京东为代表的网上购物平台，以滴滴打车为代表的网上出行平台，是中国当前以互联网为平台发展起来的共享经济模式的代表。

本书认为当前中国社会对共享经济的认识实际上已经偏离了提出者的本意。共享经济这个概念实际上承载了以互联网为平台的新型创新模式，但这些新型的模式在一定程度上已脱离了共享的本意。从两位学者的初始定义来看，共享经济所具有的特殊意义在于通过新型技术平台来更加有效地利用闲散的资源。实际上物品的共享使用并不是什么新奇的事物，共享经济的理念创新更多地体现在通过信息技术平台来促进闲置物品、资金、知识和经验等的有效整合，信息技术的平台可以打破时空的限制，更加有效地促进共享的效率。在这一模式中，信息技术是促进共享的关键性因素，而共享的对象则是闲置的资源，共享的目的在于私有资源的有效配置与使用。

如果参照中国当前的这些共享经济企业则可以发现，这些企业确实使用了互联网平台和信息技术，但主要目的不在于有效利用闲置资源，而是对现有的工作和生活方式进行改造：如阿里巴巴和京东是将实体的市场交易网络化和虚拟化，其自身则承担市场管理员的角色；滴滴打车等通过网络平台和信息技术改变了出行的用车和计费方式，它在特征上更为接近共享经济；共享单车则是利用手机信息来实施自行车的实时租赁。从这些商业模式中我们确实可以发现一些共享的成分，但它们更多的特征是集中在互联网平台和信息技术这两项特征上，以此来改变既有的商业模式和人们的生活与消费方式，因而“平台经济”是一个更加贴切的称呼。

总之，我们认为共享经济是一个很好的理念，一方面，它可以盘活社会中的闲置资源，但如果仅此而已的话就不是什么新鲜的东西了，关键在于通过新兴的互联网平台和信息技术更加有效地连接供给方和需求方，并精准地计算各方的收益，如滴滴打车根据路线的先期计费方式和网络平台的支付就解决了计费乘车中的很多问题；另一方面，中国在对这一类型经济的发展中，既存在着有效的创新，也存在着新型垄断和跟风炒作的问题。但它对于中国的雇佣格局和企业的雇佣方式选择都有现实的影响，对消费者选择劳务服务的方式和劳动者的工作方式也确实存在着重要的影响。

2. 共享经济中平台与劳动者关系的争论

共享经济平台的出现带来了很多便利，也带来了很多新型的关系和新的责任需要确定。很多平台认为自身是一个平台服务的提供者，将供方与需方连接在一起，所以不存在对劳动者、服务需求者和社会的责任，这些责任包括对劳动者的保障责任、消费者被服务过程中产生的各种问题的连带责任，以及产生的各种社会责任，如滴滴打车中出现的纠纷与伤害和共享单车的随意停放引起的公共资源占用。这些都是需要商讨的问题，而有效分析这些问题首先需要确定出三方之间关系的性质。

本书主要针对平台与劳动者关系的性质阐述的观点是，共享平台出现之后很多学者都在讨论平台与劳动者之间是否存在或存在什么性质的劳动关系，这是第一个具有争议的问题。而另一个同样值得关注的问题是，在非直接雇佣的情况下，平台如何保证劳动者能够提供有效的服务，平台如何保持对劳动者的管控能力。这一部分主要探讨的是平台与劳动者的两种关系。

（1）争论一：平台与劳动者的劳动关系

基于互联网平台的共享经济的出现给社会的生活方式和工作方式带来了非常重要的影响：一方面，从消费者的角度，网上购物平台和出行平台改变了人们的购物方式和出行方式，这也是大众容易感觉到的变化；另一方面，从劳动者的角度，平台经济改变了人们的工作方式，使劳动者不再或不只工作于一个组织，而是通过互联网平台来获得工作。这种方式存在以平台而非组织为中心的特点，未来的工作中以组织为中心的雇佣劳动有可能会降低。

目前在对共享经济中出现的平台与劳动者之间关系的研究中，绝大多数都在探讨平台与劳动者之间是否存在劳动关系。在共享经济中，劳动者与平台之间的关系是相对模糊的，按照《劳动法》很难将其界定为存在雇佣关系。平台的用工方式是雇佣外部化的进一步表现，在第四章对雇佣方式特征的分析中可以发现，随着直接雇佣向间接雇佣的发展，雇佣的外部性在不断提高，企业与劳动者之间的关系也变得更加模糊，而与之不同的是无论哪种形式的间接雇佣，如自我雇佣和劳务外包，实际上都是企业和劳动者之间的关系。而在共享经济中，平台同时还具有类似于信息中介的作用，服务的需求者不是向平台要求服务，而是通过其来发布服务。在这种情况下，平台与劳动者的关系就变得更加难界定了。

同时，这种用工方式也具有多重的影响。一方面，这种难以界定的用工形式为平台和劳动者提供了极大的灵活性，劳动者可以随时几乎不受约束地退出，而平台也不会受到雇佣法规和制度的限制。并且，它降低了平台的责任与成本，因为不存在劳动关系，所以平台不需要负责劳动者的社会保险和劳动保障，同样由于不存在劳动关系，劳动者与服务需求者之间的纠纷也不需要平台承担多少责任。

因为这些复杂性，二者的关系引起了广泛的讨论，这种讨论实际上是对三者之间的责任与利益进行重新划分的社会要求，学者们可能会找到新的解释或政府会出台新的法律法规来规范和应对这些问题。本书认为这些问题应该得到规范，这样才能保证利益的均衡，避免平台企业在获得极大收益的同时却只承担非常有限的责任，否则这种新型的用工方式会在社会层面产生使劳动者缺乏社会保障等方面的重要社会问题。[①]

（2）争论二：平台对劳动者的控制关系

当前对共享经济中平台与劳动者关系的探讨主要集中在二者之间是否存在着劳动关系这一法律问题上，本书认为还有另外一种重要的关系需要进行探讨，那就是平台与劳动者之间的管理与控制的关系。

根据前面提到的交易成本理论的观点，企业使用长期雇佣可以避免出现员工行为不确定性的问题，避免员工出现短期性的不利于企业的行为。这一观点以反面的形式表现在了平台与劳动者之间的关系上，一些共享型企业中出现的问题已经表现出这一点，所以平台必须要考虑如何来对劳动者的行为进行管控，避免出现不当的行为[②]。我们可以认为，平台通过将组织的监督与直接管理转变成为市场的合同要求来实现这一目的，平台会将各种对平台劳动者的要求转变为各种消费者的评价指标，以此作为得到服务费用和奖励的基本条件，同时也通过改变服务费用的计算方式和发放方式来保证劳动者能够提供有效的服务，如滴滴打车中根据地图路线来提前计费的方式，这是技术发展带来的管理进步。但需要说明的是，这种管控方式的效力是有限的，因为在组织化的雇佣中，组织对劳动者可以进行更加全面的管理和有效的控制，从对员工的甄选、培训和直接管理中实现这种控制。而平台只是通过消费者进行的考评来实现这一点，只能对有限的行为进行问责，难以保证平台的劳动者出现其他的行为，并且由于劳动者退出的低限制性，一旦出现了问题很难得到直接的解决。

这一问题是管理中常见的控制问题，只是现在平台用工中有了新的体现。实际上，无论何种用工方式都存在着对劳动者劳动行为的管理与控制，这是非常基本的要求。问题是在平台用工过程中，平台获得了极大灵活性的同时，也丧失了对劳动者的有效控制能力，这就像是硬币的正反两面。

---

① 根据作者的了解，滴滴打车在打败了其他竞争者后，将滴滴司机的收费提高了很多，依靠垄断实现了很大的收益。所以，应该支持共享经济企业发展新型的共享模式，但也要避免它依靠垄断获取超额收益的同时只承担非常有效的责任，所以本书认为应该根据情况在一定程度上强化对其责任的要求，这种情况也应该包括很多其他企业。

② 这种需要可能会由于平台性质的不同而存在差异，我们认为类似于滴滴打车的基于互联网平台的企业对劳动者的管控需要并不是非常高，因为它具有服务中介的性质，滴滴打车存在的是准入门槛过低的问题。而另外一些平台用工的需要来自平台企业自身，它们对劳务的质量有着更为复杂的要求，这也增加了对劳务质量管控的需要。

在学术交流中，有学者发现有的企业开始加强对平台劳动者的培训，在内容上和要求上都有所细化和强化，我们认为这实际上就是企业加强对这类劳动者管控的表现。企业需要在用工的灵活性和对劳动者的管控能力之间保持一个平衡点，过度的用工灵活性对企业也存在着隐藏的风险，所以企业需要在其中选择一个合适的平衡点。实际上平台用工并不适应所有岗位，平台可以将一些工作制定出具体的控制标准提供给平台劳动者，但这更多地适用于那些控制标准明确并且易于得到控制和绩效衡量的工作，而这对于那些希望获得更加有效控制的企业是难以适用的。

（二）“互联网+”对企业雇佣管理的影响

与已经出现并且具有明确形态的共享经济不同，“互联网+”当前还处于初期阶段，因而它的影响也更加模糊。从界定上看，“互联网+”代表着一种新的经济形态，它指的是依托互联网信息技术实现互联网与传统产业的联合，以优化生产要素、更新业务体系、重构商业模式等途径来完成经济转型和升级。

这并不仅仅是意味着组织内部信息沟通的网络化，而是用互联网的思维来改造企业的商业模式和运行方式。在这种变化中，企业与员工之间的关系和工作方式都会发生很大的变化，包括一些传统产业在内，企业与员工之间的关系很可能不再是传统的雇佣与管理的关系，而是一种新型的合作性质的关系。在这种情况下，用之前的雇佣管理思路很可能不再适合已经进行了“互联网+”改造的企业。如果我们将共享经济或平台经济视为新型的以平台为基础的用工方式，那么“互联网+”则更可能是对现有企业中雇佣关系与工作方式的改造，两者的共同点在于都具有“去组织化”的倾向。“互联网+”的思路意味着企业内部运行方式和雇佣关系的改变，但目前这一趋势尚不明确，还需要进行更多的考察。

总之，共享经济与“互联网+”的产生和发展很有可能成为未来影响中国雇佣方式多元化和企业雇佣策略的重要因素。本书的雇佣策略研究是以企业为中心的，当前的管理理论大多数也是如此，而以平台为中心的共享经济和经过“互联网+”改造的新型企业的发展将有可能带来整个组织管理方式的改变，因为它们具有去组织化的特征。同时，传统的雇佣格局常常将正规化的雇佣放在核心的位置，其所代表的雇佣稳定性是企业内部效率的来源，也是维持劳动者收入上升的机制和劳动者的社会保障机制的重要基础，对于整个社会的稳定发展具有重要的意义。而在雇佣方式多元化的演变中，劳动力市场开始朝着与正规化的直接雇佣相反的方向发展，而这两项环境因素很有可能会产生重要的推动作用。这些新的经济模式的出现需要我们对其进行更多的考察与分析，甚至需要在雇佣策略研究的思路上进行大的转变，否则将难以应对未来的企业雇佣策略的研究。

二、政府对非典型雇佣方式规制的趋势

从雇佣方式多元化的整体形势来看，大多数国家的政府对非典型雇佣方式都降低了限制，其中中国存在着一些不同，由于制度变迁的影响，中国政府对国有企业和私营企业的规制存在较大的差异，但从整体上确实是放松了对非典型雇佣方式的限制。

但问题在于，各国政府在将来会对非典型雇佣方式的使用和雇佣格局的演变持什么样的态度。虽然全球化与新技术革命的整体趋势是难以逆转的，但是在经济全球化导致的雇佣方式多元化中，劳动者在整体上属于利益受到损害的群体，所以会不会存在着政府为了避免出现更大的社会问题而对非典型雇佣方式或某些企业的雇佣管理政策进行规制，防止出现波兰尼在《大转型：我们时代的政治与经济起源》一书中所提到的市场伤害社会的局面，这是在未来难以确定的事情。例如，中国政府在2013年对《劳动合同法》中的劳务派遣条款进行了细化和明确，以避免劳务派遣的滥用。这一情况在其他国家也有所体现，我们可以视其为政府应对雇佣方式格局变化产生的各种社会问题的一种反应，只是在未来政府会如何行动还是难以预测的，但这方面的影响常常会带来整体的制度性的环境变化，所以需要时刻保持关注。

综合而言，本书提到的几个方面的环境因素变化目前还是不明确和难以预见的，但是这些发展趋势有可能会对企业的雇佣管理产生重要的影响，是将来的研究中需要考察的内容。

参考文献

1. Ackroyd S. The organization of business: Applying organizational theory to contemporary change[M]. Oxford: Oxford University Press, 2002.
2. Alexander J. Organizational demography and turnover: An examination of multiform and nonlinear heterogeneity[J]. Human Relations, 1995, 48(12): 1455-1480.
3. Allan C. The hidden organisational costs of using non-standard employment[J]. Personnel Review, 2000, 29(2):188-206.
4. Alvesson M. Social indentity and the problem of loyalty in knowledge - intensive companies[J]. Journal of Management Studies, 2000, 37(8): 1101-1124.
5. Andreeva T, Sergeeva A. The more the better … or is it? The contradictory effects of HR practices on knowledge-sharing motivation and behaviour[J]. Human Resource Management Journal, 2016, 26(2):151-171.
6. Andrews K M, Delahaye B L. Influences On Knowledge processes In Organizational Learning: The Psychosocial Filter[J]. Journal of Management Studies, 2000, 37(6): 797-810.
7. Argyris C. Understanding organizational behavior[M]. London: Tavistock Publication, 1960.
8. Arthur J B. Effects of human resource systems on manufacturing performance and turnover[J]. The Academy of Management journal, 1994, 37(3):670-687.
9. Arthur J B. The link between business strategy and industrial relations systems in American steel minimills[J]. Industrial & Labor Relations

Review, 1992, 45(3): 488-506.

10. Ashford S J, Lee C, Bobko P. Content, cause, and consequences of job insecurity: A theory-based measure and substantive test[J]. The Academy of Management journal, 1989, 32(4):803-829.

11. Ashforth B E, Mael F A. Social Identity Theory and the Organization[J]. The Academy of Management Review, 1989, 14(1): 20-39.

12. Atkinson J. Manpower strategies for flexible organizations[J]. Personnel Management, 1984, 16(8):28-31.

13. Baruch Y. The rise and fall of organizational commitment[J]. Human Systems Management, 1998, 17(2):135-144.

14. Beard K M, Edwards J R. Employees at risk: Contingent work and the psychological experience of contingent workers[M]// Cooper C L & Rousseau D M. Trends in organizational behavior. John Wiley & Sons, 1995(2):109-126.

15. Beck N. Shifting Gears: Thriving in the New Economy[M]. New York: Harper Collins, 1992.

16. Beer M, Spector B, Lawrence P R, Quin M D, and Walton E R. Managing Human Assets[M]. NewYork: Free Press, 1984.

17. Beltrán-Martín I, Roca-Puig V, Escrig-Tena A, et al. Human Resource Flexibility as a Mediating Variable Between High Performance Work Systems and Performance[J]. Journal of Management, 2008, 34(5): 1009-1044.

18. Benach J, Amable M, Muntaner C, et al. The consequences of flexible work for health: are we looking at the right place?[J]. Journal of Epidemiology and Community Health, 2002, 56(6):405-406.

19. Bernasek A, Kinnear D. Workers' willingness to accept contingent employment[J]. Journal of Economic Issues, 1999, 33(2) : 461-469.

20. Bishop J W, Goldsby M G , Neck C P. Who goes? Who cares? Who stays? Who wants to?The role of contingent workers and corporate layoff practices[J]. Journal of Managerial Psychology, 2002, 17(4): 298-315.

21. Blalock H M. Toward a theory of minority-group relations[M]. New York: Wiley, 1967.
22. Bogenrieder I, Nooteboom B. Learning Groups: What Types are there? A Theoretical Analysis and an Empirical Study in a Consultancy Firm[J]. Organization Studies, 2004, 25(2): 287-313.
23. Brewster C, Mayne L, Tregaskis O. Flexible working in Europe[J]. Journal of World Business, 1997, 32(2):133-151.
24. Bridges William. Job Shift:How to Prosper in a Workplace without Jobs[M]. Reading, Mass.: Addison Wesley, 1994.
25. Broschak J P, Davis-blake A. Mixing Standard Work and Nonstandard Deals: The Consequences of Heterogeneity in Employment Arrangements[J]. Academy of Management Journal, 2006, 49(2): 371-393.
26. Bunderson J S, Reagans R E. Power, status, and learning in organizations[J]. Organization Science, 2011, 22(5): 1182–1194.
27. Burgess J, Connell J. Temporary work and human resources management: issues, challenges and responses[J]. Personnel Review, 2006, 35(2):129-140.
28. Byoung-Hoon L, Frenkel S J. Divided Workers Social relations between contract and regular workers in a Korean auto company[J]. Work, Employment & Society, 2004, 18(3):507-530.
29. Cabrera A, Cabrera E F. Knowledge-Sharing Dilemmas[J]. Organization Studies, 2002, 23(5): 687-710.
30. Cappelli P, Neumark D. External Churning and Internal Flexibility: Evidence on the Functional Flexibility and Core-Periphery Hypotheses[J]. Industrial Relations: A Journal of Economy and Society, 2004, 43(1):148-182.
31. Cappelli P. The New Deal at Work: Managing the Market Driven Workforce[M]. Boston :Harvard Business School Press, 1999.
32. Chattopadhyay, P, E George. Examining the effects of work externalization through the lens of social identity theory[J]The Journal

of applied psychology, 2001, 86(4) :781–788.

33. Chiang H H, Han T S, Chuang J S. The Relationship Between High-Commitment HRM and Knowledge-Sharing Behavior and Its Mediators[J]. International Journal of Manpower, 2011, 32(5/6):604-622.
34. Christensen K. The two-tiered workforce in US corporations[M] // Doeringer P B, Christensen K, Flynn P M, et al. Turbulence in the American workplace. New York: Oxford University Press, 1991: 140-155.
35. Collins C J, Smith K G. Knowledge exchange and combination: The role of human resource practices in the performance of high-technology firms[J]. The Academy of Management Journal Archive, 2006, 49(3):544-560.
36. Connelly C E, Gallagher D G. Emerging trends in contingent work research[J]. Journal of Management, 2004, 30(6):959-983.
37. Connelly C E, Kelloway E K. Predictors of employees' perceptions of knowledge sharing cultures[J]. Leadership & Organization Development Journal, 2003, 24(5): 294-301.
38. Connelly C E, Zweig D, Webster J, et al. Knowledge hiding in organizations[J]. Journal of Organizational Behavior, 2012, 33(1):64-88.
39. Connelly C E. Predictors of knowledge sharing in organizations[D]. Queen's School of Business, Queen's University, 2000.
40. Cooke F L. Ownership change and reshaping of employment relations in China: a study of two manufacturing companies[J]. Journal of Industrial Relations, 2002, 44(1):19-39.
41. Darby J B. The Ultimate Contractor: Lessons from a Parallel Universe[J]. Contract Professional, 1997, 2(1):27-32.
42. David, J. The unexpected employee and organizational costs of skilled contingent workers[J]. Human Resource Planning, 2005, 28(2), 32–40.
43. Davis-Blake A, Broschak J P, George E. Happy together? How using nonstandard workers affects exit, voice, and loyalty among standard

employees[J]. Academy of Management Journal, 2003, 46(4):475-485.

44. Davis-Blake A, Uzzi B. Determinants of employment externalization: A study of temporary workers and independent contractors[J]. Administrative Science Quarterly, 1993, 38(2): 195-223.

45. Davy J A. A test of job security's direct and mediated effects on withdrawal cognitions[J]. Journal of Organizational Behavior, 1997, 18(4):323-349.

46. De Cuyper N, De Jong J, De Witte H, et al. Literature review of theory and research on the psychological impact of temporary employment: Towards a conceptual model[J]. International Journal of Management Reviews, 2008, 10(1):25-51.

47. De Cuyper N, De Witte H, Van Emmerik H. Temporary employment: Costs and benefits for (the careers of) employees and organizations[J]. Career Development International, 2011, 16(2):104-113.

48. De Cuyper N, De Witte H, Isaksson K. et al. Employment contracts: How to deal with diversity? In N. De Cuyper, K. Isaksson, & H. De Witte (Eds.), Employment contracts and well-being among European workers. Hampshire, UK: Ashgate Publishing, 2005: 15-34.

49. De Cuyper N, De Witte H. Volition and reasons for accepting temporary employment: Associations with attitudes, well-being, and behavioural intentions[J]. European Journal of Work and Organizational Psychology, 2008, 17(3):363-387.

50. De Jong J, Schalk R. Extrinsic motives as moderators in the relationship between fairness and work-related outcomes among temporary workers[J]. Journal of Business and Psychology, 2010, 25(1):175-189.

51. De Witte H. Work ethic and job insecurity: assessment and consequences for well-being, satisfaction and performance at work[M]// Bowen R, De Witte K, De Witte H, Taillieu T. From Group to Community. Dutch:Belg.: Garant, 2000 :325–350

52. Delery J E, Doty D H. Modes of theorizing in strategic human resource management: Tests of universalistic, contingency, and configurational

performance predictions[J]. Academy of management Journal, 1996, 39(4):802-835.

53. Deyo F C. Labor and post-Fordist industrial restructuring in East and Southeast Asia[J]. Work and Occupations, 1997, 24(1):97-118.
54. Dick P. The psychological contract and the transition from full to part-time police work[J]. Journal of Organizational Behavior, 2006, 27(1): 37-58.
55. DiMaggio P J, Powell Walter W. The iron cage revisited: Institutional isomorphism and collective rationality in organizational fields[J]. American Sociological Review 1983, 48(2):147-160.
56. Dyer L, Holder G W. Toward a Strategic Perspective of Human Resource Management[M] // Dyer, L. Human Resource Management: Evolving Rotes and Responsibilities. Washington, DC: Bureau of National AfTairs, 1988: 1-46.
57. Dyer J H, Singh H. The relational view: cooperative strategy and sources of interorganizational competitive advantage[J]. Academy of management review, 1998, 23(4): 660-679.
58. Feldman D C, Doerpinghaus H I, Turnley W H, et al. Employee Reactions to Temporary Jobs[J]. Journal of Managerial Issues, 1995, 7(2):127-141.
59. Feldman D C, Turnley W H. Contingent employment in academic careers: Relative deprivation among adjunct faculty[J]. Journal of Vocational Behavior, 2004, 64(2):284-307.
60. Feldman D C. Reconceptualizing the nature and consequences of part-time work[J]. Academy of Management Review, 1990, 15(1):103-112.
61. Feldman D C. Toward a new taxonomy for understanding the nature and consequences of contingent employment[J]. Career Development International, 2006, 11(1):28-47.
62. Geary J F. Employment flexibility and human resource management: The case of three American electronics plants[J]. Work, Employment &

Society, 1992, 6(2):251-270.

63. George E. External solutions and internal problems: The effects of employment externalization on internal workers' attitudes[J]. Organization Science, 2003, 14(4): 386-402.
64. Gibson C B, Birkinshaw J. The antecedents, consequences, and mediating role of organizational ambidexterity[J]. Academy of Management Journal, 2004, 47(2): 209-226.
65. Gloet M, Berrell M. The dual paradigm nature of knowledge management: implications for achieving quality outcomes in human resource management[J]. Journal of knowledge Management, 2003, 7(1):78-89.
66. Gouswaard A, Kraan K O, Dhondt S. Flexibility in balance: Flexibility of labour and its consequences for employers and employees[J]. TNO-report. Hoofddorp, NL, 2001.
67. Grimshaw D, Ward K G, Rubery J, et al. Organisations and the Transformation of the Internal Labour Market[J]. Work, Employment and Society, 2001, 15(1): 25-54.
68. Guest D E, Conway N. Communicating the psychological contract: an employer perspective[J]. Human Resource Management Journal, 2002, 12(2):22-38.
69. Guest D E. Flexible employment contracts, the psychological contract and employee outcomes: an analysis and review of the evidence[J]. International Journal of Management Reviews, 2004, 5(1):1-19.
70. Guest D, Oakley P, Clinton M, et al. Free or precarious? A comparison of the attitudes of workers in flexible and traditional employment contracts[J]. Human Resource Management Review, 2006, 16(2): 107-124.
71. Guest D. Human Resource Management and Industrial Relations[J]. Journal of Management Studies, 1987, 24(5): 503-521.
72. Gulati R. Does familiarity breed trust? The implications of repeated ties for contractual choice in alliances[J]. Academy of Management Journal,

1995, 38(1):85-112

73. Gupta A K, Govindarajan V. Knowledge flows within multinational corporations[J]. Strategic Management Journal, 2000, 21(4): 473-496.
74. Hakansson K, Isidorsson T. Work Organizational Outcomes of the Use of Temporary Agency Workers[J]. Organization Studies, 2012, 33(4): 487-505.
75. Hall R. Temporary agency work and HRM in Australia: "Cooperation, specialisation and satisfaction for the good of all"?[J]. Personnel Review, 2006, 35(2):158-174.
76. Hansen M T. The search-transfer problem: The role of weak ties in sharing knowledge across organization subunits[J]. Administrative Science Quarterly, 1999, 44(1): 82–111.
77. Hardy D J, Walker R J. Temporary but seeking permanence: a study of New Zealand temps[J]. Leadership & Organization Development Journal, 2003, 24(3):141-152.
78. Harrison D A, Klein K J. What's the difference? Diversity constructs as separation, variety, or disparity in organizations[J]. The Academy of Management Review, 2007, 32(4):1199-1228.
79. Harrison D A, Price K H, Bell M P. Beyond relational demography: Time and the effects of surface-and deep-level diversity on work group cohesion[J]. Academy of Management Journal, 1998, 48(1):96-107.
80. Harrison, B. Lean & mean: Why large corporations will continue to dominate the global economy[M]. New York: Guilford, 1997.
81. Helper, S, MacDuffie, J P and Sabel, C. Pragmatic collaborations: advancing knowledge while controlling opportunism[J]. Industrial and Corporate Change, 2000, 9(3): 443-487.
82. Hoffman E. The effect of race-ratio composition on the frequency of organizational communication[J]. Social Psychology Quarterly, 1985, 48(1): 17–26
83. Homans G C. Social behavior: Its elementary forms[M]. New York: Harcourt, Brace, & World, 1961.

84. Houseman S, Osawa M. Part-time and temporary employment in Japan[J]. Monthly Labor Review, 1995, 118(10):10-18.

85. Inkpen A C, Tsang E W K. Social capital, networks, and knowledge transfer[J]. Academy of Management Review, 2005, 30(1):146-165.

86. Isaksson K, Bellagh K. Health problems and quitting among female "temps"[J]. European Journal of Work and Organizational Psychology, 2002, 11(1): 27-45.

87. Jarvenpaa S L, Staples D S. Exploring Perceptions of Organizational Ownership of Information and Expertise[J]. Journal of Management Information Systems, 2001, 18(1): 151-183.

88. Kalleberg A L, Edith R, et al. Non Standard Work, Substandard Jobs: Flexible Work Arrangements in the U.S.[M]. Washington, D C: Economic Policy Institute, 1997.

89. Kalleberg A L, Reskin B F, Hudson K. Bad jobs in America: Standard and nonstandard employment relations and job quality in the United States[J]. American Sociological Review, 2000, 65(2):256-278.

90. Kalleberg A L, Reynolds J, Marsden P V. Externalizing employment: flexible staffing arrangements in US organizations[J]. Social Science Research, 2003, 32(4):525-552.

91. Kalleberg A L. Flexible firms and labor market segmentation[J]. Work and Occupations, 2003, 30(2):154-175.

92. Kalleberg A L. Nonstandard employment relations: Part-time, temporary and contract work[J]. Annual Review of Sociology, 2000(26):341-365.

93. Kalleberg A L. Organizing flexibility: the flexible firm in a new century[J]. British Journal of Industrial Relations, 2001, 39(4):479-504.

94. Kalleberg A L. Precarious work, insecure workers: Employment relations in transition[J]. American Sociological Review, 2009, 74(1): 1-22.

95. Kang S C, Morris S S, Snell S A. Relational archetypes, organizational learning, and value creation: Extending the human resource architecture[J]. The Academy of Management Review, 2007, 32(1):236-

256.

96. Kang S, Snell S A. Intellectual capital architectures and ambidextrous learning: A framework for human resource management[J]. Journal of Management Studies, 2009, 46(1):65-92.

97. Ko J R. Contingent and internal employment systems: substitutes or complements?[J]. Journal of Labor Research, 2003, 24(3):473-490.

98. Kossek E E, Lobel S A, Brown J. Human resource strategies to manage workforce diversity: Examining "the business case."[M]// Konrad A M, Prasad P & Pringle J K, Handbook of workplace diversity. London, UK: Sage, 2006: 53-74.

99. Krausz M. Effects of short-and long-term preference for temporary work upon psychological outcomes[J]. International Journal of Manpower, 2000, 21(8):635-647.

100. Kulkarni S P, Ramamoorthy N. Commitment, flexibility and the choice of employment contracts[J]. Human Relations, 2005, 58(6):741-761.

101. Kunda G, Barley S R, Evans J. Why do contractors contract? The experience of highly skilled technical professionals in a contingent labor market[J]. Industrial and Labor Relations Review, 2002, 55(2):234-261.

102. Lautsch B A. Uncovering and explaining variance in the features and outcomes of contingent work[J]. Industrial and Labor Relations Review, 2002, 56(1):23-43.

103. Leeuwen V E, Tauber S. Demonstrating knowledge: The effects of group status on outgroup helping[J]. Journal of Experimental Social Psychology, 2011, 47(1): 147-156.

104. Lepak D P, Bartol K M, Erhardt N L. A contingency framework for the delivery of HR practices[J]. Human Resource Management Review, 2005, (15)2: 139-159.

105. Lepak D P, Snell S A. Examining the human resource architecture: The relationships among human capital, employment, and human resource configurations[J]. Journal of Management, 2002, 28(4):517-543.

106. Lepak D P, Snell S A. The human resource architecture: Toward a

theory of human capital allocation and development[J]. Academy of Management Review, 1999, 24(1):31-48.

107. Lepak D P, Takeuchi R, Snell S A. Employment flexibility and firm performance: Examining the interaction effects of employment mode, environmental dynamism, and technological intensity[J]. Journal of Management, 2003, 29(5):681-703.

108. Levin D Z, Cross R. The Strength of weak ties you can trust: The mediating role of trust in effective knowledge transfer[J]. Management Science, 2004, 50(11): 1477-1490.

109. Lewis M W. Exploring paradox: Toward a more comprehensive guide[J]. Academy of Management Review, 2000, 25(4):760-776.

110. Liao, S H, Chang, J C, Cheng, S C, et al. Employee relationship and knowledge sharing: A case study of a Taiwanese finance and securities firm[J]. Knowledge Management Research and Practice, 2004, 2(1): 24-34.

111. Liebeskind J P. Knowledge, strategy, and the theory of the firm[J]. Strategic Management Journal , 1996, 17(S2): 93-107.

112. Lu L, Leung K, Koch P T, et al. Managerial knowledge sharing: The role of individual, interpersonal, and organizational factors[J]. Management and Organization Review, 2006, 2(1): 15-41.

113. Mangum G, Mayall D, Nelson K. The temporary help industry: a response to the dual internal labour market[J]. Industrial and Labor Relations Review, 1985, 38(4): 599-611.

114. Marler J H, Woodard Barringer M, Milkovich G T. Boundaryless and traditional contingent employees: worlds apart[J]. Journal of Organizational Behavior, 2002, 23(4):425-453.

115. Marr J C, Thau S. Falling from great (and not-so-great) heights: How initial status position influences performance after status loss[J]. Academy of Management Journal, 2014, 57(1): 223-248.

116. Martínez-Sánchez A, Vela-Jiménez J, Pérez M, De-Carnicer P. Inter-organizational cooperation and environmental Change: moderating

effects between flexibility and innovation performance[J]. British Journal of Management, 2009, 20(4):537-561.

117. Martínez-Sánchez A, Vela-Jiménez M, Pérez-Pérez M, et al. The Dynamics of labour flexibility: Relationships between employment type and innovativeness[J]. Journal of Management Studies, 2011, 48(4):715-736.

118. Matias-Reche F, Mar Fuentes-Fuentes M. The internal labour market and the employment of temporary help workers in Spain[J]. Personnel Review, 2006, 35(4):378-396.

119. Matusik S F, Hill C W L. The utilization of contingent work, knowledge creation, and competitive advantage[J]. Academy of Management Review, 1998, 23(4):680-697.

120. Mayer R C, Davis J H. The effect of the performance appraisal system on trust for management: A field quasi-experiment[J]. Journal of Applied Psychology, 1999, 84(1): 123-136.

121. McDonald D J, Makin P J. The psychological contract, organisational commitment and job satisfaction of temporary staff[J]. Leadership & Organization Development Journal, 2000, 21(2):84-91.

122. McEvily B, Marcus A. Embedded ties and the acquisition of competitive capabilities[J]. Strategic Management Journal, 2005, 26(11):1033-1055.

123. McGovern P, Smeaton D, Hill S. Bad Jobs in britain nonstandard employment and job quality[J]. Work and Occupations, 2004, 31(2):225-249.

124. Mckeown T. Non-Standard employment: When even the elite are precarious[J]. Journal of Industrial Relations, 2005, 47(3): 276-293.

125. McLean Parks J, Kidder D L, Gallagher D G. Fitting square pegs into round holes: Mapping the domain of contingent work arrangements onto the psychological contract[J]. Journal of Organizational Behavior, 1998, 19(S1):697-730.

126. Minbaeva D, Makela K, Rabbiosi L, et al. Linking HRM and

knowledge transfer via individual-level mechanisms[J]. Human Resource Management, 2012, 51(3): 387-405.

127. Mossholder K W, Richardson H A, Settoon R P. Human resource systems and helping in organizations: A relational perspective[J]. The Academy of Management Review (AMR), 2011, 36(1):33-52.

128. Nahapiet J, Ghoshal S. Social capital, intellectual capital, and the organizational advantage[J]. Academy of Management Review, 1998, 23(2):242-266.

129. Nembhard M I, Edmondson A A. Making it safe: The effects of leader inclusiveness and professional status on psychological safety and improvement efforts in health care teams[J]. Journal of Organizational Behavior, 2006, 27(7): 941-966.

130. Nesheim T. Using external work arrangements in core value-creation areas[J]. European Management Journal, 2003, 21(4):528-537.

131. Nonaka. A dynamic theory of organizational knowledge creation[J]. Organization Science, 1994, 5(1):14-35.

132. Olmsted B, Smith S. Creating a flexible workplace: How to select and manage alternative work options[M]. New York: American Management Association, 1989.

133. Osterman P. Broken ladders: Managerial careers in the new economy[M]. New York: Oxford University Press, 1996.

134. Pearce J L. Job insecurity is important, but not for the reasons you might think: The example of contingent workers[M]// Cooper C L, Rousseau D M. Trends in organizational behavior. Chichester, England: Wiley, 1998 (5):31-46.

135. Pearce J L. Toward an organizational behavior of contract laborers: Their psychological involvement and effects on employee co-workers[J]. Academy of Management Journal, 1993, 36(5):1082-1096.

136. Peiro J M, Garciamontalvo J, Gracia F J, et al. How do young people cope with job flexibility?: demographic and psychological antecendents of the resistance to accept a job with non-preferred flexibility features[J].

Applied Psychology, 2002, 51(1): 43-66.
137. Peng Yusheng. Wage determination in rural and urban China: Comparison of public and private industrial sectors[J]. American Sociological Review, 1992, 57(2): 198-213.
138. Petersen T, Saporta I, Seidel M L. Offering a job: Meritocracy and social networks[J]. American Journal of Sociology, 2000, 106(3):763-816.
139. Pink D H. Metaphor marketing[J]. Fast Company, 1998, 14(4/5): 214-219.
140. Polivka A E. Contingent and alternative work arrangements, defined[J]. Monthly Labor Review, 1996, 119(10):3-9.
141. Poppo L, Zenger T. Testing altermative theories of the firm: Transaction cost, knowledge-based, and measurement explanations for make-or-buy decisions in information services[J]. Strategic Management Journal, 1998, 19(9):853-877.
142. Quinn J B. The intelligent enterprise a new paradigm[J]. Academy of Management Perspectives, 1992, 6(4): 48-63.
143. Reagans R, McEvily B. Network structure and knowledge transfer: The effects of cohesion and range[J]. Administrative Science Quarterly, 2003, 48(2): 240–267.
144. Robertson M, Swan J. `Control-What Control?' Culture and Ambiguity Within a Knowledge Intensive Firm[J]. Journal of Management Studies, 2003, 40(4): 831-858.
145. Rousseau D. Psychological contracts in organizations: Understanding written and unwritten agreements[M]. Newbury Park, CA: Sage, 1995.
146. Sanchez R. Strategic flexibility in product competition[J]. Strategic Management Journal, 1995, 16(S1):135-159.
147. Scheepers D, Ellemers N. When the pressure is up: The assessment of threats to social identity in low and high status groups[J]. Journal of Experimental Social Psychology, 2005, 41(2):192-200.
148. Scheepers, D. Turning social identity threat into challenge: Status

stability and cardiovascular reactivity during inter-group competition[J]. Journal of Experimental Social Psychology, 2009, 45(1), 228-233.

149. Schuler R S. Personnel and human resource management - 3/E[M]. West Pub Co., 1990.

150. Schwartz, S H. Cultural value orientations: Nature and implications of national differences[M]. Moscow: State University-Higher School of Economics Press, 2008.

151. Sels L, Janssens M, Van den Brande I. Assessing the nature of psychological contracts: a validation of six dimensions[J]. Journal of Organizational Behavior, 2004, 25(4):461-488.

152. Shumate M, Pike J. Trouble in a geographically distributed virtual network organization: organizing tensions in continental direct action network[J]. Journal of Computer-Mediated Communication, 2006, 11(3): 802-824.

153. Sias P M, Kramer M W, Jenkins E, et al. A Comparison of the communication behaviors of temporary employees and new hires[J]. Communication Research, 1997, 24(6): 731-754.

154. Sligte D J, De Dreu C K, Nijstad B A. Power, stability of power and creativity[J]. Journal of Experimental Social Psychology, 2011, 47(5):891–897.

155. Sluss D M, Klimchak M, Holmes J J. Perceived organizational support as a mediator between relational exchange and organizational identification[J]. Journal of Vocational Behavior, 2008, 73(3):457-464.

156. Smith V. Institutionalizing flexibility in a service firm: Multiple contingencies and hidden hierarchies[J]. Work and Occupations, 1994, 21(3): 284–307.

157. Storey J. Developments in the management of human resources: an analytical review[M]. Blackwell, 1992.

158. Sutcliffe K M, Zaheer A. Uncertainty in the transaction environment: An empirical test[J]. Strategic Management Journal, 1998, 19(1): 1-23.

159. Sverke M. Job Insecurity and Union Membership: European Unions in

the wake of flexible production[M].Peter Lang, 2004.

160. Szulanski G .Exploring internal stickiness: Impediments to the transfer of best practice w ithin the firm[J] . Strategic Management Journal, 1996 , 17(S2):27 -44.

161. Tajfel H. Differentiation between social groups: Studies in the social psychology of intergroup relations[M]. New York: Academic Press, 1978.

162. Tan H, Tan C. Temporary employees in Singapore: What drives them?[J]. The Journal of Psychology, 2002, 136(1):83-102.

163. Thorsteinson T J. Job attitudes of part-time vs. full-time workers: A meta-analytic review[J]. Journal of Occupational and Organizational Psychology, 2003, 76(2):151-177.

164. Tiwana A, Ramesh B. A design knowledge management system to support collaborative information product evolution[C]. Decision Support Systems, 2001, 31(2): 241-262.

165. Tsui A S, O'reilly C A. Beyond simple demographic effects: The importance of relational demography in superior-subordinate dyads[J]. Academy of Management Journal, 1989, 32(2): 402-423.

166. Tsui A S, Pearce J L, Porter L W, et al. Alternative approaches to the employee-organization relationship: does investment in employees pay off?[J]. Academy of Management Journal, 1997, 40(5):1089-1121.

167. Tsui A S, Wu J B. The new employment relationship versus the mutual investment approach: Implications for human resource management[J]. Human Resource Management, 2005, 44(2):115-121.

168. Tsui, A S, Pearce, J L, Porter, L W, Hite, J P. Choice of employee-organization relationship: influence of external and internal organizational factors[J]. Research in Personnel and Human Resource Management, 1995(13): 117-152.

169. Twiname L J, Humphries M, Kearins K, et al. Flexibility on whose terms[J]. Journal of Organizational Change Management, 2006, 19(3): 335-355.

170. Tyler T R, Blader S L. Identity and cooperative behavior in groups[J]. Group Processes & Intergroup Relations, 2001, 4(3): 207-226.

171. Tyson S, Fell A. Evaluating the personnel function[M]. London: Hutchinson Radius, 1986.

172. Ulrich D, Beatty D. From partners to players: Extending the HR playing field[J]. Human Resource Management, 2001, 40(4):293-307.

173. Uzzi B, Barsness Z I. Contingent employment in british establishments: Organizational determinants of the use of fixed-term hires and part-time workers[J]. Social Forces, 1998, 76(3):967-1005.

174. Van Dyne L, Ang S. Organizational citizenship behavior of contingent workers in Singapore[J]. Academy of Management Journal, 1998, 41(6):692-703.

175. Vincent S, Grugulis I. Employment relations, cost minimisation and inter-organisational contracting[J]. Industrial Relations Journal, 2009, 40(1):40-59.

176. Von Hippel C, Greenberger D B, Mangum S L, Heneman R. Voluntary and involuntary temporary employees: predicting satisfaction, commitment, and personal control[M]// Hodson, R. Research in the Sociology of Work. Greenwich: JAI Press, 2000(8):291-309.

177. Von Hippel C, Mangum S L, Greenberger D B, et al. Temporary employment: Can organizations and employees both win?[J]. The Academy of Management Executive (1993-2005), 1997, 11(1):93-104.

178. Wade-Benzoni K A. Rousseau D M. Psychological contracts in the faculty–doctoral student relationship[J]. Under Review, 1997.

179. Wagner W G, Pfeffer J, O'Reilly C A. Organizational demography and turnover in top-management group[J]. Administrative Science Quarterly, 1984, (29)1:74-92.

180. Walton R E. From control to commitment in the workplace[J]. Harvard Business Review, 1985, 63(2):77-84.

181. Way S A, Lepak D P, Fay C H, et al. Contingent workers' impact on standard employee withdrawal behaviors: Does what you use them for

matter?[J]. Human Resource Management, 2010, 49(1):109-138.

182. Willem A, Buelens M, Scarbrough H, et al. The role of inter-unit coordination mechanisms in knowledge sharing: a case study of a British MNC[J]. Journal of Information Science, 2006, 32(6): 539-561.

183. Wright P M, Snell S A. Toward a unifying framework for exploring fit and flexibility in strategic human resource management[J]. Academy of Management Review, 1998, 23(4):756-772.

184. Youndt M S, Dean S, Lepak J D. Human resource management, manufacturing strategy and firm performance[J]. Academy of Management Journal, 1996, 39(4):836-866.

185. Zellmer-Bruhn M C, Gibson C. Multinational organizational context implications for learning and performance[J].Academy of Management Journal, 2006, 49(3):501-518.

186. Zenger T, Lawrence B S. Organizational demography: The differential effects of age and tenure distributions on technical communication[J]. Academy of Management Journal, 1989, 32(2): 353-376.

187. 本杰明·克莱因. 作为组织纵向所有权的一体化：费雪车身公司与通用汽车公司关系的再考察[C]// 威廉姆森，温特. 企业的性质起源、演变和发展. 姚海鑫，邢源源，译. 北京：商务印书馆，2007：281-287.

188. 马克斯·H. 博伊索特. 知识资产——在信息经济中赢得竞争优势[M]. 张群群，陈北，译. 上海人民出版社，2005.

189. 布若威. 制造同意——垄断资本主义劳动过程的变迁[M]. 李荣英，译. 北京：商务印书馆，2008.

190. 查尔斯·汉迪. 非理性的时代[M]. 方海萍，等译. 杭州：浙江人民出版社，2012.

191. 陈文春，袁庆宏. 外派技术人员社会资本对企业间知识转移的影响机制研究[J]. 科学学与科学技术管理，2010，31（1）：90-93.

192. 陈弋，Sylvie Démurger，Martinfournier，杨真真. 中国企业的工资差异和所有制结构[J]. 世界经济文汇，2005（06）：11-31.

193. 陈玉明，崔勋. 代际差异理论与代际价值观差异的研究评述[J]. 中国人力资源开发，2014（13）：43-48.

194. 陈玉明，崔勋. 基于动态环境构型分析的企业雇佣策略研究[J]. 管理学报，2015，12（03）：372-379.
195. 程德俊，赵曙明. 高参与工作系统与企业绩效：人力资本专用性和环境动态性的影响[J]. 管理世界，2006（3）：86-93+171.
196. 段光，杨忠. 知识异质性对团队创新的作用机制分析[J]. 管理学报，2014，11（01）：86-94.
197. 冯帆，杨忠. 雇佣关系与知识共享：知识特性的调节作用[J]. 经济管理，2013，35（08）：81-91.
198. 高闯. 一种新的企业用工模型——差别序列结构[J]. 经济管理，1996（05）：43-45.
199. 何明芮，李永建. 心理契约类型对隐性知识共享意愿影响的实证研究[J]. 管理学报，2011，8（01）：56-60.
200. 胡琼晶，谢小云. 团队成员地位与知识分享行为：基于动机的视角[J]. 心理学报，2015，47（04）：545-554.
201. 黄伟，廖慧珍，林瑶. 日本劳务派遣法律规制对企业用工决策的影响[J]. 中国人力资源开发，2014（13）：101-106+112.
202. 金辉，杨忠，冯帆. 社会资本促进个体间知识共享的作用机制研究[J]. 科学管理研究，2010，28（05）：51-55.
203. A L. 卡利伯格，新馨. 美国雇佣关系和劳动力市场的变化[J]. 国外社会科学，2001（4）：102.
204. 托马斯·寇肯，哈瑞·卡兹，罗伯特·麦克西. 美国产业关系的转型[M]. 朱飞，王侃，译. 北京：中国劳动社会保障出版社，2008.
205. 劳动和社会保障部劳动科学研究所. 中国劳动科学研究报告集（2000—2001 年度）[C]. 北京：中国劳动社会保障出版社，2002.
206. 李博，周英华. 从制度互补看日本终身雇佣制变革[J]. 现代日本经济，2009（04）：36-40.
207. 李玲，陶厚永. 身份“差序格局”对劳务派遣员工的工作投入影响研究[J]. 湖北经济学院学报，2012，10（01）：72-77.
208. 李卫东，刘洪. 研发团队成员信任与知识共享意愿的关系研究——知识权力丧失与互惠互利的中介作用[J]. 管理评论，2014，26（03）：128-138.

209. 李新建，孟繁强，王健友，等. 超组织人力资源管理研究：机理、模式与应用[M]. 太原：山西人民出版社，2011.
210. 理查德·斯科特. 制度与组织——思想观念与物质利益[M]. 姚伟，王黎芳，译. 北京：中国人民大学出版社，2010.
211. W 理查德·斯科特，杰拉尔德·F 戴维斯. 组织理论——理性、自然与开放系统的视角[M]. 高俊山，译. 北京：中国人民大学出版社，2011.
212. 廖小平. 改革开放以来中国社会代际价值观的嬗变轨迹[J]. 甘肃社会科学，2006（04）：215-218.
213. 凌云. 内部劳动力市场的机理及在我国企业的运行效率研究[D]. 首都经济贸易大学，2010.
214. 刘林平，张春泥. 农民工工资：珠江三角洲农民工工资的决定因素（英文）[J]. Social Sciences in China，2008（03）：104-120.
215. 刘平，王汉生，张笑会. 变动的单位制与体制内的分化——以限制介入性大型国有企业为例[J]. 社会学研究，2008（03）：56-78.
216. 刘善仕，刘辉健. 人力资源管理系统与企业竞争战略匹配模式研究[J]. 外国经济与管理，2005（08）：41-46.
217. 刘善仕，彭娟，邝颂文. 人力资源管理系统、组织文化与组织绩效的关系研究[J]. 管理学报，2010（09）：1282-1289.
218. 刘星，李新建. 基于扎根理论的多元雇佣工作群体的雇佣身份断层与激活因素研究[J]. 管理学报，2015，12（07）：1001-1011.
219. 卢福财，陈小锋. 知识员工心理契约、组织信任与知识共享意愿[J]. 经济管理，2012（04）：76-83.
220. 陆铭. 为何改革没有提高国有企业的相对劳动生产率[J]. 经济学（季刊），2003（03）：833-856.
221. 宁光杰. 自我雇佣还是成为工资获得者?——中国农村外出劳动力的就业选择和收入差异[J]. 管理世界，2012（07）：54-66.
222. 卿涛，郭志刚. 组织变革下的雇佣关系转变分析[J]. 经济社会体制比较，2008（05）：175-180.
223. 全总劳务派遣问题课题组. 当前我国劳务派遣用工现状调查[J].中国劳动，2012（05）：23-25.

224. 任远，彭希哲. 2006 中国非正规就业发展报告：劳动力市场的再观察[M]. 重庆：重庆大学出版社，2007.

225. 邵剑兵，王蕴. 丰田公司非典型雇佣模式的经验与借鉴[J]. 现代日本经济，2009（05）：47-52.

226. 沈伊默，袁登华，张华，等. 两种社会交换对组织公民行为的影响：组织认同和自尊需要的不同作用[J]. 心理学报，2009，41（12）：1215-1227.

227. 时博，李新建. 非典型雇佣关系实证研究困境及其本土化问题探讨[J]. 外国经济与管理，2008（03）：28-34.

228. 孙美佳，李新建. 多元雇佣与人力资源柔性配置的战略选择[J]. 领导科学，2017（26）：43-45.

229. 孙瑞. 不同所有制企业员工心理契约差异化研究[D]. 东北财经大学，2006.

230. 万向东，刘林平."珠三角与长三角外来工比较研究"调查报告之一流动、打工、生活与外来工权益状况[J]. 珠江经济，2007（04）：28-39.

231. 王兴化，张立富. 企业多元雇佣的新制度环境分析[J]. 北方论丛，2010（04）：131-135.

232. 王阳. 日本劳动力市场灵活化的经验及反思[J]. 中国人力资源开发，2011（10）：54-56.

233. 魏下海，余玲铮. 我国城镇正规就业与非正规就业工资差异的实证研究——基于分位数回归与分解的发现[J]. 数量经济技术经济研究，2012（01）：78-90.

234. 吴佩军. 日本企业雇佣制度的历史考察[D]. 南开大学，2009.

235. 武中哲. 双重二元分割：单位制变革中的城市劳动力市场[J]. 社会科学，2007（04）：47-57.

236. 薛欣欣. 我国国有部门与非国有部门工资决定机制差异的实证研究[J]. 产业经济评论，2008（01）：60-81.

237. 张一弛.从扩展的激励—贡献模型看我国企业所有制对雇佣关系的影响[J].管理世界，2004（12）：90-98+120-156.

238. 赵斌，付庆凤，蔡冰鑫. 企业人力资源多元化雇佣研究述评[J]. 经济纵横，2012（03）：119-121.

239. 赵斌，宇卫昕，李新建. 企业柔性雇佣外部知识型员工知识贡献影响因素的实证研究[J]. 中国农机化，2010（01）：48-53.

240. 赵斌. 知识员工暂时雇佣的动因、模式及其特征分析[J]. 技术经济与管理研究，2007（01）：75-76.

241. 中国劳动和社会保障部劳动科学研究所课题组. 中国灵活就业基本问题研究[J]. 经济研究参考，2005（45）：2-16.

242. 李超平，徐世勇. 管理与组织研究常用的 60 个理论[M]. 北京：北京大学出版社，2019.